KB231347

정치, 문화, 인간을 움직이는

95개 테제

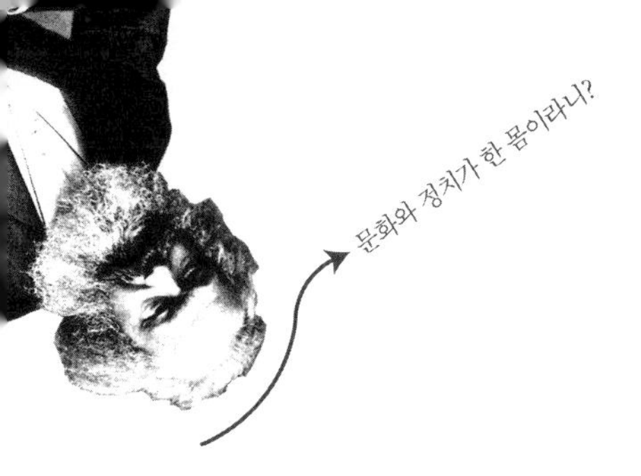

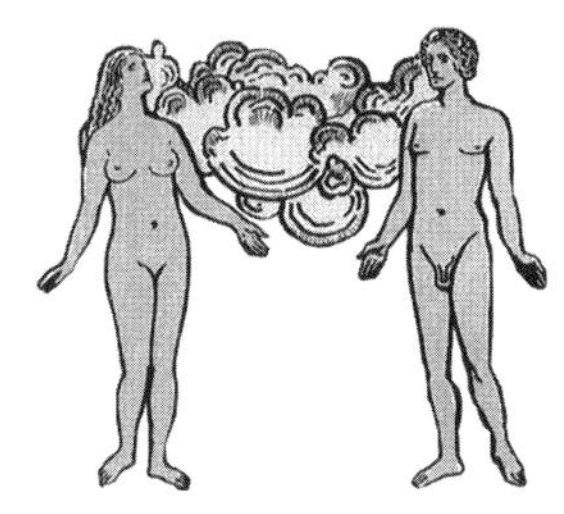

정치, 문화, 인간을 움직이는
95개 테제

앤 노튼 지음 | 오문석 옮김

앨피
book

일러두기

- 주요 인물의 이름이나 책 제목의 경우, 본문에 처음 중요하게 등장할 때
  원어를 병기했다.
- 원서의 주석 가운데 설명주는 본문 하단의 각주로, 출처주는 책 뒤의 미
  주로 나누어 실었다.
- 특별한 경우를 제외하고 본문 하단의 주석은 저자의 원주原註이다.
- 특별한 경우를 제외하고 옮긴이 주석은 〔 〕 안에 넣어 본문에 삽입했다.

중립적인 문화(연구)란 없다

"21. 그러므로 인간이 교황의 면죄부를 통해 모든 형벌을 면하고 구원을 받을 수 있다고 말하는 면죄부 설교자들은 잘못을 범하고 있다."

이 구절은 그 유명한 루터의 '95개 조 항의문' 중에서 21번째 조항이다. 1517년 당시 로마에서 교수로 지내던 루터는, 이 항의문을 작성하기 전부터 이미 여러 차례 교황청의 면죄부 판매에 항의하는 메시지를 전달했지만 로마 교황청은 끝내 묵묵부답이었다고 한다. 결국 루터가 공식적으로 95개 조에 달하는 항의문을 교회의 문짝에 못 박은 데에는 교황청 및 동료 성직자들의 침묵이 적잖은 도움을 주었던 셈이다. 로마에서의 종교개혁은 그렇게 시삭되었다.

지금 이 책이 루터의 행위를 반복하고 있음은 제목만 훑어봐도 알 수 있다. 95개에 달하는 테제만 따로 떼어 놓고 보면 영락없이 루터의 '항의문'을 닮았다. 루터의 항의문이 구텐베르크의 인쇄술이란 날개를 달고 교회 개혁의 고삐를 당길 수 있었던 것처럼, 이 책에 열거된 여러 테제들도 책으로 인쇄되어 21세기 문화 연구에 신선한 개혁의 바람을 불어넣기를 바란다. 이것이 저자의 의도인 동시에 역자의 소망이기도 하다.

형식적인 측면 외에도 이 책은 여러모로 루터의 시도와 비교된다. 비록 시대가 바뀌면서 패권국('팍스 로마'에서 '팍스 아메리카'로)도 바뀌었지만, 항의문의 저자 루터와 이 책의 저자 노튼은 각각 그 시대의 중심지에서 모종의 개혁을 시도하고 있는 셈이다. 루터가 개혁하려 한 대상이 '종교계'였다면, 노튼의 개혁 대상은 '학계', 더 구체적으로는 '미국 중심의 학계'라고 할 수 있다. 루터가 로마 교황청을 중심으로 타락한 중세 교회를 뒤로하고 '신앙 그 자체'로 되돌아갈 것을 권유했던 것처럼, 노튼은 미국 학계에 팽배해 있는 '사이비' 문화 연구 행태를 버리고 '문화 그 자체'로 문화 연구의 방향을 바로잡으라고 권고한다. 신앙 그 자체로 되돌아가서 기독교를 처음부터 다시 생각해 보자는 루터의 개혁 의도는, 이 책에서 문화 그 자체에 대한 이해를 재점검하여 문화 연구의 방향을 전면 재조정하자는 뜻으로 이어지고 있다. 그리하여 이 책의 저자는 16세기의 종교개혁이 근대 사회를 앞당기는 기폭제가 되었던 것처럼, 21세기 문화 연구의 풍토를 개혁함으로써 탈근대적 학문의 가능성, 탈근대적 사고의 잠재성을 열어젖히려 한다.

그렇다면 지금까지의 문화 연구, 특히 미국에서 진행된 문화 연구의 문제점은 무엇인가? 그것은 '문화과학'이라는 말로 압축될 수 있다. 문화를 대하는 방식에서 '과학' 혹은 '학문'의 우월성이 항상 전제되어 있다는 것이다. 이에 따르면 문화는 과학적 연구의 여러 대상들 가운데 하나에 불과하다. 따라서 '과학적 연구자'가 '과학적 태도'를 가지고, '과학적 가설'에 기초하여, '과학적 방법'으로, '과학적 결과'를 산출함으로써 가장 '과학적'이고 '객관적'이며 '보편타당한' 문화 연구의 결과물을 산출한다

는 것이다. 이때 연구자는 연구 대상과 일정한 거리를 유지해
야 하고, 연구 이전에 여러 변수들을 설정하고 변수들 간의 함
수관계를 가설로 제시해야 하며, 가설을 입증하고자 설문지를
작성하고 가장 객관적인 표본을 선정해 중립적인 설문조사를
진행해야 한다. 그 다음에는 설문 결과를 계산기에 넣어 수치
로 환원하고, 이를 수학적 도표를 포함한 깔끔한 보고서로 작
성한 후 프레젠테이션을 통해 학계에 보고하는 것이 과학적 연
구의 표준적인 모형일 것이다. 실제로 이러한 연구 관행이 미
국의 정치학과 경제학, 심리학, 사회학 등의 학문 분야에 골고
루 퍼져 있다.

　이 책의 저자는 미국 학계에 만연해 있는 ‘과학적 연구’에 대
한 광적인 ‘미신’이 참된 학문적 ‘신앙’을 대신하고 있다고 판단
한다. 심지어 ‘과학적 연구’가 학자들 사이에서 일종의 면죄부처
럼 남용되는 경향이 있다. 면죄부를 통해서는 결코 구원에 이르
지 못한다는 사실을 폭로하는 루터의 호소조 목소리를 빌려, 저
자는 과학을 빙자한 문화 연구가 결코 진정한 학문적 성과를
낳지 못할 것이라는 경고성 메시지를 전한다. 과거의 잘못된 신
앙을 바로잡으려는 루터의 시도와 마찬가지로, 저자는 잘못된
학문적 미신을 타파하고 진정한 학문적 태도로 돌아가자고 촉
구한다.

문화를 대하는 진정한 학문적 태도란 무엇인가? 과학에 대한
미신이 근대적 학문 세계의 근본을 이룬다는 점을 상기한다면,
그 미신을 타파하는 학문적 태도의 변신은 우선적으로 근대적
학문 체계의 성립을 근본에서부터 불신하는 데서 시작된다는
것을 알 수 있다. 다시 말해서 그것은 근대적 분과학문의 체계

를 의심하는 일로부터 시작된다.

알다시피 근대적 분과학문의 체계는 그 연구 대상의 '자율성'과 '독자성'을 통해 성립되었다. 예컨대 정치학과가 성립하려면 그 연구 대상으로서 정치의 자율성이 확보되어야 하며, 마찬가지로 경제학은 경제를, 문학은 문학의 자율성을 분과학문의 성립 조건으로 간주한다. 사회학이 독자적 분과학문으로 성립할 수 있는지의 문제를 두고 한때 말이 많았던 것도 사회학의 대상인 '사회'에 과연 자율성이 있을 수 있느냐는 문제의 복잡성에서 기인했다. 분과학문 간의 철통같은 장벽 수비는 근본적으로 연구 대상의 순수성, 자율성, 자립성에서 기원한다.

그런데 '문화'가 문제이다. 문화를 문화학(과)의 대상으로 삼을 수 있을까? 만약 문화가 문화학의 대상으로 한정될 수 있다면, 그 순간 문화는 자율성을 부여받게 될 것이다. 하지만 이 책의 저자는 문화가 결코 자율적인 존재일 수 없음을 전제한다. 문화는 정치, 경제, 사회, 예술, 생활 세계 등등 모든 분야에 편재하며, 그 모든 분야에 '음성적negative'으로 관여하고 있어서 그것들과 분리되어서는 결코 논의될 수 없다는 것이다. 비유컨대 문화는 기생적인 현상이다. 문화는 절대적인 자율성을 통해서는 존립하지 않으며, 항상 다른 분야와의 관계를 통해서 상대적인 자율성을 부여받는다.

따라서 문화를 연구하려면 필연적으로 '학제적' 연구를 지향하지 않을 수 없다. 분과학문의 장벽을 고수하는 한 문화 연구는 항상 실패할 수밖에 없다. 진정한 문화 연구는 그 연구를 통해서 근대적 학문 체계의 '베를린 장벽'을 철폐하고 학문 간 융합의 가능성을 타진할 수 있게 만든다. 최근 우리나라에서, 특히 국어국문학과를 중심으로 하는 문화 연구의 붐이 이러한 현상을 선구적으로 보여 준다. 문화 연구의 바람이 거세게 밀어닥치면서 '국문학'의 울타리가 사정없이 팽창했기 때문이다. 물론 그 팽창이 드디어 폭발 지점으로 나아갈 수 있을지는 아직 미지수이다. 그러나 국문과라는 제도적 장벽에 대한 비판이 국문과 내부에서부터 불거져 나올 수 있었던 것은 국문과에 침투한 문화 연구의 바람 덕분이었음은 틀림없는 사실이다.

그러므로 문화를 연구의 대상으로 삼겠다고 마음먹는 순간, 결코 해당 분과학문의 한계를 강요해서는 안 된다. 그러나 바로 그렇기 때문에 그동안 문화를 연구의 대상으로 삼고자 했던 각 분과학문은 해당 학문의 연구 수칙을 문화 연구에도 관철시키는 방식을 택했다. 그렇게 되면 뇌관이 제거되어 폭발력이 없는 문화, 즉 생물학적 의미에서 '죽은 문화'를 연구의 대상으로 삼는 것이다. 그것이 앞서 말했듯이 과학적으로 방부 처리된 문화를 연구의 식탁 위에 올려놓는 것이다.

  '그들'이 살아 있는 문화를 두려워하는 이유는 무엇인가? 그것은 분과학문의 장벽을 사수하려는 생존권의 문제로 나타나지 않고, '객관성'에 대한 미신으로 위장해서 나타난다. 살아 있는 문화는 연구의 객관성을 훼손한다는 것이다. 문화를 연구할 때 연구자는 문화에 의해 오염된 존재여서는 안 된다. 연구의 객관성이 떨어지기 때문이다. 문화를 연구하러 연구실로 들어설 때에는 입구에서 연구자의 몸에 묻어 있는 문화적 흔적을 살균하는 처리 시설을 통과해야 한다. 그것이 연구의 객관성을 높이는 필수 절차이다. 그 과학적 절차를 이 책의 저자는 '제사 의식'이라고 말한다. 과학적 절차를 준수하려는 태도는, 제사 의식을 고수함으로써 객관성이라는 미신에 해를 입히지 않으려는 주술사의 태도와 똑같다는 것이다. 이 책에서 과학은 일종의 미신이다.

　하지만 문화는 결코 살균의 대상이 아닐 뿐 아니라, 오히려 살균 처리된 문화는 결코 문화적 존재라 할 수 없다. 그것은 연구자와 연구 대상에 모두 해당한다. 살아 있는 문화는 마치 주관성의 영역에 속하는 것처럼 보이지만, 문화 연구에서는 주관성이 곧 객관성을 보장하는 유일한 형식으로 간주된다. 주관성이 제거된 문화 연구는 결코 객관적인 문화 연구가 아니다. 이런 점에서 문화 연구에서 추구하는 객관성은 과학적 객관성이 아니라 '주관적 객관성'이라고 할 수 있다.

남극에는 수십만 년 동안의 기후변화를 고스란히 보존하고 있는 두꺼운 얼음 층이 있는데, 연구자들은 그 층의 샘플을 채취하고자 두꺼운 얼음 층을 뚫고 봉을 넣어서 '얼음 코어ice core'를 얻어 낸다고 한다. 모든 연구물에는 이 '얼음 코어'를 얻을 수 있을 만큼 두터운 문화층의 흔적이 새겨져 있다. 아무리 그것이 과학적인 객관성의 이름으로 위장한다고 할지라도 그것은 다만 거죽을 덮고 있는 위장층에 지나지 않는다. 그 밑에는 연구에 영향을 주는 정치적 · 경제적 · 사회적인 요인과 결부되어 있는 문화적 층들이 자리잡고 있다. 그런 의미에서라면 가장 객관적이고 과학적으로 보이는 연구일지라도 주관적인 연구에서 크게 벗어나지 못한다고 볼 수 있다. 문화 연구자의 눈에는 그러한 근대적인 태도조차도 문화적 층위의 일종으로 포착될 수 있다.

그러나 대부분의 연구가 주관적이라고 해서 절망할 필요는 없다. 이 책은 '주관적 객관성'의 가능성을 여러 가지 방식으로 충분히 설득하고 있기 때문이다. 거의 모든 종류의 연구물에 새겨진 문화적 흔적이야말로 그 연구자를 둘러싸고 있는 문화적 기후 환경의 변화를 측정할 수 있는 훌륭한 연구 자료라고 할 수 있다. 연구 내용에 문화의 흔적이 새겨진다고 해서 '비객관적'이라고 할 수는 없다. 연구자의 문화적 관점이 연구 내용에 고스란히 보존되었을 때 오히려 그 연구 결과는 시간이 흘러 문화적으로 의미 있는 연구 대상이 될 가능성이 크다.

이 책을 통해서 모든 것을 '문화적으로' 읽어 내려는 태도를 갖게 된다면, 그것이야말로 좁은 의미의 과학보다 더 과학적인 태도임이 입증될 것이다. 문화적으로 읽고, 문화적으로 쓰는 행위의 실천은 모든 연구자를 과학의 미신에서 해방시켜 진정 탈근대적 연구의 입구로 안내할 것이다.

얇은 책이지만 번역 과정에서 만만하게 봤다가 큰 코 다친다는 말을 실감할 수 있었다. 개인적으로 번역의 자세를 다시 가다듬게 해 준 책이었다. 하지만 이 책을 통해서 문화를 연구한다는 것이 무엇인지, 문화를 연구하는 사람의 학문적 자세는 무엇인지, 문화를 연구하면 연구자의 삶과 그가 몸담은 세계가 어떻게 달라지고 또한 달라 보이는지를 배울 수 있었다. 학제적 사항이 많이 포함되어 혹 오역이 있을까 두렵다. 신중하게 살폈기 때문에 다만 문화적 차이에 따른 의역에서 큰 실수가 없기를 바랄 뿐이다. 이 책을 완성하기까지 언제나 인내로써 지켜보고 충고를 아끼지 않았던 앨피출판사에 감사의 말씀을 전한다.

2010년 2월

오문석

차례

정치 · 문화 · 인간을 움직이는

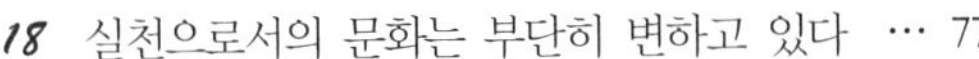

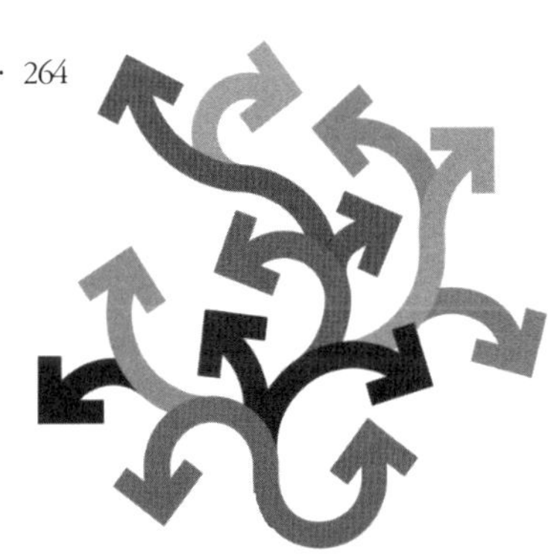

01 문화는 매트릭스다

"문화는 의미의 그물망이다."라는 낡은 테제는, 사회과학이라는 부적절한 환경에 둘러싸여 문화를 연구하던 세대에게 그들이 가야 할 방향과 안전한 길을 제시했다. 문화가 '의미의 그물망'이라는 말은 곧 다른 사회과학 분야나 문학 이론·역사·철학·예술 등 사회과학 바깥에서도 방법론적 안내를 받을 수 있음을 의미하기 때문이다.[1]

그러나 이러한 정의는 문화를 오로지 의미로만 한정시키는 엉뚱한 결과를 낳을 수 있다. 문화라는 말을 이런 방식으로 사용하는 사람들은 유령으로 된 문화를 찾고 있는 셈이다. 그러한 문화에는 물질성이 결여되어 있다. 그런 문화 속 대상들은 기호에 지나지 않는다. 이처럼 문화를 의미로만 이해하면 담론과 정책, 기호와 물질적 조건 사이의 연관 관계가 은폐되고 만다. 유물·사건·실천·제도들은 문화의 외부에 놓이면서 사물화되고, 실제로 정치적인 것을 움직이는 담론과 세력의 외부에서 자율적인 것인 양 구성된다.

이러한 정의가 지닌 미덕이라면 문화를 매트릭스matrix〔자궁, 모체에 어원을 두고 있는 단어로서, 영화 〈매트릭스〉를 통해 '모든 실제적인 것들을 구성하는 가상적 공간'이란 의미로 널리 알려졌다.]로 구성한다는 것이다. 어떠한 의미도 단순히 고립된 자율성을 지니지 않는다. 의미는 다각적이고, 결정된 관계들의 집합이며, 접근자의 각도에 따라서 늘 굴절된다. 우리가 그 중요성을 알아보는 능력을 잃지만 않는다면, 어떠한 문화적 요소도 (그것이 인물이건, 사건이건, 유물이건 상관없이) 이러한 그물망에서 고립될 수 없다. 주체·유물·사건 등을 가시화하는 관계들이 확산될수록, 대상에 대한 우리의 이해는 확장될뿐더러 더욱 정확하고 선명해지며 정밀하고 엄밀해진다. 이러한 깨달음이 주는 강력하고도 유용한 효과 가운데 하나는, 가치 평가의 기준에서 간결성[최소한의 요인이나 변수를 가지고 설명하려는 경향. '간결성'에 대해서는 68번째 테제 참조]을 배제한다는 것이다.

문화를 의미의 그물망으로 보는 것의 또 다른 미덕은, '그물망'이란 말이 갖는 모호한 의미에 있다. '그물망'은 의미가 그물망에서 생겨나기도 하고 그물망 속에 있는 의미가 발견되기도 한다는, 다시 말해서 의미가 공통의 것임을 에둘러 함축한다. 몸짓과 말과 글을 사용하는 모든 사람들 사이에서, 공통의 언어와 상식을 공유하는 사람들 사이에서, 의미는 공유 재산이자 공공의 것으로 유지된다. 의미는 평범한 일상에 속해 있기 때문이다.

문화를 매트릭스로 보는 견해는, 문화를 그물망이나 장場으로뿐만 아니라 매체로도 바라보게 만든다. 우리는 매체를 통해서 문화적 존재가 된다. '의미'가 하나의 장이자 전체라고 한다면, 그것은 또한 '사이'에 존재하는 것이기도 하다. 즉, 문화란 이 사람과 저 사람 사이의 간격이며, 사람과 그 사람을 둘러싸고 있는 세계 사이의 간격인 것이다.

문화는 매트릭스이다.

문화는 그물망이자 장場, 매체이다.

'의미'가 하나의 장이자 전체라고 한다면,

그것은 또한 '시이'에 존재히는 것이다.

02 문화는 변수(變數)가 아니다

문화는 '종속'변수도 '독립'변수도 아니다. 문화는 변수가 아니다. 문화를 변수로 간주하는 행위는, 때로는 방법론적 엄밀성을 가장하지만 무지의 산물이다.

문화를 변수로 사용하는 방식에는 두 가지가 있다. 첫째, 둘 이상의 문화를 대상으로 제도나 관습을 비롯한 서로 다른 측면들을 연구하는 경우이다. 이때 발생하는 차이들이 '문화'로 귀속된다. 이러한 접근법에서는 각각의 문화가 명백하고 획일적인 것으로 간주된다. 특정 문화의 구조물 · 관습 · 담론 내부에서 나타나는 구성적 대립과 차이는 삭제/제거되고, 문화의 잡종적 성질도 마찬가지로 삭제/제거된다. 추정컨대 문화들 간의 차이는 처음부터 문화들 간의 공통점을 은폐하고 거의 정당화될 수 없는 차별성을 사물화해서 만들어진 것이다. 교차 · 교환 · 순환의 지점, 곧 무역 관계나 지적 교환, 관습과 텍스트의 전송, 제도와 의식의 차용 등에 관한 연구는 사전에 차단된다. '이슬람'이 '서구'와 다르다는 사실을 알게 되면, 부득이 하게 '왜 그런가?' 하고 묻게 된다. 제도, 지식 체계, 도덕관념, 경제 활동

등은 서로 비슷하기 때문에 물음에 대한 답이 될 수 없다.

또한 동일한 문화 내부의 차이들도 처음부터 배제된다. '왜 그런가?'라는 물음을 수용하는 순간, 우리는 이미 프랑스·독일·페루의 리마·〔미국〕인디애나의 리마 등을 묶어 서구, 모로코·카이로·인도네시아·파키스탄 등을 묶어 이슬람이라는 하나의 통일체로 간주하고 문화적 완전성을 가정하기 때문이다.

둘째, 문화를 변수로 사용한다는 것은 '문화'를 '제도'·'계급'·'자연' 등에 필적하는 분석 범주로 여긴다는 뜻인데, 이러한 접근법은 제도나 법률·경제 활동 등이 문화와는 다른 것이라고 은근히 주장한다. 예컨대 "어떤 사람들은 굶주리고 다른 사람들은 그렇지 않은 이유를 설명해 주는 것은, 종교라든가 식민지의 잔재 같은 '문화적' 요인이 아니라 …… 법적인 인종차별 정책"《뉴욕 타임스 매거진》 2001년 7월 1일자 기사〕[2]이라고 주장하는 이들이 있다. 여기서 법률을 포함한 몇 가지 차별적인 법적 실천('법적인 인종차별 정책')은 문화에서 제외되지만, 종교 및 '식민지의 잔재'는 문화에 속한다.

이것은 말이 안 된다. 법률이나 법적 실천은 지성적으로 보나 역사적으로 보나 종교 및 식민지의 잔재와 연관되어 있다. 더욱 중요한 것은, 앞의 신문 기사에서 언급한 몇 가지 차별적인 법적 실천뿐 아니라 모든 법률 체계가 전적으로 문화에 속한다는 사실이다. 변호사와 판사, 국회의원과 행정가, 경찰, 원고原告, 검사, 공무원, 각종 위원 등은 모두 각자의 문화에 속해 있다. 이들이 사용하는 추론의 체계도 문화에 속해 있다. 법률을 집행(혹은 회피)하고자 도입된 실천들은 다른 문화적 실천들의 그물망 속에서 발전한다. 제도를 뒷받침하는 사람들은 언어, 사회적 실천, 그리고 그들의 문화적 규칙을 해당 제도에 도입한다. 공공시설이 들어서는 건축물은 특정한 문화적 규칙과 미학에 따라 지어진다. 제도의 이념은 특정한 문화적 담론들 사이에 삽입되어 있다. '계급', '자연' 등의 범주들은 문화 외부에 있는 것이 아니며, 문화와 분리되어 있지도 않다. 그런데도 이 범주들을 적용하는 것은 문화를 변수로 사용하는 가장 흔하면서도 가장 부조리한 방법이다.

문화를 '잔여 변수residual variable'로 사용하는 이들도 있다. 문화는 범주이긴 하지만, 적절한 분석 범주들이 사용된 이후에 남아도는 것을 가지고 만들어진 범주라는 것이다. 그 불합리성에도 불구하고 이러한 방법이 인정하는 바가 있다면, 변수들을 전부 모아도 종합적인 설명 재료를 제공하기에는 충분하지 않다는 사실이다. 또한 이 방법은 우연찮게도, 그러나 올바르게도, 문화의 범주가 본래적인 분석의 잔여분이거나 거기에서 배제된 것임을 시사한다.▪

이 두 가지 접근법은 처음부터 연구 자체를 축소함으로써 문화의 문제를 효과적으로 탐구할 수 있는 가능성을 사전에 차단한다. 문화를 변수로 취급하는 것은, 연구자가 문제를 더욱 예리하게 특화시킬 의무에서 벗어나게 만든다. 연구자는 특정한 문화에서 어떤 측면·실천·제도·담론·구조들이 특별히 검토되고 있는지를 상세히 제시해야 하고, 그 구조와 작동 방식을 연구해야 한다. 따라서 '문화'의 정체성을 파악할 때 문화를 단순히 변수의 위치에 놓는 데서 그치지 않고, 그 변수를 책임지는 문화들의 내부나 그 문화들 사이에서 작동하는 특수한 메

▪ 문화를 '잔여 변수'로 보는 관점은 라캉의 '대상 a'와 문화 사이의 가족 유사성을 보여 준다.

커니즘을 상세히 설명해야 한다.

또한 문화를 변수로 간주하는 것은 마치 연구자가 문화로부터 분리될 수 있는 존재인 양 생각하는 것인데, 그러나 연구자라면 자신도 특정한 문화에 포함되어 있다는 사실을 잊어선 안 된다. 심지어 연구자들이 도입하는 방법과 범주들, 제기하는 질문들조차도 이 문화적 맥락에서 나온 것임을 기억해야 한다.

여기까지 설명하면 도대체 '문화란 무엇인가?'라는 의문이 들 것이고, 주의 깊은 독자라면 비판적 동기가 발동하여 '문화 바깥에는 아무것도 없단 말인가?'라는 질문을 추가로 제기할 수 있다. 두 번째 질문에는 이렇게 대답할 수 있다. 그렇다. 문화 바깥에는 아무것도 없다. 어떠한 연구도 문화 바깥에서 이루어지지 않는다. 무언가를 연구하기로 기획한다는 것은, 만약 그것이 아직 문화 내부에 들어와 있지 않다면 그것을 문화 내부로 가져오는 일이다. 전적으로 문화 바깥에 있다고 그럴듯하게 주장할 수 있는 것은 거의 없다.

가장 흔하게 거론되는 것이 물리적 대상과 수학적 대상, 자연권, 인권과 법률 등인데, 물리적 대상이 문화 바깥에서 개념적 완결성을 갖는다는 관념은 푸코Michel Foucault〔1926~1984〕를 비롯한 몇몇 학자들이 효과적으로 격파했다. 그들은 문화적 맥락이 다르면 대상들을 지각하고 분류하는 데에도 차이가 있음을 상기시켰다.[3]

수학자들은 수학의 문화적 속성을 이미 알고 있다. 또한 문화보다 인권과 자연권이 우선한다고 주장하는 사람들조차 자신들의 주장이 문화적 맥락 안에서 성립된다는 것, 자신들이 문화 내부에서 그 정립의 필요성을 제기하고 있다는 점을 잘 안다. 마찬가지로 물질 · 물리적 대상 · 이념 · 권리 등이 문화 바깥에 실존한다고 주장하는 사람들조차, 물질이라는 것이 문화 내부로 들어오면 노동을 통해 물질적 객체로 만들어지고 구타당하고 범주화되고 연구되고 문화 내부에서 교환된다는 사실을 안다.

첫 번째 질문, 즉 '문화란 무엇인가?'라는 물음은 가장 회피하기 쉬운 질문이다. 비트겐슈타인Ludwig Wittgenstein〔1889~1951〕에 따르면, 의미는 실천으로 만들어진다.[4]

주의 깊은 독자라면 이 책에서 문화라는 단어를 사용할 때 그것이 여러 유관한 의미들, 하지만 결코 정확히 일치하지는 않는 여러 의미들을 가지고 있는 것처럼 취급한다는 사실을 눈치 챘을 것이다. 여기에는 불가피한 측면과 고의적인 측면이 동시에 내재한다. 단어들은 유관한 의미들의 성좌星座를 포함하는 능력이 있다. 이는 언어의 자질이기도 하다. 사회과학을 비롯한 여러 학문 분야에서 단일하고 정확하며 불변하는 용어를 정의하려는 사람들은 자신이 부질없는 일에 매달리고 있다는 사실을 깨닫게 된다. 왜냐하면 언어는 실천으로 형성되며, 의미는 차이를 통해 만들어지기 때문이다. 차라리 자주 쓰이는 단어들에 부여된 의미의 범위를 인지하고 탐색하는 편이 훨씬 이득이다.

어떠한 개념에서 모호성을 제거하려는 노력은 실제와 거리가 있다. 이론적 정교함에서 실제가 종종 방법을 능가하기 때문이다. 그래서 방법론자들은 정의를 내리려는 시도를 자제하라는 충고를 받는다. 그러한 시도가 단어 하나하나를 학술 용어로 만들어 버리고, 현장에서 작동하는 개념에서 활기와 범위 및 정화 능력 등을 박탈하기 때문이다. 모든 개념·관념·이름은 그 자체로 다양하고 때로는 상호 경쟁적인 의미들을 포괄할 능력이 이미 충분히 있다. 그것들 하나하나가 한 무더기의 역사적·문헌적 지시체 전체를 환기할 수 있기 때문이다. 의미의 다양성 문제는 최종적으로 해결될 수 있는 성질의 것이 아니며, 따라서 문제라고 볼 수도 없다. 다양한 의미들은 그 의미가 생산되고 경쟁하는 장場을 제한하며, 그 장에서 발생하는 변형과 모순들은 조잡한 환원보다 더 정확하고 정련된 개념의 용법을 가능하게 한다.

2a. 변수들은 없다

문화를 변수로 사용하려는 태도에 대한 비판, 나아가 변수라는 언어 전체를 향한 비판을 염두에 둔다면, 변수의 사용 자체를 포기해야 한다는 주장도 나올 수 있다. 하지만 절름발이에게서 목발을 빼앗자는 얘기가 아니다. 다만 독립변수[x축]와 종속변수[y축] 형식으로 논증하고 기획해야 한다는 발상, 따라서 이러한 유형을 따르지 않는 기획은 배제해야 한다는 생각을 재고하자는 말이다. 오히려 이러한 표현 방식을 도입하자는 사람들이 정당화의 책임을 져야 한다.

변수를 도입하는 연구 전략은, 단일하고 특정한 관계를 선명히 드러내어 검토해야 한다는 명목으로 서로 연계되어 있는 다양한 관계들에서 하나의 특정한 관계만을 추상해 낸다. 이러한 추상화는 어떤 특정한 관계가 다른 것들과 어떻게 연계되어 있는지를 보여 주고, 그 관계를 포함하는 (구조적, 담론적) 체계를 기술하려는 연구 전략을 좌절시킨다.

변수를 이용하는 담론은 암암리에 모든 변수들 하나하나마다 추상적이고 관념적인 완결성과 자율성을 부여하며, 그런 까닭에 변수들 간의 인과적 상호 관계와 상호 중첩 현상을 외면하려는 경향이 있다. 그러나 독립변수와 종속변수를 도입한 분석에서 도출된 명백한 인과관계는, 추상화의 결과를 정화해서 획득한 발견이 아니다. 그것은 허구적 직선 관계를 강제하는 분석 방법의 수사적 효과에 불과하다. 이러한 속임수와 오도된 효과를 피하려면, 변수를 도입하는 방법을 자신이 설정한 전제 조건에 걸맞은 현상과 상황을 검증하는 데만 제한적으로 사용해야 한다.

"왜 어떤 사람은 굶주리고
다른 사람은 그렇지 않은가?"
문화는 '종속'변수도
'독립'변수도 아니다.
문화를 변수로 간주하는 행위는
무지의 산물이다.

03 정치는 문화에 속한다

이 책에 실린 다른 테제들처럼, 이 테제 역시 다양한 독법을 허용한다. **정치**라는 단어의 일상적 용법이 가장 직접적인데, 이는 국가의 지배와 그에 대한 도전 및 저항을 가리킨다. 통치자, 선거제도, 정부 부처, 공무원, 입후보자, 입법 행위, 법률, 보이콧, 데모, 쿠데타 등은 모두 문화에 속한다. 이것들은 특정한 문화적 맥락 위에서 발생하며, 특정한 문화적 한계 안에서 작동한다. 그리고 특정한 문화에 속해 있는 지시체·은유·상징·전략·구조·담론 등을 이용한다. 정치 현상 중에서 가장 도발적이고 반제도적이라 할 강력한 카리스마의 지도자조차 특정한 문화 안에서 추궁당하고, 만들어지고, 정당화된다. "그것은 제 권역 안에서 자신의 한계를 발견한다."[5]

하지만 이스라엘 국회에서 이루어지는 정치가 비단 이스라엘에만 국한되는 것은 아니다. 'Diet'를 '국회'라는 뜻으로 사용하는 국가가 일본만이 아니듯이 말이다.〔일본 외에도 덴마크, 스웨덴 등 북유럽에서도 국회를 'Diet'라고 한다.〕 특정 정치제도가 수없이 다양한 문화 속에 현존할 수도 있다. 제도적 적수는 불가피하게 상호 간의 계산, 장場에 대한 관념, 그리고 각 적수의 자기정의 안에 현존한다. 예컨대 이스라엘 국회는 미국 문화에도 존재한다. 특히 그것은 유대계 미국인들의 논쟁·소망·계산·관심·정체성 속에 잠재하다가 어느 순간, 예를 들면 미국이〔이스라엘과 팔레스타인 간의〕평화 협상에 개입하려고 시도할 때 미국의 문화적 담론 속에서 폭넓게 가시화(활동하게)된다.

현존하는 정치가·정치제도·과정·실천 등을 배태하는 문화적 맥락들의 상호 교차, 상호 중첩, 상호 이접을 분석하는 것은 연구에 적합한, 특별히 중요한 영역이다. 정치가 문화에 속하고, 여기에 특정한 정치제도·사건·주체·정치가들이 단일한 문화가 아니라 여러 문화에 속한다는 인식이 더해지지 않는다면 이런 연구는 아예 불가능할 것이다.

정치제도가 문화적 매트릭스에 의해서 그 안에서 배태되고 생산된다는 인식은 단순하고 결정적인 인식임에도 불구하고 거꾸로 무시되어 왔다. 이처럼 '합리적 행위자'가 문화적 혜택을 누리고 있는 문화적 주체라는 인식이 비록 실천 과정에서는 무시됐다 할지라도 널리 확산되고는 있다.[6] 또한 합리적 행위자에 의한 도구적 계산법조차 문화적으로 특정화된 합리성의 형식에서 도출되며 그것과 일치한다는 인식도 제대로 정립되어 있다.[7] 국가·공무원·정치제도·정당·선거 체제가 문화적 매트릭스에 의해서 생산되고, 그 안에 속한다는 인식은 이제 너무 당연해서 재론의 여지조차 없어 보인다. 이 모든 인식이 문화 권력으로 틀 지어진 사람들을 통해 작동하고, 그러한 인식을 통해서 문화 권력이 수행된다. 그리고 그러한 인식들은 언어를 통해서, 다시 말해 특정한 문화와 그 맥락에만 고유하게 적용되는 좀 더 지역적인 담론들을 통해서 그 담론 내부에서 작동하게 된다.

그런데 여전히 많은 연구자들이 마치 제도가 개념적으로만이 아니라 현실적으로도 문화에서 분리될 수 있는 것처럼 행동한다. 이러한 무지몽매의 결과가 경제학에 만연해 있으며, 정치학 분야의 경제학 추종자들 사이에 퍼져 있다.[8] 경제적 실천은 일상적으로 문화적 맥락이 가장 팽배해 있는 곳에서 이루어지며, 그래서 그것을 포함하는 문화적 매트릭스에서 벗어날 수 없다. 그럼에도 경제학 담론에서는 마치 '경제력'이 문화의 제약을 받지 않고 독자적으로 작동하는 것처럼 말한다.

사실 이 테제는 더 넓게 보면 이렇게도 읽힐 수 있다. 문화에는 정치가 관류하고 스며들어 있다고 말이다. 이렇게 읽는다면 다음 테제에 근접하게 된다.

이스라엘 국회는 미국 문화에도 존재한다.

정치제도가 문화적 매트릭스에 의해서

그 안에서 배태되고 생산된다는 인식은

단순하고 결정적인 인식임에도 불구하고 무시되어 왔다.

04 문화는 정치적이다

이 테제도 다른 테제들처럼 어조를 달리하면 조금씩 다르게 읽힌다. 일반적인 독법은 가장 협소한 의미의 문화에 해당하는 유물 및 활동의 정치적 의도를 가리킨다. 길거리 낙서, 랩, 라이[Rai〔1970년경 모로코와 알제리 등지에서 무슬림 전통을 현대화하려는 젊은이들에게 인기를 얻은 음악으로, '라이'는 'to state an opinion'이란 뜻이다. 종교 행사에 쓰이는 북과 멜로디 등 전통 음악과 서양의 전자식 악기를 접목시켰다. 동시대의 화합과 전통적 가치를 장려하는 내용을 담고 있다.〕 음악, 사진, 텔레비전 등이 여기에 속한다. 한때 사소하고 사적인 것이라고 여겨졌던 이러저러한 유물과 실천이 이 테제에서는 정치적인 것으로 인식된다.

이런 식의 독법은 학계와 길거리에서 동시에 출현했는데, 특히 사회사나 문화 연구 분야에 종사하는 학자들의 작업에 힘을 실어 주고 그 연구 자료를 제공했다.[9] 톰슨E. P. Thompson〔1924~1993〕에 따르면, 계급적 정체성 · 단결력 · 충성심 · 반목과 대립 등은 이전에는 정치적인 것으로 간주되던 것들의 범위를 벗어난 곳에서 형성되고 경험을 이룬다. 에릭 홉스봄Eric Hobs

-bawm〔1917~ 〕은 이전에는 단순히 범죄의 특성으로만 간주했던 도적떼의 형식에서도 정치의 작용을 읽어 냈다. 이런 식의 고찰이 범죄의 정치학을 탐구할 수 있는 길을 열어 놓았다. 사회사 연구자들은 유물과 실천에서 정치를 배우는 데 그치지 않고, 이러한 유물과 실천을 정치적 시선으로 바라보았다.

음유시인과 검은 피부를 연구한 마이클 로건Michael Rogin〔캘리포니아 대학의 정치학과 교수〕과 에릭 로트Eric Lott〔1959~ 〕의 작업은, 인종정치학에서 음악과 연행演行이 수행하는 역할을 드러냈다. 특히 로건의 냉전시대 영화 분석은 냉전 이데올로기를 대중문화에까지 확장할 수 있음을 보여 주었고, 카자 실버먼 Kaja Silverman〔미국의 영화 이론가이자 예술사가〕의 전후 영화 연구는 소집 해제된 군인을 가정으로 복귀시키려 애쓰는 국가적 활동을 드러내고, 더욱 중요하게는 국가가 특정한 가정과 성의 지배에 의존해 존립한다는 사실을 제시했다.

옛날에는 정치의 영역 바깥에 있다고 여겨지던 일이나 행위들에서 정치적 의미가 전면화된 것은, 역사적으로는 1960~70년대에 사용된 정치적 전략, 특히 20세기 마지막 25년 동안 진행된 미국식 '문화 전쟁'의 결과이다. 페미니스트들은 부부 사이의 강제 성관계 같은 문제가 공적·정치적 영역이 아닌 사적 영역에 속한다는 주장에 계속 도전하며, 정치의 한계선을 긋는 일 자체가 정치적 행위임을 알게 되었다. 그들은 권력과 정체성, 그리고 양자에 심각한 영향을 주는 것들을 숙고하지 않을 수 없었다. 인종의 차이와 성적 차이가 자연의 소산이라는 확언은 자연과 문화의 이분법에서 작동하는 정치적 권력을 드러냈으며, 그러한 분할과 이분법에 잠재하는 정치적 효과에 의문을 제기하게 만들었다.

보수당원들은 정치제도가 문화적 후원에 의지한다면서, 기본적인 정치적 합의를 이루려면 특정한 사회적·문화적 형성물, 그중에서도 가정이 필요하다고 주장한다. 이렇게 해서 모든 이가 정치의 현존을 새삼 깨달았고, 정치적 기획들이 (언제나 의식되는 것은 아니지만) 고급 예술과 대중 예술에서뿐 아니라 과학과 기술에서도, 그리고 가장 효과적이면서 가장 위험하게는 우리의 상식에서도 작동하고 있음을 알게 되었다.

"문화는 정치적이다"라는 테제를 '정치적'이라는 개념에 유념하여 읽을 수도 있다. 최근의 미국 정치사를 보면 알겠지만, 이러한 독법에서는 문화가 정치투쟁의 무대the theater of the agon로, 다시 말해 관객이 반드시 참여해야만 하는 공공의 경연장, 국민을 구성하는 경연장으로 부각된다. 문화는 투쟁인 것이다. 이런 식의 독법은 특별히 민주주의 정치와 문화의 관련성을 강조한다. 정치라는 것을 국민 중심으로 이해한다면, 국민들이 일상적 삶을 영위하며 행하는 모든 실천이 특별한 연구 대상이 될 것이다.

이처럼 정치와 문화에 대한 두 가지 테제[3, 4번 테제]는 '정치적 문화'라는 생각이 잘못된 것이며, 폐기되어야 한다는 것을 말해 준다. '정치적 문화'라고 하면 정치와 문화는 어느 정도 동떨어져 있으며, 은근히 문화는 정치에서 자유롭다거나 정치는 문화에서 자유롭다고 말하기 때문이다. 이것은 틀린 생각이다. 정치적인 것은 문화의 한 측면이며, 문화는 정치를 작동하게 만드는 장으로 이해되어야 한다.

05 문화는 언어 속에 존재한다

언어는 문화의 매체이다. 언어 속에서 살아가는 우리에게 언어는 단순히 사물을 명명하는 수단을 넘어 사물이 연관되어 배치되는 도식이며, 이러한 명칭과 연관들이 변경되는 매체이다. 실험실 용어를 빌려 보면, 언어는 우리를 배양하는 매체이자 우리를 형성하는 물질이고, 우리를 성장시키는 환경이다.

이 테제는 다의성을 고려한 가다머Hans-Georg Gadamer〔1900~2002〕의 진술 "우리는 언어 속에 존재한다"[10]를 모방한 것이다. 이는 사회과학에서 '언어적 전회轉回'로 불리는 것들의 한 측면을 포착하고 있다. 이러한 합류 지점으로 흘러들어 온 물줄기 속에 비트겐슈타인의 언어 탐구, 소쉬르Ferdinand de Saussure〔1857~1913〕와 레비스트로스Claud Lévi-Strauss〔1908~2009〕의 구조주의, 니체Friedrich Wilhelm Nietzsche〔1844~1900〕와 하이데거Martin Heidegger〔1889~1976〕의 방법, 하버마스Jurgen Habermas〔1929~ 〕의 의사소통 관련 저작, 언어에 특권적 지위를 부여하는 라캉Jacques Lacan〔1901~1981〕·데리다Jacques Derrida〔1930~2004〕·이리가레이Luce Irigaray〔벨기에의 페미니스트 철학자〕·위티그Monique Wittig〔프

랑스의 작가 겸 페미니스트 이론가) 등의 저작들이 포함된다.[11]

　그러나 이 테제를 받아들이고자 반드시 이러한 흐름에 동참할 필요는 없다. 좀 더 보수적으로 읽자면, "문화는 언어 속에 존재한다"는 테제는 언어 속에 문화가 담겨 있다는 사실을 단순히 긍정하는 것이다. '동료mate'라는 말과 '동기class'라는 말은 영어권 국가에서 각기 다른 의미로 쓰인다. 단어와 구절은 그 지시체를 역사와 정치, 문학과 대중문화 속으로 운반한다. "친애하는 국민 여러분"이라는 구절은 린든 존슨Lyndon Johnson[1908~1973. 미국의 제36대 대통령]의 얼굴 표정과 억양을 떠올리게 한다.

　이렇게 읽으면 그 반대도 가능하다. 언어는 문화 속에 존재한다. 언어는 의미의 그물망뿐 아니라 이미지와 제도, 상투적 표현과 실천의 그물망에 사로잡혀 있다. 『도덕의 계보학Zur Genealogie der Moral』[1887]에서 니체는 죄罪(Schuld)라는 단어를 분석적으로 읽어 내며 이 단어가 보유한 여러 개의 지시체뿐 아니라, 단어 자체에 그 단어의 발전 경로가 그려져 있음을 보여 주었다.[12] 사람들은 죄라는 단어를 통해서 그 의미(수많은 의미들)와 몇 개의 지시체만 읽어 내는 것이 아니라, 그 개념의 계보 및 약속의 권리를 가지고 있는 특정한 주체도 읽어 낼 수 있다.

　이번 테제가 안고 있는 위험은, 이것을 협소한 의미로 읽고자 하는 유혹이다. 그럴 경우 문화가 언어 속이 아니라, 단지 문자적 산물들(연설문, 텍스트, 서류, 소설, 시, 팸플릿 등) 속에 있다고 주장하게 된다. 다음 테제는 언어는 물질이 아니어서 무력하다는 식의 잘못된 언어 이해가 정치적 실천과 그 연구를 어떻게 훼손하는지를 보여 줄 것이다.

06 언어는 정치적이다

가장 엄밀하고 확장된 의미로 보면, 언어는 발화發話의 매체이다. 자아를 외부 세계로 운반하는 수단이면서, 내면으로 도피시키는 매체이기도 하다. 이 과정은 상보적이다. 자아는 자신의 의지와 사유, 그리고 자기 자신을 외부 세계로 연장하고, 외부 세계는 언어라는 매체를 통해서 가장 내밀한 자아 속으로 진입한다.[*]

언어가 정치적이라는 것을 알게 되면, 언어에서 정치가 작동하는 양상을 알아보고자 언어, 곧 텍스트 및 온갖 발화들을 주시하게 된다. 모든 문자 텍스트와 구술 텍스트에는 지시체가 빽빽하게 들어서 있다. 역사적 지시체들은 이전의 것을 참조해서 현재적 갈등의 정체를 파악하고, 이렇게 파악된 정체를 통해서 독자들이 현재적 갈등을 이해할 수 있게 돕는다. 이것들

---

[*] 이 테제는 비트겐슈타인의 것이다. 비트겐슈타인은 언어가 필연코 "관습에 근거한" 집단적 기획이라고 주장한다. (Wittgenstein, *Philosophical Investigations*, p. 355). 동시에 265, 279쪽도 보라.

을 임의로 배치하여 특정 개인이나 사건에 대해 우호적이거나 불리한 판단을 유도할 수도 있다.

정치는 훨씬 더 미묘한 지시체 속에도 현존한다. 모든 단어가 하나의 정의만 가지고 있는 것은 아니다. 거기에는 몇 가지 함축적 의미가 포함되어 있다. 어떤 언어적 관습을 추종하느냐에 따라서 동일한 텍스트가 '시적詩的'일 수도 '과학적'일 수도 있다. 다른 관습을 추종하는 학식 있는 독자라면 그 텍스트를 특정 분과학문의 맥락에 대입해서 볼 수 있으며, 해당 분과학문에서도 여러 갈래로 나눠서 볼 수도 있다.[13] 학식 있는 독자라면 "이것은 라캉의 정신분석 이론"이라거나 "이것은 합리적인 선택"이라고 쉽게 말할 것이고, 박식하고 재치 있는 독자라면 "이건 쿨하스Rem Koolhaas[1944~ . 네덜란드 출신의 세계적인 건축가. 하버드 대학 건축학부 교수]의 영향을 받았네."라거나 "몽테뉴Montaigne에 버금가는 재담인걸."이라고 말할 수도 있다.

언어에서 정치를 찾아내려면 그 내용뿐 아니라 언어 형식에도 의문을 품어야 한다. 예컨대 특정 진술이 어떤 청자聽者 또는 화자話者를 염두에 두고 있는지, 특정 문맥에서 '우리'라는 말이 누구를 지칭하며 진술의 주어인 '우리'나 '그' 혹은 '나'에 어떤 인종적·성적 정체성이 드러나 있는지를 물을 수 있다. 또한 어떤 것을 대상으로 삼는다는 게 무엇을 의미하는지, 질문 자체가 수용 가능한 응답을 어떻게 한정하며, 문제를 진술하는 것 자체가 해결책의 방향을 한정하는 것은 아닌지를 물을 수도 있다. 그렇게 하면 반어적 표현도 알아들을 수 있고, 하위 텍스트도 찾아낼 수 있다. 주석 달기, 해석학, 해체론 등 여러 기법을 동원하여 해당 텍스트 안에 결부된 관계들을 풀어 낼 수도 있다. 심지어 말해지지 않은 것과 말할 수 없는 것을 물을 수도 있다.

우리는 언어를 사용할 때마다 이런 식의 탐색과 그 기법들을 견지해야 한다. 언어가 정치적이라는 사실을 명심하고, 우리가 읽고 있는 것에서 작동하는 정치를 고려해야 한다. 우리의 글쓰기에서조차 그것이 정치와 무관한 척 가장할 수는 없다.

'우리'는 누구인가?
'우리'나 '그' 혹은 '나'에는
어떤 인종적·성적 정체성이 드러나 있는가?
언어에서 정치를 찾아내려면 그 내용뿐 아니라
형식에도 의문을 품어야 한다.

07 중립적인 언어는 없다

언어는 여러 국가와 국민·공동체에 속해 있으며, 그 안에 권력관계를 지시체로 포함하고 있다. 언어는 권력관계를 호명하고, 구조화하며, 보존하고, 침식한다. 언어는 중립적 매체가 아니다. 모든 연구와 연구에 관한 해설은, 표현 수단이 표현 대상에 어떤 변화를 주는지를 주시해야 한다.

이 테제에서 마르크스Karl Marx〔1818~1883〕를 떠올리는 사람도 있을 것이다. 그렇게 보면 언어는 생산수단이다. 생산은 언어 속에서 언어를 통해서 이루어지며, 권력과 정체성은 생산수단과의 관계 속에서 그 관계를 통해서 생산된다. 말하는 주체와 바라보는 눈도 언어에서 만들어진다. 언어는 우리에게 주어진 도구라기보다는 차라리 손과 같아서, 우리는 그 효과를 잘 모른 채 그냥 사용한다.

이번 테제를 읽으면서 기호는 기의記意와 기표記標로 구성되어 있고, 기표는 단순히 의미를 담는 그릇이 아니라 오히려 의미의 생산자라는 바르트Roland Barthes〔1915~1980〕의 통찰을 되새기게 된다. 바르트에 따르며, 국기는 국가의 상징물일 뿐 아니라 헝겊 조각이기도 하며, 십자군**salibiyun**은 성경·교리·공동체에 의해 만들어질 뿐 아니라 그것들을 표시하는 십자가**salib**로도 만들어졌다.[14]

자기가 쓴 글에서 정치적 편향이 드러나지 않도록 증거를 없애려고 애쓰는 사람이 있다. 인터뷰나 설문지 조사에서 특정한 대답을 유도하는 질문, 다른 대답을 차단하는 질문, 침묵하게 하는 질문을 피하려는 사람도 있다. 하지만 언어가 말하는 것까지 피할 길은 없다. 어원, 역사, 당대 정치, 사회질서, 혹은 어떤 대답이든 받아들일 수 있고 이해할 수 있게 만드는 관습 등이 그것이다. 언어에는 우리 손길이 닿을 수도 통제할 수도 없는 의미들이 가득 차 있다. 이런 의미들이 언어를 통해서 표현될 수도 있고 침묵할 수도 있지만, 그것들이 존재하는 한 중립성은 불가능하다.

기표는 단순히 의미를 담는 그릇이 아니라,
오히려 의미의 생산자이다.

08 우리는 언어 속에 존재한다

우리는 언어 속에 존재한다.[15] 우리의 존재와 현존은 언어 속에 있다. 우리는 듣고, 몸짓으로 말하고, 울부짖는 그대로 존재한다. 딱 우리가 읽고 쓰는 만큼, 무엇을 읽고 쓰느냐에 따라 그대로 존재한다. '나'라고 말하는 사람만이 개인이 될 수 있다.■ 자신을 '쉬she', '앙티anti'〔여성 2인칭 단수를 가리키는 아랍어〕, '프랑세즈française'로 이해하는 사람은 여성성이라는 젠더gender와 성 정체성의 체계로 진입하게 된다.[16]

때로는 언어의 전제 조건으로 제시되는 몸, 그러니까 글을 쓰고 말하는 몸조차 언어에 의해서 호명된다. 우리의 몸은 마치 우리를 위해 준비라도 해 놓은 양손과 눈 · 입 따위로 명칭이

■ 이런 인식은 대중문화에도 나타난다. 영화 〈스타 트렉Star Trek : The Next Generation〉에서 보그 휴Borg Hugh(그는 "너"라는 말이 자신을 가리킨다고 이해한다는 뜻에서 이런 이름을 갖게 되었다.)가 자기 능력을 보여 주는 장면이 있는데, 그는 "나"라는 말을 사용하면 보그 집단에서 자신이 분리되어 개인이 되는 것처럼 이 말을 사용한다.

이미 정해져 있어서, 우리는 그것들을 소유하고 있을 뿐 아니라 그것들을 특정하게 정해진 방식대로 이해하고 사용해야만 한다. 우리가 진입한 세계는 우리를 위한 언어로 만들어져 있으며, 언어를 통한 의미와 정서·감각으로 충일하다. 말이란 단지 의미를 집어넣는 그릇이 아니며, 나의 견해(생각, 열정, 욕구, 욕망, 의견, 통찰 등)를 다른 사람에게 전달하려고 사용하는 도구도 아니다. 말과 문법은 자신이 전송하는 의미의 모양을 결정할 뿐 아니라 그 이상의 역할도 한다.

라캉에 의지하자면, 우리가 언어를 통해서 말하는 것이 아니라 언어가 우리를 통해서 말한다고 할 수 있다.[17] 우리는 말하는 동안 언어 사용의 관습을 따른다. 언어의 구조는 말의 내용과 말하는 형식에서 동시에 가시화된다. 우리는 언어를 통해서도 말하지만 언어 속에서도 말한다. 우리는 언어를 종처럼 부려 먹지만 실상은 우리가 언어의 피조물이어서, 우리는 우리 자신을 위해서뿐 아니라 언어를 위해 말하기도 한다.

'나'라는 말하는 사람만이
개인이 될 수 있다.
우리는 언어 속에
존재한다.

09 권위는 정치적이면서 문헌적이다

만일 언어가 정치적이라면, 정치는 언어적이다. 권위의 이중적 의미를 생각해 보라. (문헌적 의미의) 저자author는 (정치적 의미에서) 권위authority를 행사한다. 이러한 정치적 행위는 헌법이나 대통령의 법령, 종교적 율법 등과 같은 문헌 자료에서 쉽게 찾아볼 수 있다. 이 문헌의 저자들은 문서 작성 과정에서 정치적으로 행동한 것이다. 하지만 문서 작성에 정치적 권위를 부여하는 것은 문서의 내용이 아니라 그 형식이다. 정치적 권위는 종교적 교리뿐 아니라 소설에서도, 헌법뿐 아니라 시에서도, 대통령의 법령뿐 아니라 학문적 저작에서도 행사된다.

오리엔탈리스트orientalist들을 보자.[18] 그들의 문헌 저작은 동양이라는 상상적 세계에서뿐 아니라, 오리엔탈리즘의 범주를 통해 동양에 적합한 자질이라고 배정된 특정한 동양적 주제에서도 권위를 부여받는다. 「레쿠에리미엔토Requerimiento」를 보라. 이 텍스트와 이와 비슷한 저작들은 암묵적으로 폭력을 암시했을 뿐 아니라, 폭력을 생산하기까지 했다.[19] 〔'요구서'란 뜻의 「레쿠에리미엔토」는 16세기 초 스페인 국왕의 아메리카 인디언 정복을 신학적으로 정당화하려고 교황청에서 작성한 문서이다. 인디언을 야만인으로 간주하고, 그들이 복음화를 거부하면 전쟁도 불사할 수 있는 권리가 있다고 적혀 있다.]

탈식민주의 연구자들의 저작은 필연적으로 문학과 사회과학의 경계에 무관심하다. 영국과 프랑스의 식민주의를 연구하는 학자들은 프랑스의 경우처럼 문자적 우월성을 통해 매우 열성적으로 정치적 우월성을 확립하려는 식민주의자를 목격하게 된다. 식민주의자들이 제국의 언어를 사용하는 것은, 그것이 권위에 근접하는 수단이자 동화同化의 방편이며, 가치와 문화적 서열을 전달하는 방법이기 때문이다.

식민성이나 탈식민성의 관점에서 작업하는 필자들 덕택에 연구자들 또한 정치적·문헌적 권위의 영향력을 알아내는 법을 배울 수 있었다. 레오폴 상고르Léopold Sédar Senghor(1906~2001)에게 문학과 정치학의 경계는 없었다.■ 아시아 제바르Assia Djebar[알제리 출신의 페미니즘 소설가. 본명은 Fatima-Zohra Imalayen. 주로 무슬림 여성이 직면한 사회적 장애를 다루었다.], 나왈 알 사으다위 Nawal El Saadawi(1931~ . 이집트의 페미니즘 작가 겸 물리학자로 여성 할례 의식을 비판했다.], 루홀라 호메이니Ruhollah Khomeini[이란의 정치·종교 지도자]에게서도 그러한 경계를 찾아볼 수 없다.

■ 레오폴 상고르는 1930년대 이래 개화 흑인 시인들이 일으킨 문화운동인 '네그리튀드' 운동의 발기인으로 1960~80년에 세네갈의 대통령을 역임했다. 저서로는 *Collected Poetry*, trans. Melvin Dixon(Charlottesville : University Press of Virginia, 1991), *Oeuvres Poetiques*(Paris : Editions de Seuil, 1990), *On African Socialism*, trans. Mercer Cook(New York : Praeger, 1964) 등이 있다.

'가치중립성'을 고집하는 대다수의 사회과학자들이 신고전파 경제학이나 통계학 같은 비정치적 방법에 치중하게 되면서, 정치에 대한 연구가 정치학이나 사회학(좁게는 역사나 인류학)에서 벗어나 영문학이나 비교문학으로 옮겨 갔다. 그러나 다른 한편으로는 여전히 방법 연구보다는 권력의 작동 연구를 고집하는 몇몇 사회과학자들과, 20세기 후반의 정치학 연구의 수요에 힘입어 정치에 대한 연구가 사회과학으로 되돌아왔다. 역사와 정치학에 대한 수요가 늘면서 인문학에 전혀 무관심한 사회과학 신봉자들에게는 "저런 것은 정치-과학(학문)이라 볼 수 없다."는 날선 주장 외에는 아무런 방어 수단도 남지 않게 되었다.

가장 세련된 방어선으로 정치와 문학의 경계를 지켜 낸 이는 하버마스Jürgen Habermas[1929~]이다. 하버마스는 "철학과 문학의 영역 구분도 면밀히 검토해 보면 소멸된다"는 관점을 비난하고 나섰다. 그는 이러한 관점이 몇몇 문학비평가들과 그들을 후원하는 철학계의 '배신자'들, 즉 하이데거 · 아도르노Theodor Adorno[1903~1969] · 데리다 등에 의해 형성되었다고 본다.[20] 사실 하버마스의 구상은 어느 정도 솔직하지 못한 것이었다. 그는 문학비평과 소설 창작을 결합시켜 "논문 형식으로 단장斷章을 사용"하고, "모든 체계에 혐의를 두"는 상당수 철학계의 이단자들을 파면시키고 나서야 학문의 경계를 유지할 수 있었다.＊

하버마스는 "세계의 드러남과 문제 해결 사이의 극단적 긴장"을 긍정한다. 하버마스의 은유는 이러한 '극단적 긴장'이 세계를 구성하고 세계에 질서를 부여한다는 것을 간접적으로 (그리고

＊ Habermas, *Philosophic Discourse*, p. 187, 199. '철학계의 배신자들' 명단에는 플라톤, 몽테뉴, 몽테스키외, 루소, 니체, 비트겐슈타인 등이 포함된다.

올바르게) 주장한다. 그런 세계에서라면 문제 해결이 '세계의 드러남'과 무관하게 실행될 수 있다. 다중多衆의 세계가 중첩되고 균열됨으로써 구성된 문제를 목격한 사람들에게 이것은 의심스러운 확실성이었다. 문제 해결의 왕자인 수학자들은 문제를 해결하면 세계가 드러날 것으로 알고 있다. 반면 인종과 젠더의 정치학을 이해하려 애쓰는 사람들, 인종과 성에서 독립성이 세계의 드러남의 작동이긴 하지만 그것만으로는 불충분하다고 생각하는 우리 같은 사람들에게 식민주의와 탈식민주의는 비록 문제를 풀지는 못할지라도 최소한 문제가 무엇이고, 어디가 문제이며, 그 문제에 어떻게 접근해야 하는지를 알려 준다.

정치와 문학의 경계를 존중하지도 않으며 그 경계의 유지를 거부하는 학자들, 특히 탈식민주의자들은 정치학 연구에 새로운 연구 방향과 기법들을 제공했다.[21] 이 연구자들이 인문학적 작업에 쏟은 관심은 권력의 구조와 전략, 메커니즘에 대한 이해를 증진시켰다. 하지만 "권위는 정치적이면서 문헌적"이라는 테제가〔경계를 고수하는〕독단적인 문지기를 때려눕힌 사람들의 연대기를 기록하려는 것은 아니다. 그 문을 더 활짝 열어젖히고, 이렇게 새롭게 열린 영토에서 작업하는 사람들을 소개하려는 것이다.

저자의 지위라든가 권위의 자격과 그 한계를 거론하는 문학 이론을 검토하다 보면, 사회과학자들의 관심사와 직접적으로 연결된다. 문학에서처럼 정치학에서도 권위의 문제는 심오하고 광대하며 집요한 것이지만, 생각하는 것보다는 훨씬 더 제한적이다. 권위는 텍스트가 도달하는 거리만큼 영향을 미치며, 이로 인해서 저자는 시공간의 한계를 초월할 수 있다. 그렇게 이븐 타이미야Ibn Taymiyya가 사이드 쿠트브Sayyid Qutb에게 자기 생각을 전하고, 그의 저작에 의존하는 정치적 이슬람주의자들의 활동에 지속적인 영향력을 행사하는 것이다.[*] 저자의 권력은 권력에 선이 닿기를 바라는 생면부지의 대중들에게까지 확장된다. 하지만 저자가 텍스트의 의미를 통제한다는 것은 아니다. 그래서 반유대주의에 대한 니체의 경멸은 국가사회주의자들의 눈에는 도달했지만 마음에까지는 미치지 못했던 것이다.

독자의 역할에도 권위가 있다.[22] 독자는 텍스트를 읽으며 써 내려 간다. 텍스트에 새로운 참고 자료를 투입하고, 그 안에 숨겨진 새로운 의미를 발굴해 낸다. 몇몇 정치적 텍스트들, 그중에서도 미합중국 헌법 서문은 이러한 사실을 명백히 알고 독자를 저자로 만들어 준다. "우리 (미합중국의) 시민은"이라는 구절을 읽는 사람은, 읽는 행위를 통해서 권위의 자리에 놓이게 된다. 이 텍스트에서 "이 헌법을 제정"하는 사람이 바로 독자 자신인 것이다. 이러한 인식은 헌법학과 정치학에 심대한 영향을 끼쳤다.[23]

다른 텍스트들도 마찬가지다. 『탈무드*Talmud*』, 『하디스*hadith*』〔예언자 무함마드의 발언을 모아 놓은 이슬람 경전〕, 기타 법령 등을 해석하는 독자는 해당 텍스트와 관습, 그리고 그것들이 구성하는 사람들에 대해서 권위의 자리를 가정한다. 미합중국 수정헌법 제14조〔수정헌법 13, 15조와 함께 남북전행 후 주로 미국 내 흑인

---

[*] 이븐 타이미야는 13세기 후반부터 14세기 전반까지 생존했던 무슬림 이론가이다. 그는 몽골의 출정과 정복에 대응하는 과정에서 다른 무슬림에 대한 전쟁을 정당화했다. 사이드 쿠트브는 20세기의 무슬림 이론가로서, '무슬림형제단'을 창설하고 그 지적 발전을 선도했다. 1928년 창설된 무슬림형제단은 정치적 조직체로서, 이후 정치적 이슬람주의자들의 조직에 막강한 영향력을 행사했다.

들의 권리를 보호할 목적으로 도입된 조항으로, 적법 절차와 평등 조항을 담고 있다.]에서 자치단체 발족의 권리와 능력을 발견해 낸 영리한 독자는, 기획을 통해서 (정치적, 문헌적) 권위를 획득한다.

이렇게 해서 '저자의 의도'를 찾아 떠나는 신성한 모험이 일어난다. 헌법 해석에서든 철학의 역사에서든, 그것은 생각보다는 어렵고 보람은 덜한 일이다. 이러한 모험적 기획이 어려운 것은, 텍스트를 처음 작성한 사람뿐 아니라 텍스트가 보유하고 있는 의미를 분명하게 밝힌 다른 사람들에게도 권위가 부여되기 때문이다. 그리고 보람이 덜한 것은, 텍스트의 의미가 그것을 처음 작성한 사람에 의해서 결정되지 않는다는 사실을 인정할 수밖에 없기 때문이다.

최초의 저자가 텍스트를 통해서 전달하려고 했던 의미를 누군가가 발견 혹은 추정할 수 있다고 하더라도, 이러한 저자의 의도가 실제 텍스트 제작 과정을 지배했다고 단정할 수는 없다. 또 어느 누구도 그렇게 오래전에 소멸된 저자의 의도가 텍스트 속 단어들의 의미를 지금까지 제한/통제한다고 주장할 수 없다. 텍스트에 사용된 단어들은 저자의 것이 아니라 언어(그리고 그 언어를 사용하는 공동체 모두)에 속해 있기 때문이다.

10 문화는 텍스트이다

사람들과 사건, 그리고 해당 사회에 속하는 모든 유물로 이루어진 문화는 유의미하다. 즉, 문화에 속한 그것들은 의미로 가득 차 있으며, 거기에 포함되어 있는 무수한 의미들에 다가가는 것은 텍스트를 읽는 방식과 비슷하다. 사람들은 그것들에서 상징을 인지하고, 이 상징들의 문법을 파악하고, 산출된 텍스트들을 해석하게 된다.■

■ 폴 리쾨르Paul Ricoeur는 에세이 「The Model of the Text」에서 문화를 기호들의 체계, 의미의 그물망, 읽을 수 있는 텍스트로 볼 가능성을 제기하였다. 그의 주장에 따르면 "인문학은 해석학적이다. 왜냐하면 (1)그 대상이 텍스트와 마찬가지로 텍스트를 구성하는 몇 가지 특성을 드러내고, (2)그 방법론이 Auslegung〔해석〕, 즉 텍스트 해석과 동일한 절차로 전개되기 때문이다." 리쾨르는 사회 세계의 텍스트적 성격을 입증하는 몇 가지 측면을 묘사하였다. 시간적 지속, 현존, 역사성, 의미가 저자 및 최초의 장소에서 분리되는 방식, 이러한 분리를 통해서 의미가 확산되고 깊어진다는 점이 그것이다. 하지만 이번 테제의 핵심 주장은 "사회적 리얼리티는 근본적으로 상징적"이라는 리쾨르의 단순한 발언으로 압축될 수 있다. Ricoeur, "The Model of the Text : Meaningful Action Considered as a Text", in *Interpretive Social Science : A Reader*, ed.

이러한 접근법에 위험이 없는 것은 아니다. 알튀세[Louis Althusser
[1918~1990]는 세계를 이해하기 위해서 그것을 "읽기만 했다"는
관념을 경계했다.[24] 그렇게 생각된 세계는 언제나 이미 유의미
하고, (헤겔식으로) 이미 신이 우리에게 하사한 것이다. 그러한
세계에서 읽어 낸 의미는 동일한 저자의 작품 혹은 텍스트 자
체의 자산으로 해석된다. 이렇듯 의미를 세계에 귀속시키는 것
은 정당화될 수 없는 허구적 통일성을 세계에 부여하며, 독자
의 권위와 독자가 의존하는 해석 관습의 구성적 힘을 은폐한다.
알튀세의 경고는 그러한 실천에 권위를 부여하는 것이다. 언어
와 역사를 통해서 우리가 정박한 세계는 이미 의미로 가득 차
있다. 우리가 교섭해야 하는 세계는 언어적이고 역사적이다. 이
것이 우리가 읽어야만 하는 세계인 것이다.

문화 혹은 생활 세계를 읽을 수 있는 텍스트로 보는 것을,
모든 단어가 세계 안팎의 어떤 것과 일치한다는 생각과 혼동해
서는 안 된다. 오히려 그 반대이다. 우리가 생활 세계와 역사를
읽을 때 우리는 언어 속에 있는 것이다. 비트겐슈타인은 "명제,
언어, 사상, 세계가 앞뒤로 한 줄로 대응하며 서 있다."는 관점
을 경계하였다. 거기에는 결여된 무엇, 그러니까 "그것들이 적
용되는 언어 게임이 결여되어 있다."고 보았다.[25]

문화를 텍스트로 이해한다고 해서 마치 읽고 있는 텍스트를
지배하고 있다고 착각하는 독자처럼, 우리가 문화의 외부, 언어
의 외부에 위치한다는 잘못된 믿음에 빠져서는 안 된다. 언어

Paul Rbinow and William Sullivan(Berkeley : University of California Press, 1979),
  p. 73-101, 71. 문화 연구의 어려움과 관련하여 리쾨르 책의 첫 구절("이 글에
  서 나의 목표는 하나의 가설을 시험하는 것이다.")은 용기를 준다.

는 우리에게 권위를 행사하며 우리의 읽기 능력을 구성한다. 문화를 텍스트로 읽는다는 것은 그 세계에 속한 모든 것을 구성해 버리는 생활/세계를 우리가 주목하게 되었음을 뜻한다. 다만, 그 과정에서 우리는 스스로 그 세계에 의해, 즉 타인에 의해 구성당하게 되어 있을 뿐이다. 비트겐슈타인은 이러한 기획과 관련하여 독특한 기도문을 제공한다. "신은 일반인의 눈앞에 놓여 있는 것을 통찰하는 일을 철학자에게 허용하셨다."[26]

만약 이것이 문화를 텍스트로 읽는 것의 결점이라고 한다면, 그 결점 또한 문화 읽기의 덕목이다. 이러저러한 일상적 관점에서 보면, 텍스트로서 문화 읽기는 우리가 그 세계에서 살아가고자 밥 먹듯이 하는 그것이다.

문화를 텍스트로 이해한다고 해서
우리가 문화의 외부,
언어의 외부에 위치한다는
잘못된 믿음에 빠져서는 안 된다.

11 문학적 기법은 정치적 전략의 직접적 판박이다

　　이 테제를 설명해 줄 주목할 만한 사례는 쉽게 발견된다. 은유〔사랑은 장미다〕, 환유〔어떻게 장미에 호박꽃을 갖다 대나〕, 제유〔장미 향기만 맡고서 살 수 없다〕 등이 모두 문학적 의미에서뿐 아니라 정치적 의미에서도 권위의 전략으로 제공된다.

　정치학에서 은유적 전략은 거의 눈치 채지 못할 정도로 남발된다. 정치적 담론에 참가한 이들이 전쟁이나 전투를 상대하는 방식을 보라. 그들은 '제2의 베트남' 혹은 '유화 정책'의 위험성을 경고한다. 팔레스타인 주민과 반군은 '미국의 창설자들'이나 '미국의 워싱턴과 제퍼슨'에 비견되며, 그들의 투쟁은 미국혁명과 비교된다. 그 옛날의 전쟁과 전투는 논증적 실천을 통해 단순한 전투에서 상징과 기호의 성좌星座로 변형되는데, 그 결과 아직까지 그 중요성이나 도덕적 · 정서적 가치가 정립되지 않은 상황에서 일어난 전투들이 그 의미를 세우는 근거로 이용된다. 발칸 반도〔슬로베니아 · 크로아티아 · 보스니아 · 세르비아 · 헤르체코비나 · 알바니아 · 루마니아 · 불가리아 · 터키 · 마케도니아〕 분쟁에 유럽과 미국이 개입해야 한다고 주장하는 사람들은, 발칸 지역의 피난민들을 500년 전 유대인 난민에 빗대는 사진과 에세이를 출판한다.

정치적 수사는 정치적 우상을 세우는 것에 견줄 수 있다. 아라파트Yasser Arafat〔팔레스타인해방기구(PLO) 의장〕는 예루살렘 전투에서 살라딘Saladin〔12세기 이집트와 시리아의 술탄〕이 되었고, 나세르Jamāl, Abd an-Nāsir〔이집트 정치가〕와 사담 후세인Saddam Hussein〔이라크 대통령〕은 서방의 침략에 맞서면서 살라딘이 되었다. 마틴 루터 킹Martin Luther King〔미국의 흑인해방운동가〕은 그의 저작이 합법화되면서 간디Mohandas Gandhi〔인도 민족운동 지도자〕와 소로Henry David Thoreau〔미국 문학가〕에 견주어졌는데, 그 과정에서 오히려 그의 용기와 모험은 묻히고 말았다.

은유의 정치적 효과는 롤랑 바르트를 통해서 더 잘 이해할 수 있다. 바르트는 기호라는 것이 기의 속에 의미를 품고 있는 기표만은 아니라는 사실을 알았다. 기표와 기의가 기호 속에서 결합됨으로써 의미가 만들어진다. 바르트는 사랑의 기호로 간주되는 장미를 예로 들면서, 그것은 장미〔기표〕도 정열〔기의〕도 아닌 '정열의 장미〔기호〕'라고 말했다.[27] 사랑은 장미와 결부되어 있고, 이것이 실천되는 과정에서 장미는 사랑과 결합하게 된다. 이처럼 성공적인 은유 전략은 서로 영향을 주고받는다. 왕은 간디와 결부되고, 간디는 왕과 결부된다. 정치적 수사들은 미덕의 아이콘이자 정당화의 원천으로 사용되면서 이후의 수사 및 사건과 연결되는 결부·부착·첨부의 능력을 획득하며, 그리하여 그 권위는 시간과 공간을 넘어서 확장된다.

환유도 정치적 전략으로 기능할 수 있다. 많은 사람들이 하나의 깃발 아래 행진하기도 하며, 어떤 운동이나 슬로건은 다양한 탄원·불평불만·요구 사항 등을 하나로 통합하기도 한다. 이러한 요구 사항은 특정 계급의 경험, 행동, 대행자, 아이콘의 힘과 동일시될 수 있다.* '단순한 정치적' 혁명에 대한 마르크스의 설명은 (이중으로 겹친) 환유의 사례로 받아들일 수 있다. "**한 민족의 혁명과 시민사회 안에서 특정 계급의 해방이 일치하려면**, 그리하여 **한** 계급이 그 사회 전체를 대표하는 계급으로 인식되려면, 거꾸로 그 사회의 모든 결점이 다른 한 계급에 집중되어야만 하고, 그 계급이 사회 전체의 악명 높은 범죄자로 여겨져야 한다. 그렇게 되면 그 영역에서 해방되는 것이 보편적인 자기해방처럼 보이게 된다."[28] 한 계급이 대다수 사람의 불만과 불쾌감을 일깨우며 모든 요구를 대표하게 되는 것이다.

정치적 전략과 문학적 전략은 모두 권위의 활동이기 때문에 쉽게 구별되지 않는다. 이것은 발화효과행위perlocutionary acts와 발화수반행위illocutionary acts, 혹은 오스틴J. L. Austin이 제시한 "말과 행위"의 관계를 고찰하면 분명해진다.[29] 어떤 말은 말을 통해 효과와 결과를 만들어 내지만, 또 어떤 말은 흥미롭게도 말하는 것 자체가 행동인 경우가 있다. 발화수반행위에서는 말이 곧 행동이며, 말이 행동을 한다. 말하기와 행하기, 즉 말과 행동의 구별이 사라지는 것이다. 비트겐슈타인은 과감하게 훨씬 더 급진적으로 이렇게 말한다. "말은 행동이다."[30] 말과 행위 사이의 (아마도 허구적이고 잘못 만들어진) 경계선의 삭제는, "복

---

* 에르네스토 라클라우Ernesto Laclau는 이렇게 말했다. "이탈리아에서 나치 점령에 저항하는 독립전쟁 동안 가리발디즘과 마치니즘의 상징들이 일반적 등가물로 기능하였다. 그것은 마치 언어처럼, 점차 늘어나는 상당수의 사회적 요구 사항들을 새겨 넣는 표면이 됨으로써 스스로 보편화되었다." Ernesto Laclau, in Judith Butler, Ernesto Laclau, Slavoj Zizek, *Contingency, Hegemony, Universality* (London : Verso, 2000), p. 210, 191, 45.

창하라"는 명령으로 시작하는 『코란』과 "우리 미합중국의 시민은…… 이 헌법을 제정하노라." 하고 말하는 미합중국 헌법에 분명히 나타난다.

정치적 권위와 문학적 권위가 공존한다는 인식 때문에 수많은 이론가와 철학자, 문학 및 문화 비평가들이 '문자의 폭력'[31]을 주장했다. 그러한 논의에서 언어적 행위는 폭력적 행위로 읽힌다. 선전포고문, 판사의 판결문, 법률 제정 행위, 파트와 fatwa〔이슬람 원로들의 율법적 결정〕 등은 폭력의 발화수반행위로서 널리 알려진 것들이다. 그 외에 다른 행위들, 즉 정체성을 형성하거나 행위와 사고 및 삶의 형식을 압류하는 글쓰기와 명명 행위도 무시할 수 없는 소수의 사람들 눈에는 폭력으로 보인다. 해를 입히는 그 행위들의 힘은 언어의 심장부에 놓인 폭력성을 보여 준다.

정치학에서 은유적 전략은
눈치 채지 못할 정도로
남발된다.

12 문화는 몸을 구성하고 그것을 읽도록 만든다

이 테제는, "몸은 자연적이고, 자연적인 것은 정치와 문화의 바깥에 놓여 있다"는 끈질긴 가정에 반대한다. 이와 관련한 가장 좋은 예는 아레사 프랭클린Aretha Franklin〔1960~70년대를 풍미한 미국의 전설적인 솔 여가수〕의 노래 〈당신은 꾸밈없는 여성 같아요You make me feel like a natural woman〉이다. 아레사의 찬사는 꾸밈없음(자연적인 것)을 성취하는 것이 얼마나 어려우며 얼마나 많은 공을 들여야 하는지, 그것이 관습적 범주와 다른 사람들의 평가에 얼마나 의존적인지를 알려 준다.

"당신은 꾸밈없는 여성 같아요."라고 말하는(노래하는) 그 여성은 알고 있다. 이러한 느낌은 외부에서, 그러니까 다른 사람에게서 찾아오는 것이라고. 그녀는 자신이 타고난by nature 여성임을 깨닫거나 기억해 내는 것이 아니라, 마치 여성성이 자연스러운 것인 양 느끼기를 강요받고 있다.■

■ 이런 식의 독법은 주디스 버틀러Judith Butler와 웬디 브라운Wendy Brown이 아레사 프랭클린의 노래에 대해서 나눈 대화의 산물이다. Judith Butler, *Gender*

영국의 인도 총독 부인의 일기도 좋은 사례이다. 그녀는 알몸으로 목욕하는 남자를 본 일을 이야기하며, 그들이 알몸이긴 했지만 몸 색깔 때문에 마치 옷을 입은 것처럼 보였다고 진술했다. 화가, 사진작가, 행위예술가의 작품을 보아도 좋다. 그들의 작품은 몸이 하나의 텍스트임을 알고 그것을 이용한다. 쉬린 네샤트Shirin Neshat〔뉴욕에서 활동하는 이란 출신 사진작가 겸 비디오 아티스트〕는 '베일을 두른 여성veiled women'을 뜻하는 〈무하지바트muhajibat〉〔눈만 남기고 얼굴 전체를 가리는 이슬람 여성의 복장 니카브niqab를 착용한 여성〕라는 작품에서, 베일을 벗은 이슬람 여성들의 얼굴·발바닥·팔뚝 등에 글자를 새겨 넣는다. 온몸을 감싼 차도르에서 돌출된 맨살의 팔이, 온몸에 글자가 새겨진 벌거벗은 아이의 팔을 붙들고 있다. 네샤트의 영화 〈이레즈마Irezuma〉에는 여성의 몸에 천천히 문신이 새겨지는 장면이 나온다. 이는 섹슈얼리티와 글쓰기·폭력을 통합하는 복잡한 글자 새김의 과정을 보여 준다.

〔미국의 유명한 행위예술가 겸 음악가〕 로리 앤더슨Laurie Ander -son은 자신의 몸에 젠더와 인종을 새겨 넣기 위해 빛과 가면을 사용한 퍼포먼스 작품을 선보였다. 여기서 앤더슨의 몸은 아시아인의 몸이 되기도 하고, 남성의 몸이 되기도 한다. 〔미국의 행위예술가〕 밥 플래내건Bob Flanagan과 〔프랑스의 행위예술가〕 오를

Trouble : Feminism and the Subversion of Identity(New York : Routledge, 1990). 버틀러는 젠더와 섹슈얼리티를 다룬 저작에서 젠더가 자연적 속성이 아니라 수행 performance임을 주장하였다. 버틀러는 정치적인 것을 문학적 권위로서 간주하여 이 사실을 폭로하였다. 그녀는 특정한 문학적 형식을 분류하고 명백하게 만들려고 고안된 전략을 가져다가, 정치에서 발견되는 특정한 구조적 장치의 작동을 분류하고 명백히 하는 데 사용했다.

랑Saint Orlan 역시 자기 몸을 새김판으로 사용한다. 행위예술가인 플래내건은 낭포성섬유증으로 고통을 받았다. 질병이 그의 몸에 고통을 부과한 것이다. 그는 〈슈퍼마조히스틱superma -sochistic〉이란 작품에서 자신에게 스스로 고통을 부과하였다.[*] 오를랑의 가장 유명한 행위예술 연작은 본인의 수술 장면을 무작정 필름에 담는 데서 시작되었다. 자발적인 미용 성형 장면을 담은 연작 필름에서 일련의 수술은 그녀 몸의 형식을 바꾸어 놓는데, 이는 이상적 아름다움의 차별성에 대한 시각적 주석을 제공했다. 최근에는 마야 문명의 꽃병에 그려진 형상의 이미지로 자신을 재형성하고 있다.[**]

　나중에 제시한 예술가들의 작품에서 몸의 변형은 그들의 성격까지 바꿔 놓았다. 감정에서 행동으로, 외면에서 내면으로, 강제적 수용에서 기꺼이 떠맡음으로.

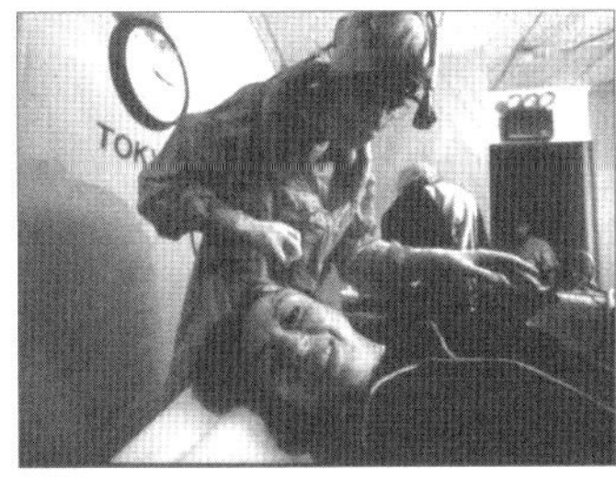

“당신은 꾸밈없는 여성 같아요.”
꾸밈없음을 성취하기란
얼마나 어려운가.

---

[*] 플래내건의 생애는 커비 딕Kirby Dick의 다큐멘터리 영화 〈Sick : The Life and Death of Bob Flanagan, Supermasochist〉에서 볼 수 있다.

[**] 오를랑은 삽화를 곁들여 작품 해설을 제공하고 있다. 그녀의 웹사이트 주소는 http://www.orlan.net/.

13 젠더, 인종, 섹슈얼리티는 문화적 구성물이다

이 테제는 문화가 몸을 구성한다는 것, 문화가 몸을 읽을 수 있게 한다는 인식에서 쉽게 도출된다. 그러나 많은 학자들이 전혀 다른 경로로 이 인식에 도달했다. 인종 · 젠더 · 성 · 섹슈얼리티 등이 문화적 구성물이라는 인식은, 몸 자체가 문화적 구성체라는 인식으로 나아가는 길을 열어 주었다. 이 분야 연구의 상당수는 비교정치학자들이 진행했다. 그들이 주로 영향을 받은 분야는 인류학이다. 지금은 그 빈도가 더욱 잦아졌지만, 그들은 인종의 차이나 범주를 이해하고자 브라질 · 멕시코 · 미합중국이 다 다르다는 증거를 가지고 직접 현지 조사를 실시해야 했다.[32]

영미권 대학을 제외하고 학자와 정치인들은 모두 "20세기의 문제는 피부색 차별color line의 문제"[33]라고 한 윌리엄 듀보이스 William Du Bois〔1868~1963. 미국의 급진적 흑인인권운동가 겸 저술가〕의 유명한 선언을 잘 알고 있었다. 또한 그들은 인종의 범주를 심문하고 동시에 이 문제를 전면화시킨 프란츠 파농Franz Fanon과 C. L. R. 제임스James〔1901~1989. 서인도제도 출신의 반식민주의 운동가)의 저작도 알고 있었다.[34] 탈식민주의 연구자들은 인종적 정체성의 구성과 수행의 문제를 탐구했으며, 인종 범주를 연구하고 배치하는 방식에서 기존 통념에 도전했다. 그들은 문화공동체와 영향의 유형에 대한 변형된 이해를 기록하며, 새로운 시공간적 세계 이해를 제안했다. 정치 이론 분야에서 그들은 19세기로 접어들면서 그리스를 서구 정치사상의 기점으로 구성하는 과정에서 작동한 인종정치학을 폭로했다.[35]

미국 내부에서 인종과 관련한 학자들의 작업은 그 개념과 그 개념의 현실적 적용에서 모호성을 드러냈다. 시간이 지나면서 인종의 분류도 변화하여 어떤 시기에는 아일랜드인을 백인으로 배정했다가, 다른 시기에는 그들에게 유인원의 낙인을 찍기도 했다. 멕시코인의 지위도 백인에서 흑인으로, 다시 원래 위치로 바뀌었다. 정책 발의자는 서부 유럽인과 필리핀 사람을 범주화하느라 골머리를 앓았다. 이러한 사례는 역사의 변천에 따른 인종 개념의 유연성을 잘 드러낸다.[36] 백인인 척 행동하거나 흑인 분장을 하는 행위는 개인들이 갖고 있는 인종 개념의 모호성을 보여 준다. 이는 그것을 읽는 사람들에게 인종 개념이 전체적인 혹은 부분적인 연기演技와 수행의 문제임을 말해 준다.[37]

해외 연구에 참여하는 학자들, 그리고 미국 내 다른 사회적 맥락 연구에 참여한 학자들은 어쩔 수 없이 성·젠더·섹슈얼리티의 문화적 구성에 부분적으로 관심을 가질 수밖에 없었다. 인도·알제리·세르비아 등지에서 한 남자로 산다는 것은 미국에서 한 남자로 사는 것과 전혀 다른 범위의 몸동작을 필요로 하며, 여기에는 다른 종류의 특권과 의무가 뒤따른다. 이러한 사실에 대한 불편한 인식은, 공식적으로 인정되지는 않았지만 실제로는 피하기 어려운 문제이다. 게다가 최근에는 페미니

즘과 퀴어 이론 연구자들이 성·젠더·섹슈얼리티의 복잡하고
도 다면적인 수행을 보여 주는 연구를 진행했다.[38]

그러나 인종과 성이 문화적 구성물이라는 인식은, 아직도 일
부에서 그렇게 믿고 있듯이, 인종과 성이 부수적인 현상이거나
쉽게 변하는 것이니 무시하자는 뜻이 아니다. 인종과 젠더의
표식은 몸에 씌어진 텍스트라고 할 수 있으며, 그것은 당사자
의 의지에 반해서 새겨진 것이다. 그 표식은 은폐나 제거가 어
려워서 제거해도 삭제 표시 아래sous rature*에 제거 흔적이 남
게 된다.

명목상 제거되었음을 표시하는 흔적은 제거된 것을 보존하고
있다. 자진해서건 마지못해서건 몸에 지니고 있는 기호들이 일
종의 낙인으로 기능할 경우, 그 담지자들의 몸에 열등하다거나
위험하다는 표식이 남으면서 그로 인해 생기는 부담과 비용까
지 그들이 짊어져야 하는 사태가 벌어진다. 그 기호들은 그 담
지자들이 파기하거나 거부할 수 없는 특권에 대해서도 불가피
한 권한과 허가증으로 기능할 수 있다.**

이러한 표식과 기호들은 자연스럽게 보이기 때문에 문화와
정치의 외부에, 문화와 정치보다 앞서는 것이라 여겨지며, 따라
서 비정치적이며 근절할 수 없는 것으로 간주된다. 이러한 잘못

---

* '삭제 표시 아래sous rature'라는 개념은 자크 데리다의 『그라마톨로지에 대하
여De la grammatologie』에서 논의되었다. 삭제 표시 아래 놓인 것은 X 표시로 줄
이 그어진 텍스트와 같다. 제거된 단어는 제거된 그 자리에 숨겨진 상태로
가시화되어 머문다.

** "좋은 식민 개척자" 혹은 "거절하는 식민 개척자"에 관해서는 Albert Memmi,
The colonizer and the Colonized, trans. Howard Greefield(Boston : Beacon Press,
1991), pp. 19-44를 보라.

된 생각은 부분적으로는 '기표는 기의를 가리킨다'라는 생각에서 비롯된다. 다시 말해서 인종과 성을 나타내는 물리적 표식들이 그 개념과 그것들이 치러야 할 대가, 그리고 주체성의 의미를 가리킨다는 생각이다.

몸에 텍스트가 새겨진 그 당사자들이 짊어져야 할 부담은, 그들로 하여금 인종과 성으로 부과된 텍스트를 몸에 가해진 상처 혹은 영혼이 지는 짐짝으로, 세상에서의 자유로운 운동을 방해하는 족쇄로 바라보게 만든다. 그것들은 실제 존재하는 것일 수 있다. 그러나 그 텍스트들은 자기 자신을 바라보는 이미지, 자신이 성취하기를 열망하는 표준형, 전진하려고 몸부림치는 깃발처럼 묶여 있는 정체성이기도 하다. 급진적 정치학은 인종의 깃발을 들고 선두에 서는 일이 잦다.

문화는 몸을 구성한다.

문화는 몸을 읽을 수 있게 한다.

14 상품은 기호학의 사전이다

　　문화는 의미의 그물망이다. 그 문화 안에는 다른 의미의 그물망, 더욱 특별한 그물망이 들어 있다. 상품은 필요를 (낳고) 공급한다. 상품은 욕망을 (낳고) 충족시킨다. 또한 상품은 침묵 속에서도 지속적인 의사소통을 가능하게 한다. 복장과 관련한 기호학 사전이 가장 흔한 예이다.

　우리는 복장으로 젠더를 나타낸다. 때로는 신중하게 때로는 본의 아니게, 그리고 우연히, 자신의 계급·지역색·직업·정치색·종교 등을 나타낸다.[39] 복장에 대한 심각한 무관심과 패션에 대한 무지를 공언하는 사람조차("나는 그저 편하게 입을 뿐이야.") 주변 사람들의 옷차림을 재빠르고 약삭빠르게 읽어 낸다. 그래서 어떤 요소는 있는 그대로 받아들이지만 어떤 차림은 반어적 의도가 있다고 말하기도 한다. 사람들은 이렇게 비판적으로 읽는 능력을 실천으로 배워 왔다. 왜냐하면 문화적 실천들은 자신이 마주치는 세계에서 어떤 속성은 부차적인 것으로 배치하면서 신속하고 정확하게 젠더의 정체성을 파악하는 능력에 의존하기 때문이다.

사람들은 다른 것을 읽기 위해서, 그리고 사회적 질서에서 자신의 위치를 표시하려고 상품을 사용한다. 메르세데스 벤츠와 소형 트럭, 프란체스코 클레멘테Frnacesco Clemente〔이탈리아의 아방가르드 화가〕와 토마스 킨케이드Thomas Kinkade〔미국의 기독교 화가〕의 그림, 〔미국의 팝그룹 비치보이스가 1966년에 발매한 음반〕《팻 사운즈Pet Sounds》와 〔포르투갈의 전통 민요인〕《파두fado》 음반, 《골드베르크 변주곡》 음반 등은 우리를 사회적 배경 안으로 들어서게 만들 뿐만 아니라 그 이상의 일도 수행한다.

상품이 하는 일은 단어가 하는 일과 같다. 그것은 상징으로만이 아니라 화폐로도 기능한다. 상품은 가치를 상징하며 유통되고, 일정한 자본 형식에서 또 다른 자본 형식으로 변형된다. 우리는 교육의 기호를 교육 자격을 얻는 데 필요한 화폐로 바라보며, 사회적 자본의 기호를 사회적 입지를 보장해 주는 것으로 간주한다.[*] 상품은 돌고 돈다. 상품은 상속인에게 유산으로 증여되며, 친구에게 전달되고, 획득되며, 도난당하고, 위조된다. 좋은 와인을 마시고 그에 어울리는 음악 작품을 연주하는 주체는 사회적 자본(특히 교육자본)을 구매한 것인데, 그렇게 획득한 자본은 교환 과정을 거쳐 경제적 이득으로 회수된다.

화폐가 위조될 수 있고 작품이 거짓말을 할 수 있듯, 상품에도 위조와 속임수가 있다.[**] 어떤 이들은 (자주 있는 일이지만)

[*] Pierre Bourdieu, *Distinction : A Social Critique of the Judgement of Taste*, trans. Richard Nice(Cambridge, Mass. : Harvard University Press, 1984). 부르디외의 세밀한 분석은 상품(특정한 유형의 음악, 음악 작품, 가구, 의상 등)이 우리를 사회적 장場에 주체로서 위치시킬 수 있음을 입증한다. 이때 사회적 장은 금융자본, 사회자본, 교육자본 등으로 분류된다.

[**] 보드리아르Jean Baudrillard는 사회적 지위를 위조하는 데 상품(특히 의상)이

신분을 위장하려고 옷을 입는다. 여러 계층에 공통되는 복장으로 자기 신분을 희석시키고, 자신이 실제보다 더 많은 경제적 자본을 소유하고 있다는 것을 증명하려고 의류 몇 벌로 꾸미기도 한다.

다른 기호학 사전에서처럼 여기에서도 기호들은 마치 단어처럼 다양한 언어적 전략 속에서 쓰인다. 기호들은 반어적으로 사용되기도 한다.〔서던캘리포니아 대학의 미국학 교수인〕로빈 켈리Robin Kelley처럼 주트 수트zoot suit〔1940년대에 멕시코계 청소년들 사이에서 유행한 옷으로, 어깨가 넓고 긴 윗도리에 통이 넓고 헐렁하고 바짓단을 좁혀 끝을 동여맨 바지가 한 쌍이다.〕를 통해서 전통적 정장 복장에 대한 반어적 주석을 읽어 낼 수도 있다. 간디의 로인클로스loincloth〔허리를 감싸 엉덩이를 가리는 사각형 천 조각으로 가장 간단한 남성 복장〕복장과 물레〔간디가 암살당하기 전 마지막으로 촬영한 초상 사진으로 〈물레를 돌리는 간디〉가 있으며, 〈간디〉라는 영화에서도 일상생활에서 물레를 돌리는 간디의 모습을 보게 된다.〕는 인도인의 자치권을 주장한다.

기호는 인용할 수도 있고 지시체를 포함할 수도 있다. 랠프 로렌Ralph Lauren〔미국의 패션디자이너. '폴로' 랠프로렌 사를 설립하고 귀족적 브랜드 이미지를 표방했다.〕은 미국 서부와 대영제국을 지시하고자 폴로polo 경기와 여우 사냥을 이용했다. 알렉산더 맥퀸Alexander McQueen〔영국의 패션디자이너로 아프리카와 인디언 민속 의상의 느낌을 강조했다.〕은 랩rap과 라스타파리아니즘Rastafarianism

어떤 역할을 하는지를 파악하고, 그 전략의 정치적 결과를 탐구했다. Baudrillard, *Simulations*, trans. Paul Foss, Paul Patton, and Philip Beichman(New York : Semiotexte, 1983).

〔레게 음악과 함께 흑인들의 해방 사상을 담은 신흥종교〕을 지시했다.

　이처럼 복장과 상품은 서로 다른 언어적 현장에서 작동하면서 동일한 수사적 전략을 사용할 수 있다. 학계는 뒤늦게 관심을 가졌지만, 대중적 실천은 이미 일상적 담론에서 상품 해석의 달인을 만들어 냈다.

우리는 복장으로 젠더를 나타낸다. 신중하게 때로는 본의 아니게,

그리고 우연히...

15 자연적인 것은 문화적 범주에 속한다

언어(전혀-중립적-이지-못한-언어)는 문화의 상대 단어로 '자연'을 제시한다. 바버라 크루거**Babara Kruger**〔미국의 대표적인 페미니즘 사진작가〕의 작품은 이렇게 선언했다. "나는 더 이상 당신들의 문화에서 자연 역할을 하지 않겠다." 언어는 문화보다 앞선 자연을, 심지어 언어보다 앞선 것으로 제시한다.■ 자연은 천부적으로 주어진 것의 영역이라는 것이다.

자연은 진정 주어진 것의 영역에 속하지만, 주어지는 방식은 상당히 다르다. 자연은 우리에게 주어질 때 언어 속에서, 분화 속에서 하나의 범주로서 주어진다. 이러한 범주·조건·영역에는 어떤 속성이 투입되어 있는데, 그 범주·조건·영역은 다시 그것의 통사론적 한계를 결정해 주고 다른 개념과 결합시켜 주

■ 이는 **89**번 테제 "이전의 것이 이후에 올 수도 있다"에서 논의되는 현상의 한 사례이다. "어떤 조건 혹은 사건이 전제 조건으로 기능하려면, 그것을 전제 조건으로 기능하게 만들어 주는 어떤 것이 먼저 출현해야만 한다. 그 다음 혹은 그것의 출현과 동시에 조건 혹은 사건은 비로소 전제 조건으로 기능한다."

는 그물망에 묶여 있다.

어쩌면 이 용어〔자연〕와 거기에 결합된 다른 용어들, 즉 쾌락과 고통, 필요와 권리 등이 우리로 하여금 언어 속에서 저 너머에 존재하는 것을 향한 몸짓을 가능하게 하는지도 모른다. 어쩌면 우리는 고통과 쾌락을 통해서 무매개적으로 '주어진 것'에 접근하는지도 모른다. 쾌락은 탈지배의 가능성을 제공하고, 규제를 벗어나 즉각적으로 주어진 것으로 가는 통로인지도 모른다.

주어진 것에 접근할 수 있다는 이러한 신념은, 몸의 감각들이 문화와 언어의 통제를 받지 않는다는 믿음에 기댄다. 혹자는 우리가 언어로써 고통과 쾌락을 지각한다는 것을 믿지 않으며, 그러한 주장을 의심의 눈초리로 바라본다. 또 어떤 이들은 어떠한 체계도 밀폐된 것은 없다면서, 언어도 다른 체계처럼 그 바깥에 있는 것을 향해 손짓해야 한다고 말한다.

"나는 더 이상 당신들의 문화에서 자연 역할을 하지 않겠다."

16 문화는 관찰 가능한 개념이다

너무나 명백해서 포함시키지 않으려 했던 이번 테제는, 『사회 탐구의 설계*Designing Social Inquiry*』의 "네 번째 규칙 : 구체성을 최대한 확보하라"는 말에 맞대응하려고 집어넣었다. 이 책의 공저자인 킹Gary King, 코헤인Robert O. Keohane, 버바 Sidney Verba 이 세 사람은 '추상적이고, 관찰 불가능한 개념들'('유용성, 의도, 동기, 정체성, 지성, 국가의 이익')을 열거하며 거기에 문화를 포함시켰다.[40] 그렇게 함으로써 그들은 여러 세대에 걸친 인류학과 기타 사회과학, 상당수의 인문학적 업적을 묵살했을 뿐 아니라, 헤겔Georg Wilhelm Friedrich Hegel과 그 추종자들과도 대립각을 세웠다.

문화적 세계에서 이념은 현실이 된다. 이념은 물질적 형식으로 나타나는데, 그렇게 함으로써 변형·발전한다. 헤겔에 정통하지 않더라도 물질과 이념의 관계에 대한 헤겔의 이해에는 동의하는 사람들은 물질적 표현과 유물들에서 거기에 표현된 개념들을 관찰할 수 있다는 점을 순순히 인정한다. 우리는 물질적 대상, 곧 책과 논문으로 개념을 이해한다. 그렇게 개념이 물질적 세계에서 자신을 드러낸다고 알고 있다. 우리는 무기와 군인의 몸을 통해서 힘의 이념을 눈으로 목격한다. 정부 문서와 제도를 통해서, 관공서에서 물리적 공간을 차지하고 있는 사람들의 몸을 통해서, 정부가 위임한 소송 절차를 통해서 국가를 눈으로 본다.

문화는 물질적이다. 문화는 원래부터 단지 몇 가지 감상이나 기질의 문제가 아니었으며, 관습적 실천의 이상적 형식 혹은 세계 및 그 안에서 살아가는 사람들의 정신적 주형틀도 아니었다. 문화에는 훈시訓示만이 아니라 교도소도, 개념만이 아니라 집도 있다.

이렇게 말하면 킹, 코헤인, 버바 세 사람은 필자가 오해하고 있다며 따지고 들지도 모르겠다. 그들은 '관찰 가능한observable' 이라는 용어로 '관찰'의 일상 언어적 의미와는 상당히 다른 무언가를 의미하려고 했던 것 같다. 그들은 '관찰'이라는 말을 기술적인 용어(언젠가 자신들이 '전문 용어'라고 통탄했던 것)로 사용하고 있다고 주장할 것이다. 그리고 "우리가 설명하는 종속변수와는 무관하게 그 개념을 측정할 수 있"을 때 이처럼 기술적인 의미에서의 관찰이 가능하다고 할 것이다.

이렇게 이해하고 보면, 관찰은 편협하고 기술적인 활동이 되어 순진한 영어권 독자는 거의 상상조차 할 수 없는 것이 된다. 그것은 시각을 포함한 다른 감각기관과도 무관하다. 그것은 사실상 그 작동 과정을 오로지 간접적으로만, 즉 기호학적 지표들을 통해서만 관찰할 수 있는 개념인 것이다. 그리하여 관찰은 수량화를 통해서 나타난다. 측정된 것만이 관찰되는 것이다. 이러한 구조는 측정할 수 없는 것뿐 아니라 측정되지 않은 것도 비존재의 영역으로 몰아넣는다.

측정 가능성에 집착하는 것은, 변수들의 허구적 완전성을 유지해야 할 필요와 연결되어 있다. 이것은 연구의 구상 과정과 문화적 영향에 대한 인식에 근본적인 왜곡을 낳을 수 있다. 킹, 코헤인, 버바는 데이빗 레이틴David Laitin〔스탠포드 대학의 정치학 교수〕의 요루바족族 연구를 칭송하며 인상적인 설명을 늘어놓는다. 그들은 "거의 대부분이 무슬림인 사회에서, 이슬람교가 그 사회에 끼친 영향의 정도를 어떻게 측정할 것인가?"라는 레이틴의 물음을 인용하고 나서 이렇게 쓴다. "레이틴은 무슬림과 기독교인으로 양분되어 있는 나이지리아의 요루바족으로 연구의 관심사를 돌려놓음으로써 이 문제를 해결하고 있다."[41]

여기에는 (종교의 영향을 측정하겠노라는 엄청난 오만은 둘째 치고라도) 몇 가지 잘못된 가정이 도사리고 있다. 킹, 코헤인, 버바가 극찬한 그 연구 전략은, 이슬람교의 영향이 무슬림에게만 한정된다고 가정하고 있다. 하지만 어떤 종교가 그 신자들에게만 영향을 준다고 누가 주장할 수 있는가? 아주 근접해 있는 종교들은 서로 모방, 차별화, 혹은 수차례의 복잡한 적대적 반목 등을 거치며 서로 영향을 주고받는다. 이슬람교는 무슬림과 기독교인이 공유하는 제도와 관습의 영향을 (받아 왔으며) 받게 된다.

따라서 킹 등 세 사람의 연구는 구상 과정에서 그 취지는 고상했지만 결과적으로 (무슬림과 기독교인의 관계에 대한) 역사적 무지를 드러냈으며, (변수들의 개념적 완전성과 문화적 영향의 지표들과 관련하여) 극찬을 받은 당사자조차 틀림없이 부인할 정도의 방법론적 원시성을 드러내고 말았다.

'관찰 가능한'을 '측정 가능한'으로 축소 규정하면, 문화적인 것 말고는 성공을 거두기 어렵다. 문화 가운데 상당 부분은, 문화에 대한 이해가 부족하더라도, 글자 그대로의 의미에서 측정이 가능하다. 고분의 크기와 휴대폰 통화 시간은 측정할 수 있다. 화석과 회화, 문화적 관습 역시 연대 측정이 가능하다. 문화적 대상과 문화적 관습에 대한 측정은 '경멸 계수係數'의 측정이나 다른 방법론적 비결보다 훨씬 더 단순하고 정직하다.

역설적이게도, 측정 가능성을 관찰의 전제 조건으로 지정하는 순간, '구체성의 최대한 확보'가 처음부터 차단되고 만다. 측정에 의지하는 순간, 구체적인 물질의 영역에서 추상적 기호학의 영역으로 떨어지게 된다.

킹, 코헤인, 버바 세 사람보다 그 영역에 더 친숙한 사람들은 측정의 기획을 훨씬 더 열정적으로, 더욱 비판적인 눈으로 바라본다. 최근 영미 사회과학계 전반에 객관성 및 과학적 중립성과 측정을 일상적으로 동일시하는 태도가 널리 퍼져 있는데, 이것이야말로 킹 등의 연구가 가져온 초기 손실이다.

이슬람교가 이슬람 사회에 끼친
영향의 정도를
어떻게 측정할 것인가?

17 문화는 실천으로 만들어진다

문화가 실천으로 만들어진다는 인식과 관련해서는 자료도 많을뿐더러 많은 연구 방법이 여기에 동의를 표한다. 어떤 사람은 비트겐슈타인 언어관의 중요성을 감안하여 이 테제를 거기에서 도출할 수도 있다. 언어가 언어적 실천을 통해서 변하는 것이라면, 언어의 공공적 성격에 비춰 봤을 때 언어적 실천이 공공성을 바꿔 놓는다는 것은 분명해 보인다.[42]

어떤 사람은 이 테제를 역사가와 사회과학자의 경험적 저작에서 도출하려 할 수도 있다. 역사가 등은 정부의 제도, 의식儀式, 처벌 방법, 유년기에 대한 관념 등에서 나타나는 변화를 기록하는 학자들이기 때문이다. 어떤 사람은 주변을 둘러볼 것이다. 법률·예의범절·패션 등은 변한다. 그것들은 사람들이 법률의 제정·이행·위반·해석 등의 행위로써 참여할 때, 즉 사람들이 서로 맞물릴 때 변화한다. 의상의 디자인과 판매·구매 등의 활동도 이러한 변화를 유도한다.

사람들의 행위는 확정된 구조 속에서 확정된 관습에 따라 일어나지만, (고의적으로든 무의식적으로든) 사람들이 구조와 관습을 변경할 수도 있다. 사람들은 법률을 철회하기도 하고, 달리 해석하기도 한다. 그들은 동등함의 징표로서 격의 없는 말을 사용하다가 친근한 반말을 주고받기도 한다. 음탕한 말에 부끄러움을 느끼다가도, 또 어떤 때에는 그러지 않는다. 실천에서 나타나는 변화는 원리·가치·구조·조건 등의 변화를 반영한다. 자신의 실천을 변경한다는 것은 자신의 문화를 변경하는 것이다.

"문화는 실천으로 만들어진다"는 테제는 수행遂行으로서의 문화를 소개하는 이론과 방법을 뒷받침한다. 모든 문화에는 민족성·젠더·계급 등 사회적 역할을 수행하게 하는 무수히 많은 방법들이 포함되어 있다. 모든 수행은 이전의 것과 다르다. 젠더를 생각해 보라. 남성적인 것이나 여성적인 것, 레즈비언이나 게이 역할의 수행은 남자 혹은 여자가 된다는 것의 의미뿐만 아니라, 어떤 사람이 남자이고 여자인지 그 기준(이를테면 여성적인 혹은 남성적인 몸짓과 억양 등)을 조금씩 혹은 극적으로 변경시킨다.

모든 수행은 본의 아니게 예기치 못한 결과를 낳을 수 있다. 그래서 메릴린 먼로Marilyn Monroe는 여성적인 것의 수행 방법만 바꿔 놓은 것이 아니라, 게이들의 남성성 수행 방법도 변경시켰다. 실천이 바뀌면 문화 속에서 변화가 일어나는데, 그것이 다음 테제로 이어진다.

18 실천으로서의 문화는 부단히 변하고 있다

　　문화에 변화를 가져오는 실천의 작용은, 문화의 모든 측면에서 분명히 나타난다. 대통령의 수사법은 연두교서를 발표하고, 기자회견을 주도하고, 재선 운동을 하는 등 대통령의 실천 방식에 따라 달라진다.[43]

　관습법의 전통은 통행권과 재산권에서 실천의 효과를 인정한다. 제정된 법률 및 규칙은 그것들이 행정적, 실천적으로 시행되며 변화를 겪는다. 이러한 변화는 물질적인 것에서부터 이념적인 것에 이르기까지 두루 영향을 미친다. 푸코는 교도소의 교도 행정과 건물 구조에 따라서 교도소의 운영, 수감 경험, 교도 이념 등이 어떻게 달라지는지를 보여 주었다.[44] 언어학은 시간의 경과에 따른 말소리의 변형, 책 읽기의 확대로 인한 발음의 변화를 보여 주었다. 패션 연구자들은 젠더 및 계급의 차이를 표시하는 관습이 실천을 통해 변경되는 과정을 보여 준다. 문화 변동을 연구하는 사람들은 뚜렷하지는 않지만 결정적인 변화를 기록하려고 종종 사회사나 문화 연구를 주목한다.[45]

　문화가 실천으로 만들어진다는 인식은 정치학 연구와 전략에 중대한 결과를 낳는다. 정치력과 경제력이 없는 사람들도 지배자에 맞서는 무기를 찾을 수 있다.[46] 세무서 직원의 눈을 피해 소유 재산을 숨기고, 불량 화폐나 썩은 곡식으로 세금을 납부하고, 고용주와 지주 몰래 물건을 빼돌리고, 주인의 영지를 돌아다니면서 사냥을 하고, 휴식 시간을 확보하려고 기계를 망가뜨리는 식이다. 그들의 사소한 법망 피하기, 사기와 태업 행위가 그들을 억압하는 이들의 권력에 손상을 입힐 수 있다. 불법적인 도용과 실천도 오랜 시간 지속하면 묵인되고 제도화되거나 심지어 권리로 인정받을 수도 있다.

이 같은 소모와 침식 과정을 통한 저항의 사례들이 푸코가 묘사하는 권력의 흩어짐, 흩뿌려짐, 탈중심화를 뒷받침한다. 이러한 사례들은 푸코를 비판하는 사람들에게도 약간의 위안을 안겨 준다. 그들에 의하면, 푸코는 중심적 위치가 제거된 권력의 가능성에 낙담한 것이며, 따라서 (그들이 두려워하는 바인데) 공격에서 면제받았다.

권력의 흩뿌려짐은 저항의 흩뿌려짐을 수반한다. 만약 권력이 도처에 있다면, 저항 또한 그러할 것이다. 권력에서 무엇이 나오든지 그것은 소모와 침식의 대상이 될 것이며, 실천을 통해 뜻밖의 변화를 경험할 것이다.

19 언제나 공식적인 것은 비공식적인 것을, 구조적인 것은 반구조적·비구조적인 것을 수반한다

의미가 차이로부터 만들어진다는 것을 아는 사람은, 대립물과 타자를 찾아볼 줄 안다. 중심이 있는 곳에 주변이 있고, 집권당이 있는 곳에는 야당이 있으며, 권력이 있는 곳에 저항이 있고, 정부군이 있는 곳에 반란군이 있다.

이러한 이항 대립에 대한 인식과 설명은 곧잘 무시되는데, 이원론에는 제 살을 깎아 먹는 기묘한 경향이 있다. 대립물들은 안정과 한계를 모르고 계속 늘어나기 때문이다. 'earth'(대지, 땅, 지상, 지구)의 대립물은 하늘만이 아니라 물, 천상, 우주이기도 하다. 'man'의 대립적 상관물은 동물, 신, 여성, 소년이다. 이처럼 늘어나는 대립물들 가운데서 특정한 전략적 위치를 정해 놓고 나머지 관계들을 밝혀 나가는 방법이 있다. 또 의미들의 그물망을 묘사하고, 특정한 담론적 관계의 지도를 그릴 수도 있다.

대립물을 가지고 작업하다 보면 어떠한 특정 이항 대립이라도 모든 것을 설명해 낼 수는 없다는 것, 하지만 모든 이항 대립은 생산적이며 역동적이라는 것을 배우게 된다. 이처럼 대립물들이 늘어나면서 구성되는 의미의 그물망에서, 어떤 관계는 위치상으로나 시간상으로 불가피하다는 사실을 드러낸다.

규칙은 위반과 회피를 수반한다. 공식적 경제는 밀수와 같은 비공식 경제를 수반한다. 경제학자들은 이처럼 비공식적이고 구조화되지 않은 실천에도 주목해야 한다. 법학자들은 범죄 행위뿐만 아니라 법이 미치지 않는 곳의 중요성을 인식해야 한다.

빅터 터너Victor Turner〔1920~1983〕와 방주네프Arnold van Gennep〔1873~1957〕와 같은 상징적 인류학자들은 제의祭儀에 주목하여 구조, 반反구조, 비非구조화 사이의 역동적 관계를 드러냈다. 터너는 특히 경계선에 있는 사람들의 역할에 주목했다. 그에 따르면 "여기에도 저기에도 속하지 않는 그들은 법과 풍습, 관습, 제의 등이 할당하고 배치해 준 위치들 사이에서 이도 저도 아닌 얼치기로 존재한다."[47]

터너는 클로드 레비스트로스의 작업에 대항하고 그것을 교정하는 것이 자신의 일이라고 생각했다. 그는 레비스트로스가 구조의 우월성과 편재성을 주장하는 사람이라고 판단했다. 레비스트로스의 도식은 질서가 잘 잡힌 이항 대립들로 이루어진 세계를 구축했다. 예를 들어 위와 아래, 뜨거움과 차가움, 남자와 여자, 그리고 가장 유명한 날것과 익힌 것 등이 그것이다. 그러한 구조들은 개념적 형식이자 물리적 형식이기도 해서, 인류의 형성과 실천에 지배력을 행사했다.■

터너는 레비스트로스가 구조의 속성으로 본 안정성과 보편성

■ 클로드 레비스트로스의 작업에서 언어학 이론의 중요성은 도처에서 확인된다. 페르디낭 드 소쉬르의 영향은 데리다로 이어지면서 유행의 중심에 그를 위치시켰다. 레비스트로스의 이론은 어떤 측면에서는 노엄 촘스키의 이론과 가족 유사성을 보인다. 언어적 구조의 신경 물질적 성격을 주장할 때 특히 그러하다.

에 의문을 제기했다. 그는 개념들만이 그 대립자를 상기하게 하는 것이 아니라, 구조도 마찬가지로 반反구조를 호명하며 비구조의 존재를 은폐한다는 것을 알았다. 이러한 인식은 구조의 안정성을 무너뜨리는 거점으로 작용할 수 있다. 비구조의 존재는 레비스트로스가 묘사한 구조에 의문을 제기하게 만들기 때문이다. 이처럼 모든 구조는 또 다른 구조, 대안적 구조, 반구조를 가지고 있으며, 그 대부분이 구조 바깥에 잔류하고 있다.

인류학은 비구조와 반구조의 중요성을 알려 준다. 물론 다른 경로로 이번 테제에 도달할 수도 있다. 최근에는 문학 이론을 통해서 이러한 인식에 훨씬 더 근접할 수 있게 되었다. 『그라마톨로지에 관하여』에서 데리다는 레비스트로스를 자기의 연구 대상이자 형제이며 경쟁자라고 말한다.[48] 터너와 마찬가지로 데리다도 레비스트로스의 이항 대립이 가지고 있는 안정성과 보편성에 의문을 제기하며, 오히려 이항 대립의 내부와 외부에 놓여 있는 것에 주목했다. 레비스트로스의 내부에는 루소Jean-Jacques Rousseau가 있었다. 레비스트로스가 남비콰라Nambikwara 족 사이에서 생활할 때 쓴 '문자의 교훈writing lesson'과 관련한 글〔레비스트로스의 『슬픈 열대』의 한 절〕에서, 데리다는 레비스트로스의 원주민 교육에 식민자의 권위와 식민지인의 복종의 구조가 부지중에 깔려 있음을 읽어 냈다.

"공식적인 것은 언제나 비공식적인 것을, 구조적인 것은 언제나 반구조적 · 비구조적인 것을 수반한다"는 테제를 우리는 혼동을 무릅쓰고 구조주의와 그것이 불러일으킨 반향(상징적 인류학자와 포스트구조주의에 속한 비평가들)의 관계 속에서 살펴보았다. 이 테제의 정치적 중요성은 다른 말로 진술할 때 더욱 분명해진다. "권력의 구조는 대립과 저항의 구조를 불러낸다"고 말이다.

20 변화는 경계에서 찾아온다

아시아와 아프리카에서 반식민주의와 탈식민화가 진행되는 기간에, 그리고 1960년대 유럽과 미국을 휩쓴 〔정치적 · 문화적〕 소용돌이 속에서, 정치학자뿐 아니라 정치가들도 중심에서 주변으로 점차 관심의 방향을 돌렸다. 이러한 사건들은 주변부의 구성적 역할을 눈에 띄게 만들었다. 변화는 식민지에서 제국으로, 변두리에서 대도시로, 거리에서 국가로, 청년에서 장년층으로 전해졌다.

당시 일어난 여러 사건들은 중심에서 변화를 찾지 말고 주변에서 찾으라는 교훈을 주었고, 그것은 정치학자들로 하여금 경계선상의 집단이나 주변적 집단의 힘에 주목하게 만들었다. 주변적 집단은 경계선상의 집단과 마찬가지로, 사회적 구조와 제도에서 배척되거나 포함되더라도 부당하고 양가적인 방식으로만 포함된다. 그럼에도 불구하고 그들은 구조와 제도를 변화시키는 데 의미심장한 역할을 담당한다. 그래서 제의적 변화를 연구하던 사람들이 정치적 변화를 찾아 나서기 시작했다.

경계적 존재는 정치적 변화의 진원지가 될 수 있다. 그들은 변화를 위해 노력할 준비가 되어 있다. 〔1960년대에〕 미국에서 일어난 시민권 운동은, 아프리카계 미국인들이 미국의 정치적 제도와 시민사회에 더 깊숙이 포함되고자 투표권을 요구한 것이었다. 그것은 '미국'의 개념과 '미국인이 된다는 것'의 의미에 변화를 요구했다. 마찬가지로 라틴계·유대계·천주교인·여성·게이들의 요구는 미국 내 국가·시민·사회구조의 변화를 가져왔다.

훨씬 더 옛날에, 이븐 할둔Ibn Khaldun〔14세기에 비종교적인 역사철학을 성립시킨 아라비아의 역사가〕은 권력의 변두리에 있는 사람들일수록 고된 노동과 박탈감으로 인해 재능을 연마하고 일치단결하게 되는데, 이러한 주변부에서 새로운 왕조가 나타난다고 주장했다. 이러한 과정에서 경계에 선 사람들은 의도적으로 그리고 그들 자신을 위해서 행동하게 된다.

경계적 집단은 행위자로서보다는 기호로서 중심적 중요성을 부여받는다. 왜냐하면 그들은 정체성의 경계 지점에 서 있으므로 경계에 대한 논쟁이 일어날 때마다 항상 중심을 차지하기 때문이다. 남북전쟁 이전에 미국에서 여성, 인디언, 아프리카계 미국인은 미국인의 정체성을 나타내는 경계선의 표시였다. 이쪽 경계선의 확장 혹은 축소를 주장하는 사람들은 자신들의 주장을 위해서 저쪽 경계적 집단을 다양하게 이용했다. (다른 사람들의 권위에 부당하게 종속되거나 배척당한) 그들과 자신들을 동일시하는가 하면 (배척되고, 종속되고, 지배당해 마땅한 사람들처럼) 타자들을 그들과 동일시했고, 또는 그들을 미국의 민족성

---

* 빅터 터너가 제의 연구에서 정치학 연구로 옮겨 온 것은, *Dramas, Fields, and Metaphors*(Ithaca, N.Y. : Cornell University Press, 1974) 때부터이다.

자체의 기호로 사용하기도 했다.

이러한 논쟁은 시문학에서 법률로까지 확장되며 미국인의 정체성에 관한 법률적 정의와 비공식적 정의에 두루 영향을 끼쳤다. 여기에서 경계적 존재의 역할은 담론에만 제한될 수 없었다. 왜냐하면 이러한 기호의 경제학에 대한 논쟁과 그 작동은 거리의 폭도들과 인디언, 그리고 몰몬 전쟁〔1830년 미국 뉴욕에서 일어난 '예수 그리스도 후기 성도 교회'(몰몬교의 공식 명칭)는 창립 초기에 일부다처제 등의 교리로 사회적 물의를 일으켰다. 1844년 창립자 가운데 한 명인 조셉 스미스 2세가 집단간통죄로 체포되자, 몰몬교의 무장 폭도들이 조셉 스미스가 수감된 감옥을 습격했고 이 과정에서 스미스 2세가 총에 맞아 숨졌다. 이후 몰몬교 신도들은 박해를 피해 서부로 이동하여 당시 황무지였던 유타주 솔트레이크시티에 정착했다.〕으로까지 확장되었기 때문이다.

그러나 경계적 존재의 일차적 중요성은 기호학적인 데 있다. 그들은 변화의 동인으로 행동할 때조차 기호로서 제공되며, 그 기호에서 그들의 정체를 알려 주는 특징들이 도출되는데, 그것도 어디까지나 다른 사람들의 추정일 뿐이다.

21 모든 문화는 혼성적이다

　　이번 테제와 관련하여 가장 재미있는 (정치적으로도 강력한) 확증은 대니얼 디포Daniel Defoe(『로빈슨 크루소』를 쓴 18세기 영국의 소설가)의 논쟁적인 시 작품 「토착 영국인The True-born Englishman」에서 찾을 수 있다.

　　윌리엄 3세(1688년 영국의 메리와 함께 '명예혁명'을 이룩한 네덜란드 출신 영국 왕)를 이국종 침입자라고 비판하는 사람들에게 맞섰던 디포는 자신의 비판이 솔직하지 못했음을 알았다. 윌리엄을 비판하는 사람들이 치켜세우는 '토착 영국인'이라는 것도 색슨족, 켈트족, 노르만족에 몇 가지 다른 족을 뒤섞어서 만든 혼합종이고 잡종이라는 것이 디포의 주장이었다.

　　사람들은 자기 민족과 그 문화의 혼성적 특성을 쉽사리 인식한다. 미국인들은 자기들의 혼성적 특성을 '도가니melting pot'라는 신화로 만들었다. 자기 민족을 '우주적 인종la raza cosmica'이라고 칭하는 멕시코인은 멕시코의 문화적 특수성을 유럽과 아프리카, 아메리카 문화의 합성이라는 점에서 찾는다. 독일과 이탈리아는 자신들의 근대적 기원이 문화적으로 서로 구별되는 도시국가들 간의 민족적 연대에 있음을 기억한다. 한때 작센과 프로이센, 롬바르디아와 토스카니로 나뉘어졌던 곳에서 독일과 이탈리아가 각각 만들어진 것이다.

알제리인의 결혼식과 할례 의식에는 신부(혹은 어린아이)가 여러 지역의 전통 복장을 입고 등장하는, 혼성적 민족주의를 축하하는 순서가 빠지지 않는다. 인도의 독립 기념일은 인도를 구성하는 문화적 다양성을 축하하는 날로 기억된다. 세네갈 사람들은 무슬림 상인과 프랑스 식민주의자 양측이 세네갈에 끼친 영향을 잊고 않고 있으며, 페루 사람들은 페루 문화가 잉카와 예수회의 혼종임을 잘 안다. 일본인들은 미국과 유럽의 문화적 실천과 문물을 전유했다는 점에서 메이지유신의 혼성주의를 인정한다.

이처럼 해당 지역민들은 자기 지역 문화의 혼성성을 잘 알고 있다. 아마도 지구상에서 가장 편협한 사람들일 것 같은 뉴욕의 주민들조차 쇄도하는 이민자 대열을 포용하고, 끝도 없이 밀려드는 낯선 상품들의 전시장을 제공하는 작은 세계로서 뉴욕을 자축한다. 동남아시아 도처에 있는 작은 시골 마을들은 힌두교, 불교, 때로는 이슬람교를 뒤섞어서 그들만의 독특한 문화적 관습을 만들어 냈다.

처음에는 아마도 문화라는 것을 이렇게 상상했을 것 같다. 섬 혹은 산이나 밀림 때문에 고립되어 외부와 접촉이 완전히 차단되고, 그 결과 '순수'할 수밖에 없는 아주 작은 문화라고 말이다. 소설에서는 이러한 상상이 드물지 않다. 이런 상상은 대중적인 역사와 인류학으로도 형상화되었다. 제임스 힐튼James Hilton〔미국의 소설가. 『잃어버린 지평선』, 『굿바이 미스터 칩스』 등의 베스트셀러를 남겼다.〕의 샹그릴라〔『잃어버린 지평선』(1933)에 나오는

지명. 지금의 중국 운남성 고원을 가리킨다. 소설이 발표된 뒤 '유토피아'를 나타내는 기호로 쓰이게 됐다.], 몽테뉴의 페르시아인, 콜린 턴불Colin Turnbull[중앙아프리카의 원시 부족인 피그미족과 3년간 생활하고 발표한 탐사 보고서로 유명한 영국의 인류학자]의 이크Ik족[우간다 북부의 산간 부족. 나중에 피터 브룩이 'The Ik'라는 제목으로 연극화했다.], 혹은 나폴레옹 샤뇽Napoleon Chagnon[아마존 밀림에 사는 원시 부족인 야노마모족을 40년간 연구한 프랑스 인류학자]의 야노마모Yanomamo족 등은 모두 우리에게 낯선 존재들이다. 이 겁 없는 인류학자와 여행가들이 들려주는, 외부 세계와 철저히 차단된 지역의 경계선을 넘어 들어가는 이야기는 '순수한 작은 문화'라는 상상이 형성되는 데 한몫했다. 외부인들이 경계선을 넘기 이전에 그들은 어떻게 살았을까, 우리에게 아직 알려지지 않은 지역이 또 있지 않을까 하고 말이다.

그러나 그 사람들은 문화들의 차이점을 우리보다 더 생생하게 잘 알 것이다. 그들은 자신들이 하나의 문화라는 사실을 몰랐을 것이다. 그들은 자신들을 '인민the people'으로 알았고, 모두 다 '인민'일 뿐이라고 생각했다. '인민'이란 말은 단지 인간이라는 것이 의미하는 바의 총칭이거나, 단지 존재하는 것 자체를 나타냈다. 나와 내 이웃이 그 자체로 하나의 문화라는 것을 알려면, 인간이라는 점에서는 똑같지만 다르기도 한 또 다른 존재에 대한 지식이 있어야 하기 때문이다. 이처럼 다른 문화에 대한 지식은 그들 자신에 대한 이해를 급진적으로 바꿔 놓는다. 한때 그들은 자신들만 인간인 줄 알았다. 그러나 이제 그들은 인간의 한 유형에 불과하다. 한때는 그들이 곧 인민the people이었지만, 이제는 일개 인민a people이 되었다.

소수의 몇몇 사람들은 아무리 그 문화가 근본적으로 특별해서 전적으로 고립된 문화라 할지라도 모든 문화가 혼성적이라고 생각한다. 여러 인민이나 공동체들 혹은 다른 사람들, 심지어 초시간적 존재까지도 하나로 묶어 주는 것이라면 그 문화는 틀림없이 혼성적이다. 서로 연대하고 있는 사람들은 자신들을 둘러싸고 있는 문화에 대해서 특별히 다양한 이해를 가지고 있다. 그들은 그 문화를 서로 다르게 이해한다. 그들이 문화적 주체로서 자신의 정체성을 다르게 수행하는 까닭은, 다른 부류의 문화적 주체들과 관계를 맺어야 하기 때문이다.

여러 세대에 걸쳐서 시간을 초월해서 존재하는 문화는 서로 다른 민족, 서로 다른 정신, 서로 다른 신체를 포섭한다. 아주 짧은 시간에라도 문화를 변화시키는 실천의 효과가 나타날 수 있다. 문화의 성격은 그 당시에 그 구성원들이 자신들의 타자를 어떻게 부르는지에 달렸다. 우리의 선조에게, 우리 후손에게, 우리 문화에 타자는 무엇이었고 무엇이 될 것인지에 따라서 문화의 성격은 매 순간 바로 그 시점에 맞게 변한다.

이것은 문화를 하나의 변수variable로 볼 수 없는 또 다른 이유이기도 하다. 모든 문화에 자율성과 밀폐된 완전성을 할당하는 것은, 부분적으로 타자와 자신의 관계에서 파생되는 그 문화의 특별한 성격과 분석 범주로서 문화가 지닌 특성 양쪽에 모두 잘못을 범하는 것이다.

22 모든 문화는 예외적이다
어떠한 문화도 예외적일 수 없다

모든 문화는 예외적이다. 모든 문화는 어떤 측면에서는, 부단히 변화한다는 측면에서 특이한 것이기 때문이다. 그러나 어떠한 문화도 예외적일 수는 없다. 어떤 측면에서는, 시시각각 변한다는 측면에서 모든 문화는 동일하기 때문이다.

이번 테제는 추상적 단정의 형식을 취하고 있다. 일반 법칙과 추상적 단정의 경우가 종종 그러하듯이, 여기에는 편협한 기원이 있다. 이 테제는 좀처럼 사라지지 않는 '미국 예외주의'라는 신념에 대한 맞대응이기도 하다. 미국 예외주의는 미국인이야말로 신이 선택한 민족이고, 새로운 이스라엘 민족이라는 믿음의 세속적 표현이다. 이 믿음은 미국인은 다른 어떤 민족과도 같을 수 없다는 것, 특히 모든 비非유럽 민족과 명백히 다르다는 것, 그리고 사회민주주의적 복지국가 제도를 세우는 데는 무능하지만 그것을 피해 갈 능력은 있다는 점에서 유럽의 민족들과도 다르다는 것을 긍정한다. 미국 예외주의가 결점으로 간주되든 아니면 자부심의 일종으로 간주되든지 간에, 그것은 다른 민족을 나타내는 어떠한 것과도 심각한 차이를 보이는 특성이라고 이해할 수 있다.

　이러한 관점은 매우 터무니없음에도 불구하고 끈질기게 이어지고 있다. 미국이 예외적이라는 것은, 다른 모든 민족과 문화가 예외적이라는 말과 같다. 그러므로 미국의 예외주의 주장을 단순히 부정하는 것으로는 답을 찾을 수 없다. 그보다는 다른 국가의 예외주의에 비해 미국의 예외주의를 더욱 돋보이게 하려는 (종종 특별할 것도 없는) 그 예외주의에 별다른 차별성이 발견되지 않는다는 주장으로 비판을 대신하는 수밖에 없다. 사회 과학 분야에서 미국학의 고립은 다른 예외주의들을 은폐하고, 미국의 예외주의를 둘러싼 논쟁에 그것들이 침투하는 것을 막고 있다. 이러한 배제 행위는 미국의 문화를 다른 문화와 연결시키는 교차, 교환, 순환의 과정을 은폐한다.

　이 테제의 두 번째 부분, 즉 어떠한 문화도 예외적일 수 없다는 주장은 약간은 위험하고, 약간의 속임수가 섞여 있긴 하지만 그래도 유용하다. 이 주장이 위험한 까닭은, '약간의 속임수가 섞여 있다'는 궤변을 통하지 않고서는 이 주장의 추상적 보편성을 방어할 수 없기 때문이다.

　그러므로 어떠한 문화도 전적으로 예외적일 수는 없는데, 왜냐하면 어떤 문화가 하나의 문화로 인정받으려면 그 문화와 이미 문화로 인정받은 다른 문화 간의 유사성을 인정받아야 하기 때문이다. 이처럼 궤변의 소지가 있음에도 불구하고 이 테제가 유용한 까닭은, 그것이 우리로 하여금 문화들 간의 차이점뿐만 아니라 문화들 사이에 존재할 수 있는 차용과 유통, 교환 관계의 사례들과 유사성의 지점을 주목하게 만들기 때문이다.

23 문화는 야성적이고 다양하다

어떠한 문화도 획일적일 수는 없다. 모든 문화는 혼성적이기 때문이다. 어떠한 문화도 획일적일 수는 없다. 구조에는 반구조와 비구조가 수반되기 때문이다. 그러기는커녕 문화는 야성적이고 다양하다. 잡종과 이종을 생산하고, 그것들이 자라고 변화해서 변종으로 성장해도 여전히 동일한 상태를 유지하기 때문이다.

혼성주의syncretism는 문화를 또 다른 문화에 연결하고, 문화들 사이의 경계에 구멍을 내서 경계선을 불확실하게 만든다. 메나헴 베긴Menachem Begin〔이스라엘의 정치가로 1970년대 국무총리를 역임하고 노벨평화상을 수상했다.〕과 레비 에슈콜Levi Eshkol〔이스라엘의 정치가로 1960년대 총리를 역임했다.〕 같은 사람은 이스라엘이 지중해에서 유럽으로 진출하는 관문이 되었다. "삼촌이 방문하러 오신다."면서 임박한 이스라엘의 군사적 침공을 경고하는 팔레스타인 사람들은 이스라엘의 또 다른 관문으로 세워져 있다. 이슬람은 아라비아와 아프리카의 것이지만, 인도네시아와 유럽, 미국의 것이기도 하다. 이집트는 아프리카와 동양의 것이자, 파라오와 이슬람의 것이다. 심지어 가장 우리 고유의 현상이라도 그것은 문화적 정체성이 지닌 특수성을 강화하기보다는 오히려 훼손한다. 롤랑 바르트가 프랑스 음식의 아이콘이라고 했던 '스테이크와 감자튀김'은 애플파이만큼이나 미국적인 것이 되었다.[49]

문화는 웹페이지를 연상시킨다. 몇 개의 링크가 걸려 있고, 이 링크들을 열면 자기 것으로도, 남의 것으로도 갈 수 있다. 문화적 의미는 언어에서처럼 차이로부터 만들어진다.

정체성을 구성하는 차이들은 비록 혼성적 통일성으로 결합되어 있긴 해도, 하나의 문화 안에 차이들이 있음을 보증한다. 이 집트를 파라오의 것으로 알고 있는 사람들은 무슬림의 것으로 생각하는 사람들과 대립한다. 미국을 '언덕 위의 도시the City on the Hill'〔유토피아〕로 아는 사람들은 미국을 새로운 로마제국으로 바라보는 사람들과 대립한다. 이렇게 대립하는 사람들은 모두 공통의 땅에, 그리고 일치단결과 분쟁의 역사에 결부되어 있으며, 무엇보다 대립을 통해 확고하게 결합되어 있다.

문화적 성좌星座에서 경쟁적 요소들 사이의 대립은 그 문화를 훼손하거나 해체하지 않는다. 도리어 경쟁 당사자들을 더욱 밀접하게 결합시킨다. 다만 이 경쟁적 요소들의 존재는 어떠한 문화도 획일적일 수 없음을 확증한다. 이에 버금가는 보증이 구조의 작동을 통해서도 제공된다. 구조는 반구조를 요구한다. 정부는 저항을 불러일으킨다. 행위의 규범은 탈선자, 역행자, 비행자를 불러낸다.■

■ 이러한 관찰의 모범적 구절이 Michel Foucault, *History of Sexuality*, vol. Ⅰ.에 들어 있다. 이것은 푸코의 작업에서 반복되는 주제로 정상, 일탈, 비행과 관련

구조 및 지배에 따라붙는 저항의 존재는, 문화에는 언제나 비판하기에 유리한 지점이 포함되어 있음을 보증한다. 따라서 영미인들과 유럽인들 사이에서 아직까지도 이상하게 통용되는 주장, 즉 비판이 서구 문화 특유의 것이라는 주장은 가장 잘못되고 어리석은 생각이다. 굳이 얕잡아보는 문화를 연구하지 않더라도, 구조의 작동이나 집단적 정체성의 특성을 약간이라도 생각해 본 사람이라면 이런 생각을 물리쳤을 것이다.

게다가 문화는 그 구성원 속에 현재한다. 그들에 의해서 수행되는 것이다. 사람들은 저마다 다르게 구성되고 다른 위치를 차지하고 있으므로, 자신들의 문화를 각기 다르게 상상하고 다르게 수행한다. 그들은 실천을 통해서 어떠한 문화도 획일적일 수 없음을 확증한다.

"삼촌이 오신다!"
모든 문화는 혼성적이다.
구조에는 반구조와 비구조가 수반된다.

한 비판적 작업의 확산에 기여했다.

24 주체는 다중의 정체성을 소유한다

개인individual이라는 개념은 단어 자체가 말해 주듯 분할이 불가능한indivisible, 단일한 존재로서의 주체를 나타낸다. 그런데 "주체는 다중의 정체성을 소유한다"는 테제는 그러한 관념에 반대한다. 각양각색의 주체가 있는 만큼, 주체에는 다양한 정체성들의 성좌星座가 포함되어 있다는 것이다. 우리 각자는 여러 가지 아바타를 소유하고 있다.

몇 가지 사례만 봐도 이 테제를 이해할 수 있다. 이 테제를 좀 더 단순하게, 그러니까 정해진 주체라도 그 맥락이 달라지면 그 정체성도 현저하게 달라질 수 있다는 주장으로 볼 수도 있다. 예컨대 한 여성의 정체성은 그녀 자신과 타인들에 의해서, 가정에서는 엄마로 직장에서는 변호사로 달라질 수 있다. 심지어 가정에서 생활할 때는 남편의 이름으로 불리다가도, 직업적인 활동에서는 다른 이름으로 불릴 수 있다. 어떤 주체는 애국심에 이끌려 행동하면서도 유대인으로서 자신의 정체성에 맞는 취향과 규범을 따르는가 하면, 민주당원으로 활동할 때는 또 다른 규범과 취향·애국심으로 움직인다.

각각의 정체성에 수반되는 욕망, 강박관념, 압박감 등은 그것들이 결합하는 과정에서 서로 조화를 이룰 수도 있고 갈등할 수도 있다. 만약 그것들 사이의 갈등이 원칙일지라도, 실제로는 갈등이 일어나지 않을 수도 있다. 하지만 특정한 개인의 내부에서 발생하는 정체성들의 전략적 상호 작용은 정치적으로 중요한 영역이다. 정치판에서 개개인은 단순히 바둑판의 바둑알이나 바둑을 두는 사람이 아니라, 바둑판 자체의 구성 요소라는 사실을 명심해야 한다.

이 테제에서 전개될 개인에 대한 비판이 더욱 급진적 형식을 띨 수도 있다. 그렇게 되면 필자도 지지하는 바, 정상적인 개인에서 발견되는 다중多衆의 정체성은 개성이라는 유력한 구성물을 해체할 것인데, 그중에는 가장 강력하게 상식으로 굳어진 것들도 있다. 예컨대 개인을 이해하는 데 쓰이는 몸의 완전성이 그러한데, 이것은 단순한 기호가 아니라서 그 개인의 실질적 내용을 표시한다.

비트겐슈타인은 몸의 감각과 독특한 사유, 그리고 특유의 식욕은 궁극적으로 사적이어서 소통 불가능하다고 주장했다. 만약 사람들이 자신의 몸에 갇혀 있지만 않는다면, 아무리 사적인 곳에 밀폐된 이해라고 할지라도 그것을 이해하지 못할 바가 없을 것이다. 수많은 관습들이 사람이란 곧 그 사람의 몸이라고 믿게 만들고 있으며, 사람이란 자신의 몸 속에 깃들어 있다는 말은 이런 믿음이 정신적으로 약간 변형된 표현에 불과하다. 라캉에 따르면, 우리는 몸을 차지하라는 명령을 받고 몸을 장악하게 되는데, 이 경험이 곧 의지의 정복감이며 '주이상스jouissance'〔고통스럽지만 멈출 수 없는 극치의 즐거움을 가리키는 라캉의 용어〕의 경험이다.[50]

데릭 파핏Derek Parfit과 토머스 셸링Thomas Shelling은 몸이 개인에게 단독성을 부여한다는 생각을 비판했다.[51] 두 사람은 감각의 성향을 관찰한 결과 감각이 도리어 육체적 자아의 정상적 완전성을 파괴한다는 점을 발견했다. 몸의 감각과 식욕은 때에 따라 근본적으로 돌변하기 때문에 시간이 지나도 집요하게 개념적 통일성을 유지할 수 있는 육체적 개인의 능력을 파괴한다.

파핏은 몸이 나이에 따라, 건강 상태에 따라 다양한 형식을 보인다고 지적했다. 몸을 구성하는 세포들, 즉 몸의 물질적 기반은 평균적인 수명 내에서 완전히 교체되며, 노년기의 개인이 지니는 형식이나 실체는 청년기 개인(동일한 개인이라고 한다면)의 그것과 전혀 다르다.

내적으로 분열된 주체라는 관념은 역사가 훨씬 더 오래되었고, 따라서 꽤나 규범적이다. 플라톤은 자아의 분열과 관계가 있는 몇 가지 신화를 열거한다. 『향연』에서 아리스토파네스는 "우리들에게는 가자미처럼 둘로 쪼개진 흔적이 있다."고 말한다. 아리스토파네스의 신화는 인간의 성性이 태곳적 분열에서 비롯되었으며, 상실된 전체성을 회복하려고 서로 찾아 헤맨다는 내용이다.[52]

프로이트Sigmund Freud 또한 개인을 본질적으로 분열된 존재로 보았다. 에고ego, 이드id, 슈퍼에고superego의 프로이트식 분할은 이미 상식이 되었다. 프로이트는 개인의 완전성을 두 번에 걸쳐서 해체했다. 분열된 자아를 전제한 상태에서, 그 내부에서 다시 타자(관습, 문명, 아버지의 소진된 모습)의 현존을 설명하기 때문이다.[53]

25 정체성은 수행적이다

이번 테제는 집단적 정체성과 개인의 정체성에 두루 해당된다. 정체성이 수행적遂行的이라는 생각은, 정체성이 차이를 통해 만들어진다는 것, 다시 말해서 정체성의 단일성에 복합성과 다중성이 내포되어 있음을 뜻한다.

집단적 정체성을 생각해 보라. 미국인, 멕시코인, 일본인이 되는 데는 다양한 방법이 있다. 역사상 미국인의 정체성 모델의 출처에는 에이브러햄 링컨, 말콤 엑스Malik al Shabazz, J. P. 모건Morgan, 마더 존스Mother Jones, 빌리 그레이엄Billy Graham, 메릴린 먼로 등이 있으며, 그들과는 근본적으로 다른 앨런 긴즈버그Allen Ginsberg 등을 포함하여 그들은 모두 미국인들의 기억 속에 아직도 살아 있는 미국인들이다. 멕시코인의 정체성은 스페인계나 아즈텍계, 에밀리아노 사파타Emiliano Zapata〔20세기 초 멕시코 농민혁명의 전설적인 지도자〕 혹은 라 과달루페la Virgen de Guadalupe〔과달루페의 성모, 즉 16세기 멕시코에서 발현했다고 전해지는 성모 마리아. 매년 12월 12일은 과달루페 성모 축제일이다.〕 등에 귀속된다.

이와 같은 국가적 정체성들의 수행은 인종·지역·종교·계급 등에 따라 종종 다르게 굴절되지만, 거의 언제나 젠더화되어 있다. 어떤 역사적 순간인지에 따라서 이집트인은 가말 압델 나세르Gamal Abdel Nasser〔1956~1970, 이집트의 군 장교 출신으로 총리에 이어 대통령 역임〕, 자이납 알 가잘리Zainab al-Ghazali〔이집트의 유명한 여성 무슬림〕, 사이드 쿠트브Sayyid Qutb〔이집트 무슬림 형제단의 중심 이론가〕와 옴므 칼툼Oum Kalthoum〔Oum Kulthum 또는 Umm Kalthoum. 1930~70년대 이집트를 넘어서 전 중동 지역에서 인기를 끈 전설적인 여가수〕 등에 의해서 다른 방식으로 수행되었다.

이상의 목록이 가리키듯, 민족성의 수행은 (항상은 아니지만) 자주 정치적 입장을 동반하며 정치적 결과를 수반한다. 신중하게 계획된 집단적 정체성의 수행은 관련 역사들을 결집하고 논점을 만들어서 그런 성격에 대한 주석을 제공하며 전체의 방향을 제시한다. 어떠한 수행이든 미국인, 이스라엘인, 호주인, 일본인이 된다는 것이 무엇을 의미하는지 그 레퍼토리를 전부 보여 주지는 않는다.

젠더는 그 자체가 수행이다.[54] 마리아 칼라스Maria Callas, 플로 조Flo Jo〔독특한 스타일로 유명한 미국의 육상 선수 Florence Griffith Joyner의 애칭〕, 엘리너 루스벨트Eleanor Roosevelt〔미국의 32대 대통령 프랭클린 루스벨트의 부인〕, 메릴린 먼로, 마거릿 대처, 디바인Divine〔1945~1988. 미국의 유명한 여장 남자 배우 겸 가수〕, 루폴RuPaul〔트랜스젠더 여성 연예인〕, 크루엘라 드빌Cruella De Vil〔영화 〈101마리 달마시안〉에 등장하는 패션 회사의 여사장〕 등은 모두 여성적인 것을 수행했다. 귀엽거나, 예쁘거나, 말괄량이거나, 섹시하거나, 지적이거나. 이러한 여성성의 수행에는 언제나 개선의 여지가 있다. 더욱 중요하게는, 비록 관습이 마치 항상 그랬던 것처럼 행동하게 만들더라도 어떠한 수행도 그렇게 결정적이지는 않다는 것이다.

개인적 정체성의 수행적 성격은 '합리적 행위자rational actor'라는 용어에 새롭고 계시적인 울림을 제공한다. 수행적인 상황을 염두에 두는 사람들에게는 강조점이 '합리적'에 있는 것이 아니라 '행위자'에 있다. 그것은 가장 계산적이고 의도된 행위조차도 그 안에 다른 형식의 행위가 수반하게 된다는 사실을 상기시킨다. 예컨대 특정한 대상을 염두에 둔 행위에는 특정한 청중을 겨냥한 행위가 포함되어 있다. 합리적 주체로 행동하는 것은 특정한 사회적 역할을 수행하는 것이다. 이는 시뮬레이션 게임과 비슷하다. 지도가 실제 영토보다 우선하며, 역할이 수행을 불러낸다.[55]

변수variables 담론 및 그와 병존하는 사유 습관들은 안정된 단위와 범주에 의존한다. 자유주의 이론과 실천은 개인에 대해서 말하길, 개성은 동등하지만 동일한 것은 아니라고 주장한다. 대중문화는 사람들에게 "너 자신이 되라"고 훈계하고, 내가 어떤 복장을 선택하는 순간 "그것이 당신입니다!"라는 찬사로 보답한다. 고급문화는 "그대 자신에게 진실하라"[세익스피어의 『햄릿』 3막에 나오는 폴로니우스의 대사]고 설교한다.

대중문화, 고급문화, 자유주의 정치협회, 그리고 변수變數 담론을 도입하는 방법들의 요구 사항, 이 모든 것이 정체성 이념을 우리 안에 내재하는 난쟁이로 만들려 한다. 그 난쟁이의 의지, 판단, 취향이 정치보다 앞선다면서 말이다. 하지만 이러한 문화적 자원들은 또한 내재적 자아, 단일한 자아, 전적으로 자율적인 자아라는 이념을 비판하는 공급처이기도 하다.

여기서 가장 중요한 점은, 역할의 변화가 복장의 변화를 동반한다는 사실, 그리고 개인의 정체성 구성 요소 가운데 가장 중요한 것을 표현함으로써 우리의 수행이 시작된다는 사실을 우리에게 가르쳐 주는 것은 일상생활의 평범한 실천이라는 것이다.

정체성은 차이로 만들어진다.

정체성의 단일성에는

복합성과 다중성이

내포되어 있다.

정체성은 수행적이다.

26 정체성은 다양하게 표현된다

동일한 수행은 없다.[*] 역할이나 정체성의 수행도 변한다. 반복은 언제나 반복되는 것을 바꾸기 때문이다. 책을 다섯 권째 집필하는 것, 혹은 장애물을 1000번째 뛰어넘는 것은 분명 처음 하는 것과 다르다. 반복되는 동작이나 반복된 기부 행위는 충동을 습관으로 발전시킨다. 이번 테제 역시 주체에게는 다중의 정체성이 있다는 것을 깨닫는 데서 시작된다.

루홀라 호메이니Ruhollah Khomeini[1902~1989. 이란의 이슬람 시아파 지도자이자 이란혁명의 최고지도자]는 성직자alim, 시인, 혁명가, 아버지, 남편, 망명자였다. 그는 철학·시·논증을 작성하고, 반란을 선동하고, 이란과 해외 망명지에서 사적으로나 공적으로 행동하며 이러한 정체성들을 표현했다. 이 같은 일련의 실천은 특정한 명칭의 항목에 속하는 정체성 묶음의 한 조각에 불과하다.

---

[*] 영화 〈디바Diva〉(델라코타 원작, 장 자크 베네 감독, 1982)는 수행의 고유한 성격에 대한 서술이다.

　　정체성 연구는 일단 모든 정체성을 하나의 단일체로 간주한다. 사람들은 개인의 정체성이 어떻게 형성되는지, 국가 정체성이 어떻게 다른 국가의 것과 구별되는지를 알아내고자 애썼다. 이러한 노력 덕분에 국가 정체성이 다른 국가의 것과 다르다는 점뿐 아니라 내부적으로도, 심지어 자기 자신과 어떻게 다를 수 있는지를 묻기에 이르렀다. 그리하여 이제는 거꾸로 개인의 정체성 형성 과정을 생각하는 법을 배우게 되었다. "어떻게 사람은 그 사람으로 되는가?" "우리가 누구인지를 발견하기보다는 우리가 누구인 것을 어떻게 거절할 것인가?"[56] 정체성 연구자들이 제기한 이러한 질문은 해당 학문이 탐구해야 할 주제이기도 하다.

　　한편 이번 테제와 앞선 테제는 정체성 연구에 필요한 몇 가지 기술을 제시해 준다. 모든 주체는 여러 개의 정체성을 가지고 있다. 모든 정체성은 부분적이며 다중적이다. 모든 정체성은 수행으로써 나타난다. 주체는 눈에 보일 뿐 아니라, 정확히 말해서 모든 변화무쌍한 정체성의 성좌星座로 (일시적으로나마) 그려질 수도 있다. 어떤 정체성들이 어떤 맥락, 장소, 시간, 청중, 목적을 통해 작동하는지 물을 수 있다. 특정한 정체성이 어떤 동작으로, 어떤 매체를 통해 표현되는지도 궁금할 것이다. 일정한 정체성의 수행이 특정한 시공간에서 정체성을 창조하고 변경하는 방식도 마찬가지다.

　　이러한 질문들은 주체를 시공간에 위치시키고, 타자와의 관계 속에 자리잡도록 도와준다. 이러한 위치 표시는 정체성들 내부의 복잡한 관계를 보여 준다. 이 위치가 파악되고 나면, 이러한 복잡한 영토에서 교섭이 발생하는 방식, 그리고 특정한 정체성의 형상이 열어 두었거나 차단해 버린 전략적 가능성들을 탐구할 수 있게 된다.

27 모든 정체성은 집단을 전제한다

이번 테제는 집단적 정체성과 연관시키면 가장 손쉽게 이해된다. "나는 미국인이다"에서 "나는 채식주의자다"에 이르기까지 정체성과 관련한 평범한 진술들은 폭넓은 공동체를 전제한다. 이름을 만들고 정체성을 주장할 무렵, 사람들은 집단적 공동체, 대개는 주변의 공동체를 참조한다. 부정적으로 구성된 정체성의 경우도 똑같은 결과를 보인다. "나는 …가 아니며 …인 적도 없다"고 단정했던 사람들은 자신을 미국 내 공산당에 맞서는 사람, 공산당과 무관한 사람, 정치적 문외한으로 구성했다.

하지만 정체성의 집단적 성격은 더욱 특정한 정체성, 즉 표면상 사적인 것처럼 보이는 정체성에도 들어맞는다. 특정 정당의 당원이나 전문직 혹은 직업군의 정체성뿐 아니라 종교, 인종, 결혼 여부, 성별 등이 집단적 정체성을 통해서 구성된다. 다양한 사례들에서 보았듯이 이러한 정체성의 구성은 공식적이고 제도적인가 하면 비공식적이고 관습적이며, 서류상의 문제이자 실제적인 문제인 동시에 개념적이기도 하다.

가장 특정한 정체성들, 즉 개별 주체들의 기술, 그들의 내적 전망, 그들의 정체성 수행 등은 집단적 정체성과 관련되어 있다. 자신을 카우보이, 남부군, 스코틀랜드계 아일랜드인 이민자로 알고 있는 사람은 자신을 미국, 스코틀랜드, 아일랜드의 국가적 상상계를 구성하는 요소들에 연결시킨다. 가장 친숙한 정체성들은 국가를 비롯한 여타 집단에 속하는 역사와 신화, 문학에 호소하는 경향이 있다.

개인의 정체성은 역사와 신화뿐 아니라 제도와 시장을 통해서도 구성된다. 알튀세에 따르면 특정한 정체성이나 자신이 선호하는 사회적 역할을 부여받으려면 호명의 과정을 거쳐야 한다.[57] (나는 알튀세의 대체적代替的 표현 "불러 세움"를 선호하지만, "호명"이 대세인 듯하다.) 알튀세는 우리에게 일상의 예화를 제시한다. 경찰관이 "거기 당신!"이라고 부르면 우리는 뒤돌아보게 된다. 일상에서 구해진 이 일화는 정체성이 가장 통속적으로 구성되는 방식을 포착한다. 나의 이름이 호명되었고, 나는 거기에 답한다.

모든 사람은 남자 혹은 여자, 흑인 혹은 백인으로 불린다. 카탈로그는 정원사, 사냥꾼, 운동선수 등을 호명한다. 언론인은 여피Yuppie와 새로운 민주당원을 호명한다. 국가는 범죄자, 시민, 납세자, 유권자, 생활보호대상자 등을 호명한다. 이런 현상을 인식하면서 정체성의 창안, 지속, 수정에서 제도가 어떤 역할을 하는지에 대한 연구가 촉진되었다.

공동체를 통해 구성된 정체성은 시공간의 차원을 쉽게 인지한다. 정체성과 역사성의 연관성을 가장 쉽게 알려 주는 것이 이러한 집단적 정체성이다. 공동체에 속하는 순간, 그는 이미 죽은 조상과도 연결되고 아직 태어나지 않은 후손과도 연결된다. 그 사람에게는 미국인, 독일인, 라틴 아메리카인, 유대인의 과거가 있다. 그 사람은 모든 이가 공유하는 역사에 연루된다. 그는 관습과 의식儀式의 상속자이다. 그에게는 조상이 있다. 마찬가지로 후손도 있다. 집단적 정체성은 그 사람의 삶을 과거뿐 아니라 미래로도 확장한다.

이러한 집단적 정체성은 일정한 지역에 공통된 장소를 공유한다. 이러한 정체성은 특정한 장소나 공간에 연결되어 있고, 그곳에 현재함으로써 그 공간은 초시간적으로 확장되는 정체성의 현재 시점에 그 사람을 머물게 한다.

정체성의 구성은 공식적이고
제도적인가 하면,
비공식적이고 관습적이다.

28 정체성과 공동체는 동시에 발생한다

개인과 집단은 서로 연결되어 있다. 아리스토텔레스는 이것이 "오목면과 볼록면의 관계와 같다"고 보았다. 여기에서는 이 문제를 시간의 차원에서 보고자 한다.

호명의 과정에 민감하고, 정체성 의식을 공동체 경험과 상상력의 산물로 간주하는 개인의 경우, 정체성은 공동체와 같은 시간을 공유한다. 대부분의 사람들은 정체성의 상당 부분이 유전적이라고 생각한다. 사람들은 자기보다 훨씬 오래된 공동체에 속해 있다. 그러한 공동체에 속하면서 과거에 구속되고, 그것을 유산으로 받고, 책임을 떠맡게 된다.

우리는 이런 식의 이해에 의문을 제기한다. 과거는 과거에 그치지 않고 현재에 살아 있다. 역사적 현재의 매 순간에 수많은 과거들이 현재한다. 같은 영국인이지만 디즈레일리Benjamin Disraeli〔19세기 영국의 정치가이자 소설가〕의 과거는 글래드스톤William E. Gladstone〔19세기 영국 정치가〕의 과거와 같지 않다. 우리는 아마도 그 과거들을 그것들이 기원한 시대로 돌려서 위치시키는 법, 그리고 그 과거들이 직면한 과제를 품었던 그 시대로 과거를 돌려놓는 법을 배울 수 있을 것이다. 우리는 아마도 과거가 현재였던 그 당시를 더욱 잘 이해하고, 더욱 명확하게 표현할 수 있는 방법을 배우게 될 것이다. 여기에 기원conception의 문제도 있다. 자기 정체성이 과거 속에서 형성되었다고 믿는 사람들은 자기 내부에서 그 과거를 찾게 된다. 그렇다면 그들의 과거는 과연 그들과 동시에 병존하는가? 그들의 과거는 자연 발생적인가?

특정한 개인의 경험, 개성이라는 이념, 개인의 범주, 개인 의식 그 자체는 집단적 정체성과 동시에 발생한다. 집단적 정체성은 개성이라는 관념과 그 실천을 동반한다. 미국의 이념과 그것을 구성하는 미국인들은 동일한 기원에서 발생한 것이다. 공동체 관념은 소속감을 만들어 낸다. 공동체에 속한 개인들이 공동체에 현재성을 부여한다. 공동체 이념을 체현하는 특정한 개인의 존재 여부, 즉 공동체가 포섭하는 개인이라는 이념은 공동체와 동시적으로, 그리고 동일한 기원에서 발생한다.[58]

29 정체성과 소외는 동시에 발생한다

개인은 공동체의 일부분인 동시에 공동체와 구별된다. 개개인은 하나 이상의 공동체에 속해 있기 마련이다. 그들은 해당 공동체의 일부분이다. 또한 개개인은 공동체와 구별된다. 공동체는 한 개인이 다른 사람들과 구별된다는 점을 인정하고 구성해 준다.

개성과 공동체 이념이 서로 꼬리에 꼬리를 물고 필연적으로 동시에 공존하듯이, 소속감이나 소외감도 그러하다. 자신이 특정 공동체에 속한다는 것을 알게 되면, 그 사람은 또한 자신이 그 공동체와 구별된다는 사실을, 그것이 자신의 일부분에 지나지 않는다는 것을 알게 된다. 공동체의 한 부분에 지나지 않기 때문에 개인은 공동체와 구별된다. 개인은 공동체의 충분조건이 아니다. 공동체도 개인의 충분조건이 아니다. 모든 개인은 공동체를 능가하는 특징을 지닌다. 그들의 노동, 의지, 행동, 생각은 그 방식에서 공동체의 한계를 넘어선다.

30 모든 정치적 제도는 정체성을 요청한다

정치는 본래적인 의미에서 소명vocation이다. 정치적 제도는 집단적 정체성과 개인의 정체성을 소집하고convoke, 추동하고provoke, 환기한다evoke. 제도는 공무원과 직원을 둔다. 그들은 자신도 그렇게 알고 타인도 그렇게 생각하듯이 제도를 위해서 제도를 대신해서 일한다. 경찰청은 경찰을 만들고, 국방부는 육군과 해군을 만들어 낸다. 헌법은 의회와 대변인을 창설하고, 의회는 의회 직원을 구성해 낸다. 비공식적으로, 하지만 충분히 효과적으로, 공화당은 공화당원을 만들어 내고, 민주당도 그렇게 한다. 다른 제도들도 정치적 제도를 통해 생성된다.

제도는 제도 속에서 제도를 위해 일하는 자들뿐 아니라, 제도가 부리는 자의 정체성도 환기하고 구성한다. 처음에 그것은 범주화의 효과로써 수행된다. 인디언 보호구역 관리국은 전혀 달라서 서로 비교할 수조차 없는 여러 부족들을 한곳에 모아 놓음으로써 '인디언'을 만들어 냈다. 세금 징수는 세무서 직원뿐 아니라 납세자도 만들어 낸다.

이처럼 정체성에 근거한 지배 구조는 곧잘 심각한 결과를 낳는다. 그것은 현존하는 정체성들을 정치적 제도 자체가 지배하고 있다고 이해하거나 단지 그렇다고 알고만 있는 경우에서조차 발견된다. 이와 관련하여 인도에서 카스트·언어·종교가 정체성을 지배한 결과는 흥미로운 사례가 될 수 있다.▪

식민지의 통치 제도는 식민 당국이 신중하게 간섭하지 않으려고 했을 때조차 이러한 정체성에 중대한 결과를 가져왔다. 영국은 일반적인 동화 정책에 반대하고 기존의 공동체를 인정하며 지배하는 식민 정책을 펼쳤다. 이러한 정책을 추진하는 데는 해당 공동체의 정체성을 파악하고 그들의 신념과 실천을 명문화할 정치적 제도가 필요했다. 이를 위해서 예컨대 종교와 같은 범주들이 만들어졌는데, 그것은 이미 존재하는 영국인의 경험과 상식에서 도출된 것이었다. 이러한 범주를 적용하는 과정에서 범주화된 대상들에 대한 오해와 곡해가 생겨났다.

더욱 중요한 사실은, 이러한 범주화를 통해서 통치가 이루어졌기 때문에 인도인들이 다양한 공식적·비공식적 담론 가운데서 자신에게 맞는 범주를 찾아 거기에 자신을 억지로 꿰맞추고 있는 자신을 발견하게 되었다는 점이다. 영국에 있는 국립 인도 문서보관소와 인도 도서관은 힌두교가 특정한 행동이나 복장을 강제하거나 금하는 것을 납득할 수 없다는 문서들로 가득 차 있다. 개인적으로는 "정말 짜증나는 신발 문제"라는 제목의

▪ 영국의 정책이 카스트 제도에 미친 영향에 대해서는, Lloyd and Susanne Rudolph, *The Modernity of Tradition*(Chicago : University of Chicago Press, 1967)을 보라. 영국의 식민 정책이 인도인의 종교 정체성에 가져온 결과는 자주 언급되는 것으로, 인도와 파키스탄의 분리 정책과 함께 이 주제의 역사 연구에서 가장 일반적으로 발견되는 내용이다.

비망록이 마음에 든다. 식민지 정책 연구자라면 누구나 알고 있는 사례이다.

제도의 구성적 효과는 제도의 실행자와 주체들을 뛰어넘어서 다른 직업과 정체성을 창안하는 데까지 미친다. 조세 제도는 세금 징수원, 세금 평가원, 납세자뿐만 아니라 조세 제도를 전문으로 하는 변호사를 만들어 낸다.

특정 범주에 속한 사람들의 정체, 정체성 혹은 정체성의 차원을 파악하는 것은 지배자뿐 아니라 연구자가 관심을 가져야 할 문제이다. 정치적 제도는 그것을 연구할 학자와 학문을 호명하는데, 거기에는 지배할 사람들과 그 지배에 저항할 사람들이 모두 포함된다.

정치적 제도는
집단적 정체성과
개인의 정체성을
소집하고
추동하고
환기한다.

31 정체성은 이해관계를 만든다 이해관계는 정체성을 만든다

정체성에 이해관계가 따라붙는다는 이번 테제에서 첫 번째 내용 요소는 '합리적 선택'과 같은 사회과학적 방법에 경고하는 차원에서 제출되었다.

합리적 선택 같은 사회과학적 방법은 이해관계를 추구한 결과로서 나타나는 특정한 전략적 상황을 서술한 것이다. 그런데 학자들은 주체의 목적과 사회적 제약에 따라서 합리적 선택이 다르게 나타날 수 있다는 점을 깨달았다. 또한 대체로는 그렇지 않을지라도 정체성에 합리성이 수반된다는 것, 그리고 주체가 이해관계를 결정할 때 사용하는 계산법을 문화가 결정해 준다는 점도 깨달았다.

이처럼 '합리적 선택'에서 그 합리성과 선택이라는 것도 특정한 체계와 구조의 산물이다. 특정한 합리적 행위자는 이러한 구조의 범위 안에서 이성을 사용하여 유효한 추리를 하고 선택을 하게 된다. 하지만 이것이 모든 행위자나 선택에 단일한 한계를 만들지는 않는다.

특정 주체는 하나 이상의 문화적 체계, 즉 하나 이상의 합리성 체계, 하나 이상의 이해관계에 관여할 수 있다. 의료적 처치와 관련된 선택을 생각해 보자. 주체는 판단을 내릴 때 가톨릭 신자로서, 어머니로서, 과학자로서 판단한다. 단일 인격체에 포함되어 있는 이러한 여러 정체성들은 다른 목적, 다른 면허, 다른 제약, 다른 책무, 그리고 종종 다른 합리성과 다른 이해관계를 동반한다.

이해관계가 정체성을 필요로 한다는, 이번 테제의 두 번째 내용 요소는 방금 논의한 내용에서 도출된다. 정치적 제도가 정체성을 심문하는 방법 가운데 하나는 이해관계를 만드는 것이다. 알선업자들이 이익을 창출하는 방식은 이익을 획득하는 과정에서 이해관계를 만들어 내는 것이다. 이 이익 획득 과정에 이해관계가 달려 있는 사람들은 알선업자의 사명, 협의 사항, 규정 등으로 그려지는 수혜자의 자리에 자기 자신을 투입한다.

이들에게 상응하는 이해관계와 정체성은 규칙과 규정뿐만 아니라 사법 기구에 의해서도 창조될 수 있다. 미국에서는 대지 보상과 반환에 관한 법원 판결이 인디언 부족의 정체성과 관련하여 지역적 이해관계를 만들어 낸 사례가 있다. 이런 일이 일어나자, 어떤 부족은 식별을 용이하게 하거나 부족의 숫자를 제한하려고 부족의 정체성을 결정하는 요인을 변경하고 조정했다.

법적 평등의 보호 및 9조 결정〔1972년 미국 의회에서 통과된 양성교육평등법안. 연방정부의 지원을 받는 모든 교육기관에서 성 차별 없이 남녀가 똑같이 동등한 교육을 받을 수 있는 제도를 마련해야 한다는 내용의 이 법안이 시행되면서 의학·법학·스포츠 분야에 여성들이 활발히 진출할 수 있는 길이 열렸다.〕은 여성 운동선수의 증가를 촉진시켰고, 어떤 점에서는 만들어 냈으며, 그들의 정체성을 더욱 부각시켰다.

32 "이해관계"는 없다 "누구의 이해관계"와 "누구로서의 이해관계"만 있다

아직도 개념 없이 '이해관계'라고만 적는 문헌들이 있다. 이처럼 질적 규정이 빠져 있는 것은, 문제의 이해관계가 이미 알려져 있으며 한 종류밖에 없다고 굳게 확신한다는 표시이다. 이해관계라는 말을 이렇게 사용하는 것은, 물질적 이해관계 하나 빼고는 나머지 정체성들의 특징은 부대 현상에 불과하다고 보는 관점을 징후적으로 보여 준다.

이해관계마다 정체성이 따라붙는다는 인식은, 경쟁적 방법들이 우굴대는 적지를 가로지르다 보면 알 수 있듯이, 추상적인 이해관계는 없으며 다만 특정한 사람들의 특정한 이해관계만 있다는 인식을 포함한다.

정체성이란 것이 실제로는 우발적, 편파적, 다중적, 다면적이라는 인식은 이번 테제의 두 번째 질적 규정을 촉진한다. 단독의 주체는 시민으로서, 아버지로서, 납세자로서, 농부로서의 여러 이해관계를 가질 수 있다. 이러한 이해관계들은 공존할 수도 있고, 아닐 수도 있다. 모든 경우에서, 이 이해관계들은 주체가 복잡한 정체성의 요구들과 교섭하는 전략적 장場을 구성한다.

이러한 인식은 두 가지 질문을 제기하게 만든다. 이해관계와 관련된 요구들이 유발하는 이해관계에 대한 질문은 이렇다. 누구의 이해관계인가? 어디에서 도출되는가?

이러한 질문들은 비판 정신을 추동하여 바탕에 깔린 가설들을 표면으로 드러내고, 그것들을 비판적 시험대에 올려놓게 만든다. 특히 두 번째 질문, "어디에서 도출되는가?"는 연구를 촉발한다. 이 질문은 학자들로 하여금 단일 주체 속에서 서로 경합하는 여러 이해관계들을 탐색하게 하고, 이해관계 및 선호도의 서열을 매기게 하며, 납세자보다는 (예컨대) 농부를 주체의 이해관계 면에서 성공적이게 만드는 특정한 상황은 과연 무엇인지를 탐색하게 만든다.

이해관계는 정체성에서 도출되는 것이지만, 항상 그런 것도 아니다. 어떤 경우에는 앞선 31번 테제에서 주장했듯이, 이해관계가 정체성을 만들어 내기도 한다. 종종 두 가지 현상이 동시에 발생하기도 한다.

정체성과 이해관계를 관련지을 때 원인과 결과라는 일방통행로만을 찾는 것은 목적이 될 수 없고 오히려 잘못이다. 중요한 것은, '이해관계'를 언급하는 사람은 그 말의 질적 성격을 규정하고 있다는 점을 명심하는 것이다. 정확성을 겸비하는 것은 그것이 연구의 엄밀성을 위해서 반드시 필요하기 때문이기도 하지만, 그것이 새로운 질문과 새로운 탐구 영역을 알려 주기 때문이기도 하다.

33 모든 정체성은 부분적(편파적)이다

이번 테제는 양가성兩價性을 신중히 고려해야 한다. 왜 나하면 정체성이 부분적partial(편파적)이라고 하는 것은 부분적 · 편파적이라는 두 가지 의미를 모두 가리키기 때문이다.

모든 정체성은 불완전하다. 왜냐하면 모든 정체성은 그것이 그 일부로 속해 있는 특정 집단과의 관계, 그리고 그것이 거리를 유지하는 집단과의 관계에 의존하기 때문이다. 모든 정체성에는 선호도, 선입견, 편견, 성향 등이 포함되어 있다.

루소는 이렇게 말했다. "시민의 통일성은 공통분모에 의지하는 분수일 뿐이다. 그의 가치는 사회 전체와의 관계로 결정되기 때문이다."[59] 그 전체가 하나의 국가이든 인류 전체(마르크스의 용어로는 "유적 존재species being")이든, 전체에 참여한다는 것은 개인의 불완전성을 인정한다는 뜻이다.

플라톤과 마찬가지로 라캉은 인간의 불완전성이 섹슈얼리티에 수반한다고 보았다. 개인은 "성차화된 존재the sexed being가 섹슈얼리티 속에서 상실해야 할 것"[60]을 상실함으로써 불완전해진다. 이성을 향한 욕망이라든가, 남과 여라는 두 가지 성별에서 제 소속을 찾게 하는 관습적인 분류에 대한 지식은 불완전성이 개인의 정체성에 속해 있음을 개인에게 통지한다.

정체성에 수반되는 불완전성에 대해서는 다른 설명도 많다. 주인의 정체성이 노예에 의존한다는 헤겔의 설명은 모든 정체성이 부분적이라는 말이 지닌 또 다른 의미에 주목하게 만든다. 모든 정체성은 자신을 정의하고자 대립하는 타자들에 의존한다. 정체성에 수반되는 불완전성에 대한 인식에는 정치적 의미도 내포되어 있다.

정체성은 또한 편파성을 동반한다. 어떤 사람이 자신의 소속에서 한 부분을 차지한다는 것은 그것을 편애한다는 뜻이다. 정체성에는 선입견과 성향이 동반된다. 이것은 흔히 사람들이 당연하게 여기는 것, 그리고 그들의 간절한 소망을 보면 명백해진다.

플라톤과 프로이트는 개인의 정체성이 근본적으로 분열되어 있다는 식으로 설명한다. 이번 테제의 플라톤식 판본은 이렇다. "우리 각자는 마치 가자미처럼 둘로 쪼개졌다는 흔적을 품고 있다."

루소는 시민계급이 주권자인 동시에 신민臣民이라는 사실을 통찰했다. 또한 공동체에 속해 있을 때, 그것을 구성하는 개인은 제 자신을 공동체와 구분한다고 했다. 그들은 공동체에 속해 있긴 하지만, 개인이라는 점에서 그 공동체와 구별된다는 것이다. 더욱 규모가 크고, 더욱 보편적인 존재 형식에 참여한다는 것은 자신을 둘로 분할하는 일이다.

34 공동체는 소외를 동반한다

그러므로 공동체는 소외를 동반한다. 공동체와 결합하는 개인은 더욱 보편적인 존재로 만들어지는 동시에 더욱 특수한 존재로도 만들어진다.

각자는 공동체의 한 부분이면서 공동체에서 떨어져 있다. 각자는 소속이라는 말을 인식하는 순간, 소속이라는 더욱 보편적인 형식을 경험한다. 또한 개인을 공동체와 구별하게 만드는 여러 특징을 자신이 인식하고 있음을 경험한다.

개성을 구성하는 차별적 특징을 인식하는 순간, 개인은 소외된다. 공동체와의 동일화를 강화하는 과정 자체가 소외도 강화한다. 공동체와의 유사성을 의식하게 될 때, 개인은 또한 자신의 개성을 유지하는 특성들을 의식하게 된다.

35 소속감은 긍정 혹은 반항으로 표현될 수 있다

혀에 피어싱을 하고, 쿠바를 여행하고, 투표권을 포기한 미국인도 미국인이지만, 클럽에서 골프를 치지 않을 때면 공화당 펀드를 올려 주는 몽골 회사 사람도 미국인이다. 어떤 사람에게는 인정받고 또 어떤 사람에게는 인정받지 못할지라도, 그들은 모두 해당 문화 체계 안에서는 승인을 받게 된다.

1980년대 일본의 폭주족bosozoku은 일본의 월급쟁이와 마찬가지로 철저하게 일본에 귀속된다. 〔하위문화를 연구하는 영국의 문화 이론가〕 딕 헵디지Dick Hebdige는 영국 하위문화 연구에서 하위문화 영위자들을 영국인이자 반항자로 이해한다. 그들은 명백히 (자의식적으로) 영국의 관습화된 레퍼토리에서 특별한 반항의 양식을 모색하기 때문이다.[61]

탈퇴의 형식을 취하거나 혹은 국가를 상대로 무장 저항을 시도할 때조차도, 정치적 반란은 문화적 정체성을 고수하는 것으로 이해할 수 있다. 미 남북전쟁 당시 남부여합의 저항군은 '미국인'이라는 명칭과 미합중국 헌법의 대부분을 유지했으며, 자신들의 반란이 민족적 원칙에 대한 충정의 표현이라고 주장했다. 현 정권을 전복시키려는 민병대 운동의 대원들이나 어떤 경우에는 정부를 상대로 무장투쟁에 참여한 사람들조차도 자신들이야말로 진정한 미국인이며 자신들의 반란이 충정의 표현임을 빈번하게 주장했다.

모든 문화에는 여러 가지 역할이 있다. 그중 어떤 것은 문화적 정체성 혹은 민족적 정체성을 충분히 표현하면서도 동시에 저항적인 표지를 내비치는 경우가 있다. 부분적으로 이것은 역사적으로 입증되는 현상이다.

한때는 문화의 이단아로 간주되던 것이 문화 내부로 편입되거나, 심지어 문화의 심장부로 진입하는 경우도 있다. 공동체에 반항적이면서 동시에 공동체에 속하는 경우도 흔하게 발견된다. 시간이 흐르고 환경이 변하면서, 한때 위협적이던 자세가 수그러들고 위험 요인이 퇴색하면서, 그들의 문화적 정체성은 점차 모호성을 잃고 더욱 쉽게 널리 받아들여지게 된다.

문화에는 저항을 소속감의 표현으로 인정하는 경우가 많다. 서부의 무법자들과 시카고 갱단은 미국 정체성의 아이콘이다. 호주 사람들은 네드 켈리Ned Kelly〔19세기 후반 호주의 전설적인 의적義賊. 호주 원주민을 위해 식민지 권력에 저항했다. 그의 일생은 영화로도 만들어졌다.(〈Ned Kelly〉, 2003)〕를, 영국인들은 로빈 후드를 필요로 한다.*

잭 케루악Jack Kerouac〔미국 문인으로 1950년대 비트 운동의 지도자. 그의 소설『길 위에서*On the Road*』(1957)는 비트 계열의 첫 작품으로 유명하다.〕과 비트 세대의 반항은 미국의 아이콘이 되었다.

---

* 에릭 홉스봄은 로빈 후드를 통해서 그와 같은 반항의 정치적 의미를 탐구했다. 이에 대해서는 *Primitive Rebels*(New York : Praeger, 1963)을 보라.

영화는 그들의 반항, 고독, 소외를 표현하려고 이야기와 연가戀歌의 낡은 전통을 이어 갔다.

모호성의 영역에서 살아가는 경계선상의 사람들은 미국인 · 호주인 · 일본인의 현재 살고 있는 모습뿐 아니라, 미국인 · 호주인 · 일본인이 욕망하고 그리워하고 사랑하고 추구하는 것 혹은 단 하루만이라도 그렇게 되고자 하는 바를 환기시킨다.

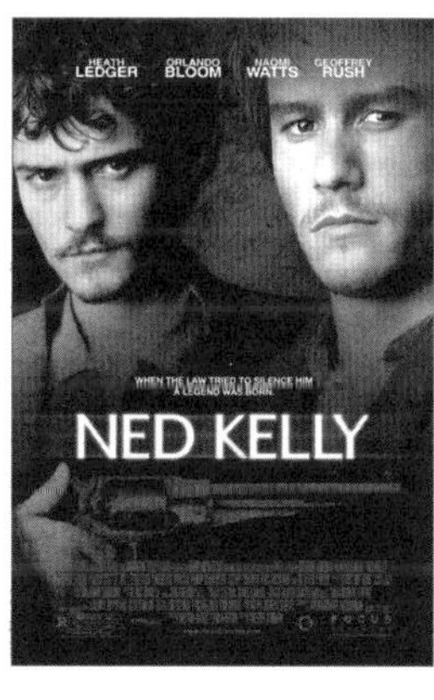

문화에는 저항을
소속감의 표현으로
인정하는 경우가 많다.
호주 사람들은 네드 켈리를,
영국인들은 로빈 후드를
필요로 한다.

36 모든 제도는 저항을 낳는다

조세 제도는 세무원과 납세자뿐 아니라 탈세자와 조세 저항자도 호명한다. 제도는 그것이 작동할 때 상품의 제공, 단속, 법 집행, 감금, 치료, 교육 등 그 제도를 가시적으로 만들어 주는 이념과 권력까지 만들어 낸다.

제도들이 가시화되면 그것은 긍정 혹은 부정의 대상이 된다. 제도가 권위를 작동시키면, 그것은 또한 그 권위에 접근할 수 있게 만든다. 우리에게 접촉하고 있는 정부를 우리가 접촉할 수도 있다. 인접 국가에 파병된 군대는 점령 상황을 직접적이고 가시적으로 만들지만, 점령의 힘을 구체적으로 보여 줌으로써 점령에 저항하는 사람들의 표적이 될 수 있다.

저항 세력은 저항의 과정에서 자신을 통치하고 착취하는 자들의 지도를 받게 된다. 착취가 실행될 때마다 거기에는 저항의 지점이 표시되어 있으며, 때로는 권력을 향한 저항의 방식까지 시사받기도 한다. 차茶에 세금이 붙으면, 차를 바다에 처넣을 수도 있다. 소금에 세금이 붙으면, 바다에서 소금을 직접 만들어 먹게 될 수도 있다. 만약 기계가 노동자의 노동력을 대신하게 되어 임금이 삭감된다면, 기계를 부수고 파괴하는 행동이 찬사를 받을 수도 있다. 만약 노동자들이 시간표에 얽매여 출퇴근 기록계에 꼬박꼬박 도장을 찍어야 한다면, 출퇴근 기록계를 공격할 수도 있다. 만약 서양 사람들이나 서양 정부가 '히잡'〔아랍권 여성들이 쓰는 이슬람식 머리 수건〕을 비난한다면, 서양 혹은 정부에 항의하여 히잡을 찢을 수도 있다. 종류도 다양한 하위 주체 집단들은 제도를 통해 자신들의 저항 형식을 안내받는다는 동일한 전략을 취한다.

제도는 다차원적이다. 통치 제도는 특정한 통치 대상과 그 대상에 맞는 특정한 통치 수단뿐 아니라 국가권력도 드러낸다. 그래서 제도는 각각의 차원에서 저항을 호명할 수 있다. 그러므로 연구자는 저항을 연구할 때 신중해야 하며, 저항의 대상이 되는 제도의 특정 측면을 밝혀내야 한다. 다시 말해서, 저항 운동 혹은 특별히 지엽적인 저항 행위조차도 서로 차별적이고, 심지어 대립적인 여러 실천·형식·대상들로 이루어져 있다는 뜻이다.

예를 들어 징집 저항 운동은 평화주의자와 모병에 반대하는 사람들뿐만 아니라, 모병 및 전쟁 일반에 반대하는 사람, 더 나아가서 국가가 말려들어간 것이든 주도한 것이든지 간에 모든 국지적 전쟁에 반대하는 사람들까지 통합할 수 있다. 현존하는 제도에 의해 호명되어 서로 연대하고 있는 다양한 저항에 대한 연구는 정치적 연대의 작동을 연구할 수 있는 길을 터 준다.

이론가들은 이 테제에서 이것이 차이를 통해 의미가 창출된 결과의 반영임을 이해하되, 이 테제가 제도 정치를 기반으로 논의된 것임도 알고 있을 것이다.

37 저항 없는 문화는 없다

문화는 내부적으로든 외부적으로든 저항을 불러일으킨다. 충성과 저항의 경제학은 주어진 문화의 외부적 경계선을 보존하며 거기에 내부적으로 명확성을 부여한다.

공동의 정체성에 충성한다는 것은 다른 모든 타자들에게서 분리된다는 것, 그리고 어떤 사람은 배제하고 타자들에게 적대감을 갖는다는 뜻이다. 예를 들어서, 프랑스인이 된다는 것은 영국인 혹은 태국인이 되는 길을 차단하고, 어느 순간 어떤 맥락에서는 독일인이나 미국인과 적대할 수 있다는 뜻이다.

문화적 정체성은 (비록 혼자서는 아니지만) 부정을 통해서 정해진다. 프랑스인이 된 사람은 미국인도 아니고 태국인도 아니다. 타자의 역할에 대해서는 상당히 쓸 만한 연구들이 많이 나와 있다. 그러나 타자들과 관계 맺는 형식은 배척하고 적대하는 관계 그 이상이다. 타자는 적일 수도 있고, 경멸과 혐오의 대상일 수도 있다.

지금까지 나온 가치 있는 연구들을 통해 타자가 주체에 봉사하는 존재로 구성되는 다양하고도 불가사의한 방식이 상세히 설명되었다. 전시戰時에는 타자의 악마화惡魔化가 일반적이다. 그것은 문화 내부의 분열적 차이를 반영한 것이다.[62] 타자는 욕망의 대상인 동시에 자기 문화의 결핍 혹은 불충분성의 표시이기도 하다. 1960년대에 인도를 여행하고 돌아와 순례자가 된 미국인 청년들은, 인도에는 서양인에게는 낯선 영적 능력과 관습이 있다고 설파하였다. 이 청년들에게 타자는 욕망의 대상, 경쟁의 대상, 갈망의 대상이었다.

하나의 문화 속에서 산다는 것은 그 문화의 관습 및 제도와 복합적으로 관계를 맺는다는 뜻이다. 그 주체는 어떤 문화적 아이콘에는 열광하면서 다른 것은 혐오하고, 어떤 관습은 수용하지만 다른 것은 배척하며, 어떤 제도는 긍정하지만 다른 것에는 반대하게 된다. 모든 개인의 문화적 정체성은 이러한 의미의 그물망 및 유형물과의 교섭으로 형성된다. 이러한 교섭은 수용과 배제, 동조와 저항의 경제학을 통해서 개인의 정체성을 형성한다.

이러한 두 가지 차원은 다시 상호 간의 관계를 통해서 교섭을 발생시킬 수 있다. 어떤 문화의 타자로 설정된 사람들은 그 문화에 저항하는 사람들에게 그 문화 내부에서도 가능한 대안적 동화同化의 자리를, 그리고 도피처를 연상시키는 장소를 마련해 준다. 거트루드 스타인Gertrude Stein〔1874~1946. 미국의 시인 겸 소설가〕은 프랑스에서 미국식 생활을 유지했으며, 〔흑인운동 지도자〕 듀보이스는 가나에서 생을 마감했다.

같은 문화에서 서로 경쟁하는 정당은 반대 당을 적대자나 이방인과 동일시하고, 그들의 포섭에 맞서야 한다고 주장한다. 국가나 문화의 팽창을 주장하는 사람들은 다른 문화의 구성원들도, 실제로든 은유적으로든, 같은 혈족이라고 주장한다.

38 내부적 비판 없이는 문화도 없다

바로 앞 테제에서 본 것처럼, 저항은 문화의 외부적 경계선과 내부적 구조를 보존하고 있다. 이런 관점을 유지한다면 굳이 이번 테제를 살펴볼 필요가 없겠지만, 자기비판 능력이 오직 서양에서만 발전했다는 몇몇 유럽 학자들의 이상하게도 끈질긴 주장에 대한 응답으로 포함시켰다.

모든 문화는 그것이 호명하는 저항의 형식을 통해서 내부적 비판을 제공한다. 이러한 저항의 정체성과 행위는 자신이 대립하는 문화에 대한 실천적 비판을 제공하기 때문이다. 그러나 서양의 바깥에서도 내부적 비판은 실천적인 것에만 국한되지 않는다.

모든 문화에는 그 문화가 묘사하고 찬미하는 문학적 표현이 있고, 그것을 통해서 문화가 표현되고 명시된다. 다른 문화적 실천이나 유물과 마찬가지로 이것들은 비판적 반응을 낳고, 현존하는 문화적 규준을 비판적으로 바라보는 관점을 제공한다. 이러한 문화적 비판 사례는 이슬람교, 힌두교, 불교, 유교, 하다못해 정령 숭배자들 사이에서도 숱하게 발견된다.

크리슈나Krishna〔인도의 신들 가운데 최고의 신〕와 아르주나Arjun
의 대화〔『바가바드기타』. 전투에서 친인척을 죽여야 하는 아르주나가
인간적 고뇌로 괴로워하자, 크리슈나가 전쟁의 의무를 상기시키며 아
주르나를 설득한다.〕는 문화적 명령에 비판적으로 개입하는 모습
을 간접적으로 보여 준다.

알 파라비al Farabi〔10세기 이슬람의 철학자〕와 알 가잘리al Ghazali
〔서양의 토마스 아퀴나스에 비견되는 11~12세기의 이슬람 신비주의 신
학자〕 사이에는 논쟁과 자성으로 가득 찬 공간이 있다.

대중적인 함자Hamza 이야기〔전설적인 영웅 함자의 무용담을 그
린 이슬람의 서사시 『함자의 모험Adventures of Amir Hamza』〕는 시험해
보고 조롱해 볼 만한 일상의 실천을 제시한다.

문화적 비판은 다양한 지점에서 발견된다. 문학·철학·종
교적 담론, 혹은 대중적 장르 가운데서 저항을 불러일으키지
못하게 만드는 곳은 하나도 없다.

모든 문화는
그것이 호명하는
저항의 형식을 통해서
내부적 비판을 제공한다.

39 의미는 차이에서 만들어진다

20세기에는 이러한 인식에 도달하는 다양한 통로가 있었다. 레비스트로스의 구조주의는 언어적 구조주의를 상징적 인류학의 구조주의와 결합시키면서 이 문제에 집중했다. 차이와 이항 대립의 관계, 예컨대 날것과 익힌 것, 뜨거운 것과 차가운 것, 위와 아래, 남성과 여성 등의 관계는 대립물과의 관계를 통해서 의미를 생성한다고 인식되었다. 이러한 이항 대립이 늘어나면서 문화를 구성하는 의미의 그물망의 윤곽이 그려지기 시작했다.

의미가 차이에서 생성된다는 인식은 하위주체 연구와 문화 연구를 촉진하여 비판적 인종 이론 및 페미니즘 이론에 기본 요소를 마련해 주었다. 가장 단순하면서도 흥미롭고 유용하다는 측면에서, 대립을 통한 묘사는 문화의 지도를 그리는 편리한 도구로 제공되고 있다. 대립물 간의 관계를 도표화하면 문화를 구성하는 의미의 그물망을 지도로 그려 볼 수 있다.

이러한 대립물 가운데 어떤 것은 정치적 · 문화적 담론에서 특권을 누리며 정체성과 제도의 방향을 설정하는 양극단 구실을 한다. 17세기 영국에서 내전內戰을 둘러싼 담론은 법의 규칙과 인간의 규칙을, 글쓰기와 혈통을, 개방과 폐쇄를 서로 대치시켰다. 19세기 미국의 내전, 즉 남북전쟁을 둘러싼 담론은 노예와 자유, 흑인과 백인, 영국과 미국, 기병대와 양키, 남성과 여성을 대립시켰다. 이집트인들은 파라오적인 것과 이슬람적인 것 사이에서, 리비아인들은 종교적 권위와 군사적 권위 사이에서 대립했다. 이러한 구성적 대립물들은 ‘대립은 생산적’이라는 41번 테제를 상기시킨다.[63]

이러한 사례들은 대립의 건설적인 측면을 보여 준다. 문화와 제도는 대립 위에, 대립을 둘러싸고, 대립을 통해서 건설된다는 것이다. 때로는 직접적 대립의 유희를 통해서, 때로는 잡종성과 혼합을 통해서 말이다. 이것은 개념적 사고와 신화적 사고, 그리고 상상적인 사고뿐 아니라 실제적인 제도 정치의 평범한 구조에서도 명백히 드러난다. 예컨대, 정당정치 같은 체계는 대립 위에 세워져 있다.

이러한 사실을 연구하다 보면 마치 대립물이 근본적으로 통합적 관계라기보다는 하나의 문제점인 양 인식되는 경우가 많다. 특히 민족과 하위문화의 정체성을 연구하는 경우에 그러하다. 이 경우, 대립은 정치적 정체성을 개념적으로 구성하는 데 필요한, 그리고 대립에서 발생한 의미의 그물망 속 주체가 운동하는 데 필요한 방향을 설정하는 양극단을 제공한다.■

비평가들은 자주 차이와 대립을 ‘이원론’에 대한 비난과 연결

■ 양면적 지시는 ‘여기 그리고 다른 어디’처럼 신중한 행위이다. 의미의 그물망은 문화적 주체에 의해서도, 그리고 그들의 정체성 방향을 정해 주는 양극의 대립으로도 발생한다.

지어 이해하려는 경향이 있다. 이것은 아마도 포스트구조주의의 위력과 비트겐슈타인의 구조주의 비판에 대한 최초의 편파적 인식의 결과일 것이다. 때로는 이러한 비판이 정당하다 할지라도, 이것은 의미와 문화적 질서를 창조하는 과정에서 생긴 차이와 대립의 작용에 대한 오해를 반영하는 경우가 더욱 흔하다.

이원론이 항상 환원주의인 것은 아니다. 개념적으로 보았을 때, 언어적 실천과 정치적 실천에서 이분법은 생산적이다. 대립물은 단순히 의미를 제한하거나 안정시키는 데 사용되지 않는다. 오히려 그 의미를 확장시킨다. 뜨거운 것과 차가운 것에서 따뜻한 것과 시원한 것이 생겨난다. 좌익과 우익 사이에서 정치 질서의 분할은 몽타냐르momtagnards와 쟈코뱅Jacobins〔프랑스혁명 당시의 급진파들〕, 네오콘neo-cons과 테오콘theo-cons처럼 각각의 범주 안에서 내부적 대립물을 낳는다. 이러한 이분법은 각 정치 주체에 더욱 정확한 위치를 허용할 뿐 아니라, 그 체계의 방향을 정해 준 양극이 침식되고 재조정될 수 있는 전략적 접점을 그 주체들이 생산하게 만든다.

이처럼 대립은 생산적일 뿐 아니라 역동적이다. 하나의 대립이 지속되면, 그 대립물들은 대립이 빚어 내는 의미의 장과 그 정향성 속에서 무지갯빛처럼 펼쳐지게 된다. 각각의 항은 다른 항이 될 수 있다. 하나의 대립을 신화, 문학, 역사 속에서 생기는 무수한 반향과 함께 생각해 보라. 그 단어는 변질되고 구체화되며 살이 입혀진다. 대립은 의미의 그물망, 전략, 주체성을 생성한다.

이원론이 단순하다는 비난은 일견 정당할 수 있지만, 그러한 비난은 이항 대립적 설명이 대립의 역동성과 생성력을 묘사하는 데 실패했을 때로만 한정된다.

40 권력은 생산적이다

권력에는 생식력이 있다. 즉, 권력은 제도, 지식의 형식, 새로운 주체들, 새로운 생활 형식 등을 번식시킨다. 사람들은 권력이 부정적인 힘으로만 작동한다고 생각한다. 권력은 금지하고, 방해하며, 배제한다. 그러나 권력은 금지만 하는 것이 아니라 생산도 한다. 그것도 제도, 법률, 규칙만이 아니라 기질, 신경증, 도착증, 취향, 규준, 표준, 그리고 성향까지도 생산한다.

이러한 인식이 알려지며 사람들은 학문적 측면에서뿐 아니라 정치적 측면에서도 이전에는 무시했던 곳에서 권력의 작동을 발견하고, 그것을 묘사하는 법을 알아냈다.[64] 권력은 생체정치학bio-politics에서도 발견된다. 신체에서도 권력이 작동하기 때문이다. 또 지식의 체계, 진실의 지배, 욕망의 경제학은 권력의 장場으로 알려져 있다. 이러한 장에서 주체와 제도가 만들어진다. 권력은 이러한 장들 사이를 통과하여 전류처럼 흘러간다. 한때는 제약을 가하는 통치로만 인식된 훈육과 지배가 일종의 제조업 체제처럼 보이게 되었다. 그것은 노동자, 학자, 시민, 주체를 생산하는 공장인 것이다.

권력을 하나의 장으로, 하나의 매트릭스로, 하나의 매체로서 인식하면, 권력이란 것이 흩어져 있고, 흩뿌려져 있으며, 역동적인 것이라는 점을 알게 된다. 한때 권력이 왕이나 국가처럼 하나의 단일 지점에 집중된 적이 있었다. 물론 의심할 여지는 많지만, 만약 그렇다면 그것은 이제 더 이상 중심을 차지하지 않는다.[*] 권력은 사회체제 곳곳에 흩어져 있으며, 가장 친밀하고 특별한 관계 속에서 작동하고 있다. 우리가 우리 자신을 인식하는 방식에서, 그리고 세상과 타협하고자 사용하는 범주 속에서 말이다.

권력은 금지하고 방해하며 배재한다. 동시에
제도, 법률, 규칙, 기질, 성향까지도 생산한다.

[*] Michael Hardt and Anronio Negri, *Empire*(Cambridge, Mass. : Harvard University Press, 2000). 하트와 네그리는 권력의 흩뿌려짐을 새로운 현상으로 간주한다. 개인적으로는 이것을 새로운 자각으로, 즉 옛날 형식이 새로운 옷으로 갈아 입은 것으로 간주하고 싶다.

41 대립은 생산적이다

이 테제는 헤겔에게 빚진 바가 큰데, 이런 일은 처음 있는 것도 아니지만 마지막일 리도 없다. 변증법에 대한 헤겔의 설명은 정말로 신중한 숙고의 결과물일 텐데, 그것은 대립의 생산력을 말해 주는 유력한 설명이기도 하다.

이렇게 말하면 이상해 보일 수도 있는데, 왜냐하면 오늘날 변증법을 이해하는 초점이 새로운 대립의 생성이 아니라 지나치리만큼 종합이나 해결에 맞춰져 있기 때문이다. 하지만 이런 사태는 최종 심급에서만 가능하며, 오히려 변화는 해결의 지점이 아니라 대립의 상황에서 발생한다.

헤겔에 따르면, 역사의 동력은 대립에 있다. 두 개의 서로 대립하는 힘의 대결은 서로를 변화시키면서 그 대립물을 포함하는 시대를 마감하고, 새로운 대립의 힘을 새로운 시대로 밀어낸다. 다른 학자들도, 정치 이론에서부터 국제 관계에 이르기까지 대립이 지닌 생산력을 알고 있었다. 플라톤의 대화편에서는 곧잘 서로 대립하는 관점이 만나 논쟁을 벌이는데, 이 논쟁들은 이러한 대결이 생산적임을 보여 준다.

아렌트Hanna Arendt〔1906~1975. 독일 태생의 유대 철학자〕는 이러한 아곤agon〔'갈등'을 뜻하는 그리스어로 그리스 희극에 나오는 주요 인물의 갈등과 언쟁을 뜻한다.〕의 생산력을 격찬했다. 국제 관계에서 적대감의 효과를 주시했던 사람들은 안다. 적대감이 적대자들 사이에 내분을 조장하고, 전쟁 관련 산업의 생산성을 촉진하며, 그 결과 특정 연구 분야가 활성화된다는 것을 말이다. 나를 비롯한 비교문화 연구자들은 무역이나 제조업 분야에서 대립이 갖는 생산적 효과를 알고 있다. 대립이 갖는 생산적 효과는 정의正義 체계가 서로 적대적일 때, 그리고 상대적으로 언론 활동에 제약이 없을 때, 마지막으로 선거 과정에 뛰어들었을 때 잘 드러난다.

이처럼 대립이 갖는 생산력이 널리 알려져 있음에도 불구하고, 제도적 측면에서나 실제적 측면에서 대립은 여전히 지나치게 파괴적인 것으로만 묘사되고 있는 실정이다. 우리는 학계에서나 정치계에서 갈등이 해소되기를 촉구한다. 그러나 "대립은 생산적"이라는 테제는 이런 식의 권고에는 오해의 소지가 있음을 주장한다.

우리는 갈등의 제거를 원해서는 안 되며, 갈등의 조직화와 활용을 바라야 한다. 우리는 학문에서 해답과 해결, 종결을 찾고자 해서는 안 되며, 질문과 쟁점, 그리고 새로운 탐구 분야를 발견해야 한다. 우리는 정치학에서 닮은 점과 동의할 점만을 찾아 안정을 꾀해서는 안 되며, 차이를 확인하고 유지하여 논쟁을 촉진하고, 경우에 따라서는 변화와 재구성, 그리고 혁명을 구해야만 한다.

42 결핍에 의한 추진력, 그것은 생산적이다

"대립은 생산적"이라는 테제의 원조가 헤겔이라면, 이번 테제는 헤겔을 잡아먹는 식인 아들, 자크 라캉이 그 원조이다.

변증법 모델을 따라 작업하며 라캉은 수많은 관계들이 결핍과 욕망을 둘러싸고 구조화되어 있다는 사실을 알아냈다. 어떤 사람에게는 소유인 것이 다른 사람에게는 결핍이고, 어떤 사람에게는 현존인 것이 다른 사람에게는 결여이다. 이러한 경제학이 사람들을 구속하고 있지만, 라캉의 연구에 따르면, 이 또한 생산적이다.

결핍은 욕망을 생산한다. 결핍과 결여에 대한 의식이 그 결핍을 치유하려는 욕망을 낳는다. 하지만 무엇이 그 결핍을 치유할 것인지를 알아내기도 전에 결핍은 인식될 수 있다. 음식을 알아보기도 전에, 또는 그 음식의 공급 방식을 알아내기도 전에 배고픔이 느껴질 수 있다. 그러므로 결핍은 추상적인 상태에서, 그러니까 그 대상에 접근할 방법을 전혀 모르는 상태에서도 욕망을 생산할 수 있다고 추정할 수 있다. 이러한 욕망은 비록 결핍을 채워 주지는 못하더라도 제 딴에는 만족을 줄 것으로 추정되는 대상에 매여 있을 수 있다.

애초에 라캉의 이론이 사회과학에 도입된 것은 그의 연구가 정체성의 발생과 구조에 대한 통찰을 제공하기 때문이었다. 하지만 결핍의 추진력은 사방에서 목격된다. 필수적 상품의 결핍은 상품의 교역을 낳고, 대체물의 발전을 가져오며, 정치적 관계를 수립하거나 바꾸어 놓고, 탐구를 추진하고, 산업을 촉진시킨다.

이번 테제와 관련한 중요한 귀결은 마르크스가 제공한다. 결핍은 채워지지 않은 필요에 대한 인식이며, 마르크스가 깨달은 것처럼 필요는 날조될 수 있다. 마르크스가 새로운 필요를 창출하는 부르주아의 능력을 칭찬했을 때, 그는 결핍이라는 동력을 이용하는 부르주아의 방법을 알고 있었다. 새로운 필요가 새로운 산업을, 새로운 교역 통로를, 새로운 거래를, 그리고 이처럼 거대한 경제적 팽창과 더불어 찾아오는 모든 것을 산출했던 것이다.

"결핍에 의한 추진력은 생산적"이라는 테제는 우리가 추구해야 할 것은 필요의 충족이나 감소뿐만 아니라 필요의 확장과 신장이기도 하다는 사실을 연구자(그리고 아마도 정책 발의자)들에게 각인시킨다.

43 권력은 권력이 미치지 못하는 곳에서 나온다

앞선 두 테제에서 그 창시자들(헤겔과 라캉)을 언급했는데, 이번 테제에도 창시자가 있다. 『역사서설*Muqaddimah*』의 저자 이븐 할둔은 권력이 중심에서 나오지 않고 주변에서 생성된다는 점을 알았다.■

주변부에 거주하는 가난한 백성들은 국가가 제 고객에게 제공하는 보호와 방어의 혜택을 받지 못하기 때문에 어쩔 수 없이 연합하여 독자적으로 될 수밖에 없다. 그들 자신 이외에는 의지할 사람이 없는 그들은 강렬한 연대감(이븐 할둔의 표현으로는 'asabiyya')과 연대적 실천으로 고취된다.

이 내용은 신화적 구조와 상당히 일치하는데도 불구하고, 이븐 할둔의 테제에는 낭만적인 구석이 하나도 없다. 오히려 꽤

■ Ibn Khaldun, *Muqaddimah*, trans. Franz Rosenthal(Princeton, N. J. : Princeton University Press, 1967). 'Muqaddimah'는 서설 혹은 서론을 뜻하는 아라비아 말이다. 이븐 할둔의 『역사서설』은 헤겔의 저서처럼 역사적 변화에 대한 철학적 통찰을 담고 있다.

나 기계적으로 들린다. 주변인들의 권력 쟁취를 가능케 하는 자질은 권력의 외부에서 그들이 견뎌 낸 조건에 비례하여 발전한다. 이러한 연대감(혹은 일반적인 번역어로 '단체 감정')과 강인함의 자질은 주변인을 강력하게 만들어, 결국에는 국가를 강탈하게 만든다.

이븐 할둔의 논증은 또한 권력이란 이해관계처럼 추상적인 것에는 현재하지 않는다는 암시를 던진다. 오히려 "무엇을 행하는 권력", "무엇을 위한 권력", "무엇으로서의 권력"이 있을 따름이다. 즉, 판결하는 권력, 사형을 집행하는 권력, 죄를 사면해 주는 권력이 있을 뿐이다.

권력의 작동 방식은 각양각색이다. 설득하는 권력은 요구와 질문을 사전에 차단하는 권력, 힘으로 명령하는 권력과 다르다. 국가 공무원이나 관료가 행사하는 권력과 왕족의 왕자가 행사하는 권력은 그 영역이 다르며, 그 영역을 벗어나서는 작동하지 않는다.

"나 아서Arthur는 당신들의 왕이다."라는 말은 무정부주의적 노동조합주의자 연맹 사람들에게 쇠귀에 경 읽기처럼 호소력이 없다.

권력의 작동 방식은

각양각색이다.

설득하는 권력은

힘으로 명령하는 권력과 다르다.

44 가장 효과적인 지배는 내부 지배이다

동물 토템에 관한 프로이트의 "그럴듯한 이야기"가 이번 테제의 근거가 된다. 아버지에 의해 여성들에게 접근하는 걸 차단당한 젊은 형제 집단은 그것에 자극받아 아버지의 규칙에 반기를 들고, 마침내 여성들을 나눠 가졌다는 이야기다. 아들들은 아버지를 살해하고도 분이 풀리지 않아 그 시신을 먹어버리는데, 그러나 그 뒤에도 아버지의 규칙에서 해방되지는 못한다. 아버지의 목소리는 이제 내부에서 들려와서 형제들 각자를 내부로부터 지배한다.[65]

프로이트의 신화는 규칙의 내면화가 지닌 중대한 측면을 포착해 냈다. 외부에서 들어오던 규칙이 이제는 내부에서 지배한다는 것이다. 한때 위력으로 경험했던 규칙이 이제는 물리력 없이도 작동하게 된다. 한때는 다른 사람이 부여하던 규칙이 이제는 자신의 내부에서 발원한다. 마지막으로, 그리고 아마도 가장 중요하게도, 이러한 규칙은 그 원천이 명백히 결정적인 패배를 겪은 다음에도 지속된다.

권위의 내면화가 지닌 이러한 측면에 대한 인식은 탈식민주

의 이론, 인종 이론, 섹슈얼리티 이론을 공부하는 데 필수적이
다. 독립을 했다고 해서, 그것이 식민지적 관계를 표시했던 종
속·복종·착취의 구조를 제거하는 효과를 발휘하는 것은 아
니다. 알베르 멤미Albert Memmi〔튀니지 출신의 프랑스 소설가. 피
식민자들이 겪은 소외의 고통을 묘사했다.〕, 옥타브 마노니Octave
Mannoni〔프랑스의 정신분석학자. 프랑스의 식민지인 마다가스카르에
서 지배자와 원주민의 관계를 연구했다.〕, 에드워드 사이드Edward
W. Said, 호미 바바Homi K. Bhabha, 그리고 여타의 탈식민주의
학자들은 제국의 규칙이 어떻게 내면화되는지, 그리고 그것이
독립 이후에도 명목상의 독립 국가를 어떻게 내부에서부터 지
배하는지를 설명했다.

듀보이스는 이중 의식과 베일 뒷면의 삶에 대해서 썼다. 그의
뒤를 이어서 헨리 루이스 게이츠Henry Louis Gates〔아프리카계 미
국인을 연구하는 하버드 대학 교수〕, 코넬 웨스트Cornel West〔미국의
흑인 철학자. 2002년 하버드 대학 총장과의 불화로 프린스턴 대학으로
옮겨 아프리카계 미국인을 연구하고 있다. 영화 〈매트릭스〉에도 출현
했다.〕, 앤서니 애피아Anthony Appiah〔미국 프린스턴 대학의 철학과
교수. 아프리카계 미국인의 사상을 연구하고 있다.〕, 벨 훅스bell
hooks〔미국의 유명한 흑인 페미니스트 운동가 겸 사상가〕, 토니 모리
슨Toni Morrison〔1993년 노벨문학상을 수상한 미국의 흑인 여성 소설
가〕 등이 아프리카계 미국인에 대한 글을 쓰고 있다.

아프리카계 미국인들은 아직도 인종적 서열 구조에 지배당하
는 망령에 시달리고 있는데, 그 구조가 반복을 통해 너무나도
철저하게 주입되어서 외부에서가 아니라 내부로부터 작동하게
된 것이다.

페미니스트들은 성적인 서열 구조라는 것이 남성이 여성에게

고의적으로 강요해서 작동하는 것이 아니라, 남성과 여성이 똑같이 성별의 질서를 유지하는 데 무의식적으로 공모하도록 만들어진 내적인 규준·기대·욕망·염원 등을 통해서 작동한다는 사실을 알고 있다.

프로이트의 신화는

규칙의 내면화가 지닌 중대한 측면을 포착해 냈다.

외부에서 들어오던 규칙이 이제는

내부에서 지배한다는 것이다.

다른 사람이 부여하던 규칙이

이제는

자신의 내부에서 발원한다.

45 규칙은 눈에 보이지 않지만 피할 수 없을 때 가장 효과적이다

국가들 간의 정치에서 작용하는 헤게모니를 분석하는 저자들은 흔히 특정 단일 국가의 군사적·경제적 지배를 언급한다. 20세기 후반에는 미국이 이러한 헤게모니 역할로 주목받았다. 이러한 형태의 헤게모니는 너무나도 막강해서 거의 사용조차 할 수 없는 커다란 무기를 휘두르는 것과 같다. 이런 권력은 분명 저항을 일으킬 것이고, 평탄치도 않으며 확실하지도 않게 된다.

그리고 다른 형태의 헤게모니가 있다. 이것은 모르긴 몰라도 국가 간에 작용하는 정치적 헤게모니보다 더욱 효과적이고 더욱 빨리 퍼진다. 이 헤게모니는 거대하지도 않고 눈에 띄지도 않는다. 제국의 권력이 (훨씬 이전이 아니라) 17세기와 18세기에 배운 것이 있다면, 권력을 유지하려면 보여 줄 수 있는 것이 아니라 자기를 보여 줄 필요가 없는 것에 의존해야 한다는 점이었다.

제국의 규칙은 무장 군인에게 복종하는 행위가 아니라 과거 순종하던 습관으로 보장된다. 이렇게 순종하던 습관이 어떻게 작용하는지는 독립 이후 제국의 권력이 지배해 온 거대하고 눈에 띄는 형식이 제거되고 나면, 특히 실천·습성·생각·억측·욕망의 구축 면에서 더욱 쉽게 인식할 수 있다.

헤게모니를 다룬 고전적 이론들이 다시 읽히면서, 이제 우리는 비가시적 편재 현상에 의존하는 권력의 형식을 발견할 수 있게 되었다.[66] 그람시Antonio Gramsci〔1891~1937〕와 그 추종자들은, 어떤 지배가 불가피한 것처럼 보여서 정치의 범위를 벗어나는 때와 장소에서는 지배가 저항을 불러들일 가능성이 소멸한다는 사실을 알아냈다.

이러한 헤게모니 구조는 생각을 지배하고, 생각의 범주와 욕망, 그리고 욕망의 대상을 지정하는 일까지 지배한다. 그 구조는 자연스러운 것인 양 변장하고 나타나서 마치 주어진 것, 정치 이전의 것, 변경 불가능한 것처럼 이해된다. 이 구조에는 억측이 작용한다. 누군가 원하는 것, 아무도 원하지 않는 것, 당연하게 생각하는 것 등이 그것이다. 당연한 것, 주어진 것, 상식적인 것, 그 외에 침묵하는 것들은 작문作文에서 음성적 공간negative space으로 작동한다. 그것들은 처음에는 아무것도 써 있지 않은 버려진 공간처럼 보이지만, 주의해서 고찰해 보면 글자로 가득 채워진 공간처럼 전체 글의 구성에 기여하고 있음이 드러난다.

이런 사실을 알게 되면, 일상생활에서 정치적 주체를 지배하는 관습과 구조들 속에서 작동하는 권력을 발견할 수 있다. 당연한 것에 질문을 던지는 행위, 곧 "관습이 자명하게 만든 것들에 대해 질문을 던지는 것"[67]을 베버Max Weber〔1864~1920〕는 윤리적 정언명령定言命令이라고 했다. 이보다 더 오래된 정언명령이 "시험해 보지 않은 삶은 살 가치가 없다."는 말이다.

지난 20세기에는 당연하게 받아들여지던 많은 것들이 의문에 부쳐졌는데, 예컨대 인종이 물리적이고 생리적인 문제라는 생각, 남성성과 여성성이 자연적이라는 생각, 권력에는 중심이 있으며 그 중심은 국가라는 생각, 꿈은 단순히 무의미한 환상에 불과하다는 생각 등이 대표적이다. 이러한 생각들이 더는 당연한 것이 아니게 되자, 탐구의 전 영역이 개방되며 새로운 학문 분야가 출현했다. 그 결과, 만약 우리가 다른 사물을 당연한 것으로 받아들이는 자신을 발견하게 된다 할지라도, 우리는 오래된 확신에 대한 혐의를 걷어 내고 새로운 사실을 잠재적 먹잇감으로 여기는 데 익숙해졌다.

헤게모니 가운데서 가장 강력하고도 흔한 형식은 언어에서 발견된다. 우리가 당연하게 받아들이는 것, 소망해야만 할 것 같은 것, 욕망하지 않을 수 없는 것 등의 구성이 언어를 통해서 나도 모르게 원활히 완성된다. 이러한 관습적 욕망들은 우리에게 부과되는 것이 아니라 자연스럽고 불가피한 것으로 나타난다. 그것들은 마치 우리 자신의 모습인 것처럼 보인다.

남성성과 여성성이 자연적인가?
당연한 것에 질문을 던지는 행위,
이를 베버는 '윤리적 정언명령'
이라고 했다.

46 지배는 감각을 통해서 이루어진다

　　지배는 형식적 관계도 아니고 추상적 개념도 아니다. 비단 국민만이 아니라 남성과 여성 위에서도 작동할 정도로 지배는 친밀하다. 이처럼 지배라는 것은 전쟁터와 법정만이 아니라 공장, 상점, 행랑채, 들판, 침실 등지에서 두루 작동한다. 도로 정비와 상수도관 매설, 전기 및 관개 설비, 교도소, 공장, 학교 등의 신축 등으로 작동한다는 점에서 지배는 물질적이다. 다시 말해서 지배는 감각적 현상이다.

　　가장 장엄한 형식과 가장 친밀한 형식에서 작동하는 지배를 연구할 때는 감각이 실제적 안내자 노릇을 한다. 감각을 하나 하나 살펴보다 보면, 학자들이 너무 자주 무시했던 지배의 양상과 방식이 하나 둘씩 모습을 드러난다.

　　시각은 지배의 형식으로 가장 널리 알려진 감각기관이다. 베일로 얼굴을 가리는 관습에 대한 연구는, 비록 곧잘 불쾌감과 오해를 불러일으켰지만, 시각적 질서의 작동은 물론이고 여성의 종속과 자유에 미치는 경제적 고려의 작용 등을 인식하게 했다. 베일에 대해서도 우리는 그것이 공적 영역에서 여성을 배제하는 것으로, 혹은 여성의 진출을 허용하는 것으로 볼 수도 있고, 또한 여성을 성적인 존재로 구성하는 것으로, 여성을 섹슈얼리티 담론에서 구해 내는 것으로 볼 수도 있다. 어찌됐든지 간에 이러한 베일 논쟁이 시각의 층위에서 작동하는 정치학의 한 사례라는 점만은 부인할 수 없다.[68]

이러한 연구 경향은 식민지 연구와 탈식민지 연구에서 가장 효과적으로 찾아볼 수 있다. 프랑스 국기에 경례하는 흑인 병사의 사진을 읽어 낸 롤랑 바르트의 독해는 기호학의 역사에서 보면 아이콘에 관련된 일종의 일화이다.

말렉 알룰라(Malek Alloula〔1937~. 알제리 태생의 시인이자 문학자〕는 피식민지 여성의 모습이 담긴 프랑스의 에로틱한(더 정확하게는 외설적인) 엽서가 성적인 지배와 식민지 지배 사이의 상호 관계가 어떻게 가시적으로 표현되는지, 그리고 식민 지배자와 식민지와의 관계를 어떻게 에로틱한 것으로 만드는지를 보여 주었다.[69]

식민지를 찍은 사진은 현지로 여행할 수 없는 가난한 제국의 신민들에게 소유와 지배의 시각적 쾌감에 접근하게 만들어 주었다. 사진을 통해서 요크셔의 광부나 맨체스터의 무역상도 거대 제국의 모든 기념비를 보고 즐길 수 있었으며, 피식민지인의 가장 친밀한 공간(그들의 사원, 가정집, 신체)에까지 접근할 수 있었다.

이처럼 사진, 회화, 기타 제국의 시각적 재현은 제국의 지배에 참여해서 향유할 수 있는 범위를 확장했으며, 종종 돈이 많이 드는 불법적인 제국의 사업을 도울 정치적 후원자를 모아들였다. 여기서 누가 그리고 무엇이 보이는지, 무엇을 보아야 하는지, 무엇은 볼 수 없는지, 누가 볼 수 있는지, 누가 이러한

볼거리를 볼 수 없는지 등등의 질문들은 광대한 탐구 분야를 개척하며 은폐된 관계를 드러낸다.[70]

각각의 감각기관은 지배의 장場과 지배의 도구로 사용된다. 라캉의 말처럼, 귀는 "닫을 수 없는 유일한 구멍"이다. 그래서 소리는 특별히 지배에 적합한 도구가 된다. 이슬람의 범위는 기도자의 외침이 들릴 수 있는 데까지이며, 영미권의 세력이 미치는 범위 또한 영어가 들리는 범위에 달렸다.

다른 맥락에서 보면, 어떤 순간에는 침묵이 보호와 특권을 제공한다. 입맛과 냄새는, 특히 집주인의 입맛과 향수 냄새는 문화적 소통의 경계와 그들의 규범을 알게 해 준다. 감각은 또한 경제력의 규모를 보여 준다. 무엇을 먹는지, 어디에서 볼일을 보는지, 물은 마시는지, 청소는 할 수 있는지 등등 이런 질문은 지배를 가정으로 끌어들인다.

피식민지 여성의 모습이 담긴
에로틱한 엽서는
성적인 지배와 식민 지배 사이의 관계가
어떻게 둘의 관계를 에로틱한 것으로
만드는지를 보여 준다.

47 금지는 제도와 저항을 낳는다
금지는 정체성을 호명한다

이번 테제는 앞선 **42, 43, 44, 45**번의 테제들에서 지속된 일련의 사고에서 또 다른 것을 취해서 정체성과 제도의 문제로, 물질적인 것과 특별한 것으로 우리를 데려간다.

이번 테제는 부정의 생산력을 탐색한다. 이전의 테제들은 호명의 다른 방식, 다른 장소를 묘사했다. 여기에서는 이 두 가지 관점이 만나게 된다. 니체는 처벌을 동반하는 몇 가지의 "~하지 말라"는 금지 명령이 어떻게 "약속의 권리가 있는 존재"를 창조해 내는지 고찰했다. 푸코는 범주화와 정상에서의 일탈 금지라는 것이 어떻게 성적인 병리 현상을 만들며, 병원과 법정이라는 제도가 어떻게 거기에 응답하는지를 보여 주었다.

이러한 고착증固着症, 도착증, 질병과 (시간과 장소에 따른) 편애 등의 확인 작업이 게이, 소아애, 발 도착증자, 레즈비언, 색정증 환자 등의 정체성을 만들어 내었다. 마찬가지로 의학적 증후군의 확인은 전문화와 전문가를 만들어 내고, 종종 연구와 자선단체를 조직하게 한다.

어떤 실천이 범죄와 관련이 있다는 것이 확인되면, 그것의

발생과 용법이 확산되고, 법과 학문에서 그에 상응하는 제도가
만들어진다. 실제로는 알려진 지 꽤 오래된 이런 현상 때문에,
국회의원들은 전과자를 유혹하고 순수한 사람을 타락시킨다는
이유로 범죄(특히 흉악 범죄)의 목록을 열거하지 않는다.

부정은 생산적이다.

"하지 말라"는 금지 명령은

"약속의 권리가 있는 존재"를

창조해 낸다.

48 지배 구조는
지배자와 피지배자를,
유리한 사람과 불리한 사람을
모두 속박한다

의도에 반하는 이익이 있겠는가?

특정 계급에 유리한 조정이 이뤄지면 종종 그것은 그 계급의 의식적이고 신중한 작업의 결과로 추정된다. 이러한 추정은 자주 틀렸거나 거의 오해인 경우가 많다. 그러나 오류의 유혹은 매우 강력하다. 그것은 사람들에게 비난받을 기회를 만들어 주고, 비난에 나서는 사람이 그 체제를 바꿀 수 있다고 생각하게 한다.

만약 내가 부당한 특권을 누리고 있다면, 나는 그 특권을 부정할 수 있다. 선량한 (아니, 정확하게는 나쁜) 의식을 가진 백인들은 "인종의 배신자"가 될 것을 요구받는다. 알베르 멤미는 식민지 체제에서 자신이 누린 특권의 부당성을 깨닫고 그 특권을 거절하는 "선량한 식민주의자"의 문제를 다뤘다. 멤미는 이 사람은 그 특권을 거절할 수 없을 것이라고 적었다. 그가 원하건 원치 않건 간에 그에게 주어질 특권은 주어질 것이기 때문이다. 그가 의지할 유일한 방법은 자신에게 특권을 부여하는 그 체제와 구조에서 탈출하는 것뿐이다.[71]

구조는, 최소한의 특권층을 제외한다면, 이익을 받게 될 사람들의 의도에 단순히 응답하는 것이 아니다. 첫째, 이익을 받을 사람들 전체가 즉각적으로 드러나는 것이 아니다. 제도는 명백히 이득을 볼 사람들 말고도 다른 계급의 이익에 봉사하기도 한다. 제국의 구조는 국외 식민주의자의 이익뿐만 아니라 그 국내 정권 및 정치 정당의 이익, 그리고 상업적 · 종교적 이익에도 봉사한다. 둘째, 특수한 의도를 지닌 특정 계급 구성원이 맨 처음 그 구조를 신중하게 조직한다 할지라도, 구조는 그 자체로 구조 당국자들의 의도에서 전적으로 혹은 부분적으로 자율성을 유지하는 뚜렷한 제도적 이익을 획득한다. 구조는 예기치 못한 결과를 낳고, 의도하지 않은 권력을 획득한다.

이 경우 헤게모니를 거머쥔 지배 구조가 더욱 흥미롭다. 너무도 당연해서 질문의 여지가 없는 것에서, 즉 자연적 소여所與처럼 보이는 것에서 자신을 나타내는 지배 구조는, 강제력이 너무도 강력해서 피지배자뿐 아니라 지배자 위에서도 작동한다.

섹슈얼리티 문제를 생각해 보자. 가부장 구조, 혹은 여성보다 남성을 선호하는 다른 제도들은 여성뿐 아니라 남성에게도 강제력을 행사한다. 남성은 남성적 정체성을 강제하는 강력한 모델에 자신을 일치시킬 수밖에 없으며, 이에 따라 특권 못지 않은 의무와 책임을 부여받는다.

이성애가 특권적인 장소에서도 똑같은 강제력이 적용된다. 이성애는 특권을 인정받지만, 그렇다고 해서 강제력이 없는 것은 아니다. 이성애자들은 그들의 특권적 지위를 한정하는 금지와 명령에 얽매여 있다. 그들은 특정한 행동 방식을 요청받으며, 일탈할 경우에는 그에 상응하는 처벌을 받는다.

49 정복된 것은 잔류한다

정치에서 패배는 필수적이다. 정치판에서는 어떤 사람은 승리하고 어떤 사람은 패배한다. 어떤 사람은 번성하고 어떤 사람은 쇠퇴한다. 승리와 패배가 여러 운동을 잠재운다. 승리한 운동은 상대방과 자기 자신을 동시에 정복하고 제도가 되거나 당연하게 받아들여지는 관습의 일부가 된다. 패배는 패배한 쪽의 운동을 잠재운다. 더 일상적인 의미에서, 정치판에서 그것을 사라지게 만든다.

모든 사회에는 여러 직업과 정체성, 제도, 실천, 언어, 의식이 있지만, 그것들은 시간의 효과와 변경된 조건에 희생된다. 이번 테제는 이처럼 정복되었으나 잔류하는 것들을 이야기한다. 그것들은 기록을 통해 그리고 기억 속에 머물러 있다. 왜냐하면 과거를 보존하는 그것이 현재 속에 있기 때문이다. 과거인 바로 그것은 현재 속에 머물러 있다. 과거는 한때 존재했고, 다시 존재할지도 모르는 것으로 현재한다. 혹은 한때 존재하지 않았지만, 존재했을지도 모르는 것으로서 현재한다. 한때 패배한 것은 대안을 제시하기 위해 잔존한다.

　그것은 비록 희미하고 믿을 수 없는 모습이지만, 변경된 형식에서 다시 채택될 수도 있다. 패배한 운동은 그것이 정복되었기 때문에 잔류한다. 정복한 것은 패배한 것을 보존한다. 왜냐하면 승리의 기억, 그리고 승자의 정체성은 정복된 것에 의존하기 때문이다.

정복된 것들은 기록을 통해
그리고 기억 속에 머물러 있다.
정복한 것은 패배한 것을 보존한다.
왜냐하면 승리의 기억, 그리고 승자의 정체성은
정복된 것에 의존하기 때문이다.

50 어떤 것도 자기 시대를 앞질러 갈 수 없다 수많은 것들이 자기 시대를 앞지르고 있다

어떤 것도 자기 시대를 앞질러 갈 수 없다는 마르크스의 말은, 전위 개념 혹은 미래에서 찾아온 사자使者라고 하는 "위인" 개념에 대해서, 그리고 마땅치 않지만 의심할 바 없는 현재를 미래 속으로 밀어 넣는다는 혁명 혹은 개혁에 대해서 사람들이 품는 순진한 생각을 교정하게 만든다.

우리는 모두 현재 속에 현존한다. 과거와 미래는 오직 거기에서, 즉 현재 속에서만 현재할 뿐이다. 변화의 힘을 포함한 모든 힘은 새것에서 나오는 것이 아니다. 그것은 특정한 문화적 형성물, 즉 제도와 사회구조, 기타 조건들, 체제와 힘들에서, 그 모든 것과 관련되어 발생한다.

하지만 또 다른 의미에서 수많은 것들이 제 시대를 앞지르고 있다. 어떤 사람 혹은 그의 행위, 말 한 마디나 한 사건의 의미는 그것이 실행되고 언급되는 그 순간에 모두 해명되지 않는다. 그것들은 처음 발생한 그 상황에서 벗어나 있다. 헌법, 반식민주의 선언, 민족주의 서사는 국가와 시민을 상상하고 창조해내는데, 이때 국가와 시민은 창조를 위한 투쟁의 현장이 된다.

입법, 규정, 규범 및 금지 등의 정책은 그것을 추종하는 정책과 실천, 행동에 영향을 준다. 정치적 업적은 현재만이 아니라 미래의 증인으로, 그 안에서 산 자와 죽은 자가 모두 제 의지를 펼쳐 보이게 된다. 이런 업적은 자신을 앞질러서, 전혀 의도하지 않고 예측할 수도 없었던 결과를 낳는다. 이런 견지에서 어떤 것들은 제 시대를 앞질러 간다.

"어떤 것도 자기 시대를 앞질러 갈 수 없다."

우리는 모두 현재 속에 현존한다.

51 사실은 스스로 말하지 않는다

사실은 스스로 말하지 않는다. 사실은 특정한 방법이 지닌 가치와 유용성을 위해서 말한다. 사실들이 발화로, 문서로, 진술서로, 학술 논문으로, 통속적 논증으로 정리되는 순간, 그 사실들은 그것을 정리한 저자를 위해서 말하기 시작한다. 사실은 정치적 맥락 안에서 말한다. 여기에서 사실은 어떤 자는 보호하고 다른 자는 위험에 빠뜨리는 일에 사용된다.

막스 베버는 특히 "사실로 하여금 스스로 말하게 하기" 전략을 경멸했다. 그가 보기에 이 전략은 의회 연설에서 "아주 합법적으로 자신들의 목적을 달성하는" 수사학적 장치로 애용된다. 그래서 학자들의 입장에서 사실들이 스스로 말하게 하는 것처럼 가장假裝하는 것은 "모든 악습 중에서 가장 혐오스러운 짓"이다.[72]

베버가 이렇게 말한 목적은, 중립적인 제시를 명목으로 그 속에 가치 평가를 숨기려고 하는 교활한 자들을 비판하기 위한 것이었다. 가치판단은 언제나 이미 사실 속에 제시되어 있다. 사실들은 만들어진다. 사실들은 특정한 연구 방법으로 생산된 작품들이다. 사실들은 구성되어 있으며, 굳이 이런 표현을 쓴다면, 특정한 분석적 서사 속에 나타날 수 있게 선택된 것들이다. 그것은 연구자들이 특정한 목적을 위해 정돈한 것들이다. 그것들은 수사학적으로 논쟁에 봉사한다는 목적의 서사 속에서 나타난다.

이것이 가장 명백히 드러나는 분야가 사법 체제이다. 법 체제에서는 사실의 발견이 일상 언어적 의미에서 "무엇이 일어났다"가 아니라, 법과 판결의 관습과 결부되어 이해된다. 이 밖에도 어떤 분석에서 부각시킬 사실의 선택은 지엽적 분과학문의 관습에 좌우되며, (우리가 잊지 말아야 할 것은) 결정적이진 않더라도 정치적 고려의 영향을 받을 수 있다는 것이다.

법 체제에서는 사실의 발견이
법과 판결의 관습과 결부되어 이해된다.
사실은 특정 방법이 지닌
가치와 유용성을 위해서 말한다.

52 사실은 만들어진다

사실을 뜻하는 영어 단어 'fact'는 라틴어 'factum', 즉 '행해진 것'에서 나왔다.[73]

사실은 행해지고, 만들어진다. 사실을 "발견했다"는 것으로 자신을 과시하는 학자들조차 사실이 모종의 작업의 결과임을 알고 있다. 이 과정이 "발굴"이건 "조립"이건, "재료를 이용한 술책"이건, 혹은 "데이터를 짜 맞춘 것"이건, "채굴"이건, "잠수해서 진주 찾기"이건, 그것은 '제작'이라는 노동의 형식이다. 역사의 재료로서 등장하는 사실이라는 것도 그 자체가 역사가의 작품, 즉 구성체이다.[74]

사실들은 언어를 통해 존재하게 된다. 그러나 그 사실들이 지시하는, 혹은 그 사실들이 도출되는 물리적 환경은 그 사실들을 포착했노라고 주장하는 명칭, 구문, 묘사로 전부 해명되는 것은 아니다. 그 사실들은 결코 모든 것을 해명할 수 없는 특수자에 속해 있다. 학문적으로 미래를 내다보는 눈을 가진 사람이라면, 다의적이고 논쟁적이지만 또 그만큼 정확한 읽기, 즉 "사실들은 행위의 결과"라는 명제를 발전시킬 수 있을 것이다.

53 사실은 그것을 생산한 연구 방법의 작품이다

이번 테제는 〔앞선 16번 테제 "문화는 관찰 가능한 개념이다"에서 논의한〕킹, 코헤인, 버바 세 사람이 만들어 낸 의견, 즉, "내용은 방법"이라는 진술과 관련이 있다. 그들은 이 원칙을 인용하면서도 그 말의 함의를 충분히 인식하지 못했다. 그들은 이렇게 말한다. "과학적 연구는 제 타당성을 위해 의존하는 추론의 규칙을 고수한다."(이것은 푸코가 말한 "진리의 체제truth regime"〔모든 사회에는 특정 사실을 진리로 기능하게 하는 그 나름의 담론 양식과 메커니즘이 있다는 입장〕의 지엽적 사례이다.)

과학은 연구 대상이나 연구의 결과뿐 아니라 그 규칙들만을 단독으로 지시하기도 한다. 킹 등은 만족스럽다는 듯 19세기 찬가를 인용한다. "과학의 영역에는 한계가 없고, 그 재료는 무궁무진하다. 모든 종류의 자연현상, 온갖 측면의 사회적 생활, 모든 단계의 과거 혹은 현재적 발전이 전부 과학의 재료이다. 모든 과학의 통일성은 오로지 방법에 있는 것이지, 그 재료에 있는 것이 아니다."[75]

여기서 과학은 어떠한 재료에도 영향력을 행사할 수 있는 보편적 도구로 표현된다. 도구는 인간적 구성의 산물이면서, 인간에게서 독립하여 바깥에 있는 물질이다. 하지만 앞서 인용한 구절을 다른 방식으로 읽을 수 있다는 것이 증명된다.

과학의 작용이 가해진 재료는 이미 과학으로 명명되고, 분류되고, 특징지어진 것이다. 재료는 표면적으로 주어진 것처럼 보이지만, 이미 과학에 의해서 모양이 정해진 것이다. 과학이 작용하는 영역은 이미 자연적인 것과 사회적인 것으로 나뉘어 있으며, 그것은 이미 역사적 산물이다. 과학은 항상 그 대상과 결합되어 있다. 진정 그 대상들의 범위에 한계가 없다 할지라도, 그것들은 과학적 기획과 분리될 수 없다.

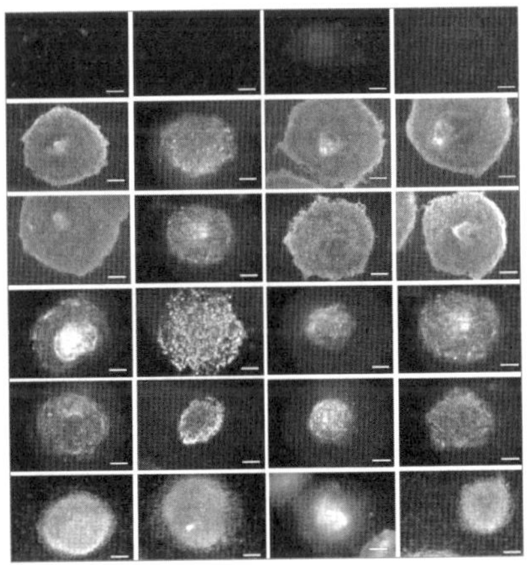

"과학의 영역에는 한계가 없다?"
과학이 작용하는 영역은
자연적인 것과 사회적인 것으로 나뉜다.
과학의 대상은 과학적 기획과 분리될 수 없다.

54 중립적 방법은 없다

주체와 마찬가지로 방법들도 문화 속에서 형성된다. 방법은 그 문화의 표식을 지니고 있다. 의미는 언어적 차원과 정치적 차원의 그물망 속에서 구성된다. 유의미한 행위는 이러한 그물망 속에서, 그것과 관계하여 일어난다. 방법은, 유의미한 행위로 여겨지기 위해서, 그리고 유의미한 작품을 산출하고자, 이러한 그물망 속에서 항상 제한되어 있는 편협한 지시 체계에 의존한다. 따라서 방법은 언제나 특정한 진리 체계와 결부되어 있는 것이다.

방법은 가설의 지배를 받는다. 합리적 선택 방법들은 (보통은 상대적인 것 이상의) 자율성으로 움직이는 합리적 주체를 가정한다. 그 방법들은 자신들이 전제하는 합리성으로 일관된 설명을 제시한다. 국제 관계 연구에서 현실주의자의 설명이 가정하는 국가는, 해당 국가 체계에서 대표자를 두어 활동할 수 있는 국가, 흔들림 없이 일관되게 생존을 위해 힘의 상대성을 유지하는 데 초점을 맞춘 국가이다. 마르크스주의자들은 경제적인 것의 우월성을 가정하며, 해석학자들은 의미의 현재를 가정한다.

하지만 주어진 방법이 만들어 놓은 가정들이 아무리 정당하고 옳다 할지라도, 그 가정들이 중립적인 것은 아니다.

방법은 제도의 범위 안에서 고안되고 채택된다. 제도는 특정한 정치경제학의 일부이다. 제도는 개인적인 기부, 재단 보조금, 사적인 혹은 공적인 기증, 공공 연구 기금, 기타 다양한 수단으로 재원을 확보한다. 어떤 방법이 발전되고, 어떤 방법이 채택되는지는 이러한 재원의 출처와 직접 관련되어 있다.

포드 재단이나 사회과학연구협의회SSRC(Social Science Research Council)〔미국에 있는 비영리 사회과학 연구 단체〕가 지역학 연구를 죽이고 다국적 연구를 살리기로 작정한다면, 그것은 명백히 연구 의제를 공표하는 행위이며, 그들이 돈을 대 주고 있는 학자들의 연구에 영향력을 행사하려는 시도이다. 대학의 연구에 합법적으로 개입하는 이러한 시도는 제도적 수준에서 방법론적 중립성을 거스르는 것이다. 개인들이 그 금전적 보상에 응할 때만 이러한 시도가 성공하는데, 그 보상은 던져질 질문과 연구할 주제, 사용할 방법의 선택에 영향을 미친다.

방법론적 중립성에 역행하여 작동하는 세력은 다양하다. 그것은 연구를 정치적으로 다루려는 신중한 시도에서부터 차별적 기금에 따른 미묘하고 의도하지 않은 결과에 이르기까지, 그리고 제도적 보상 체계에서부터 연구자의 윤리적이고 정치적인 의무감에 이르기까지 다양하게 걸쳐 있다. 연구자들은 물질적 동기만큼이나 이념에 휘둘린다. 그들은 이익뿐만 아니라 의무도 고려하며 움직인다.

55 중립적 (과)학자는 없다

학자, 과학자, 학생들은 다른 주체와 마찬가지로 문화 속에서 형성된 주체들이다. 이러한 문화적 맥락에서 그들은 특정한 성별, 인종, 연령대에 속해 있다. 그들은 제 계급과 지역적 정체성, 그리고 직업에 필요한 필요조건을 결정하는 의미의 그물망 안에 위치해 있다.

그들은 언어, 문화, 정치의 안쪽에 있다. 그들 각자는 특정한 위치를 차지하고, 그 위치에 뒤따라 나오는 특별한 관점을 소유한다. 특정한 위치와 관점이라는 두 가지 의미에서 그들의 모든 것은 편파적일 수밖에 없다. 이러한 편파성, 그리고 각자 지닌 관점의 특수성은 관찰하기에 용이한 어떤 현상을 만들어 내고 다른 것들은 배제한다. 이것이 위치의 유리한 지점이고, 위치의 한계이기도 하다. 이 지점에서 정치, 역사, 종교, 우정, 친족 관계 등 해당 위치의 의무감과 충동, 열정 등이 발견된다.

학자, 과학자, 학생들은 강제와 욕망, 필요와 의무의 복합체 안에 매여 있다. 생계비를 마련해야 할 필요성과 관심을 얻고자 하는 욕망은 연구의 어떤 측면은 유익하고 매력적으로 만들

고, 다른 측면은 배제한다. 학자, 과학자, 학생들이 서 있는 위
치에도 유리한 지점과 한계가 있는 것이다. 보고, 배우고, 가르
치고, 침묵하는 것을 들리게 하고, 숨겨진 것을 보이게 하는 것
은 하나의 충동이며, 의무이자, 사명이고 열정이다.

그렇다면 윤리적 중립성이라는 낡은 이념을 어떻게 생각해야
할까? 베버가 윤리적 중립성에 대한 글을 쓰는 동안, 교수들은
"아무런 통제도 없고, 토론으로 제지받지도 않으며, 모순에 빠
질 일이 없는, 정치적으로 특별히 허가된 강의실에서" 강의하고
있었다.[76] 지금은 조건이 달라졌으며, 그 점에서는 더욱 안전하
다. 그러나 우리는〔넓은 의미에서 연구자들은〕국가와 제도, 대중
적 편견과 대학의 특권이 강의·논문·연구 등에 부과하는 제
약에서 보호받지 못한다. 우리는 이처럼 제약적인 (더구나 선동
적인) 구조를 의식해야만 한다.

연구자는 어디서든 당연한 것으로 간주되는 것을 인식해야
하며, 침묵으로 발화를 지배하는 또 다른 명령을 알아채야만
한다. 연구자는 말로 모든 것이 표현된 곳에서조차 들리는 것
이 전부가 아니라는 점, 어떤 사람은 환심을 사려고 말하고, 어
떤 사람은 용기를 주려고 말한다는 점, 그리고 용감하다는 것
이 언제나 올바른 것은 아니라는 사실을 명심해야 한다.

56 책은
표면적으로 다뤄지는 대상뿐 아니라
그 저자와 맥락까지도
동시에 말해 준다

어떠한 연구도, 어떠한 연구자도 중립적이지 못하다는 인식은 종종 좌절감 때문에 연구 결과물을 무효화하는 폭로의 형식으로 받아들여진다. 이는 편파성이라는 것이 그 저작을 쓸모없는 것 혹은 비논리적인 것으로 만들어 버린다는 잘못된 믿음에서 나온 행동이다.

「연방주의자 선언문Federalist Papers」〔미국 헌법의 비준을 촉구하는 85꼭지의 논설로 이 중 77꼭지가 1787~88년 잡지에 연재되었다. 독립선언문과 함께 미 헌법을 해석할 때 인용하는 가장 권위 있는 문헌이다.〕, 마르크스의 글 등 논쟁을 촉발하는 가치 있는 문헌을 접해 본 사람이라면 틀림없이 이러한 억측에 면역력이 있을 것이다.

편파성, 혹은 버크Edmund Burke〔1729~1797. 영국의 정치사상가〕가 즐겨 사용했던 용어로 '편견'이라는 것이 해당 저작의 가치를 반드시 떨어뜨리는 것은 아니다. 대상에 대한 친숙함과 경험, 애정은 보이는 것의 한계를 만들어 주며, 또한 가려져서 미처 눈치 채지 못한 것을 그대로 보존하여 보여 준다. 논쟁을 하겠다는 열정이 있어야만 탐구와 논증의 욕구가 생겨난다.

논쟁에도 믿을 만한 것이 있고, 믿지 못할 것이 있다. 만약 어떤 책을 어떤 연구 대상이 담긴 것으로만 생각하지 않고 그 책 자체가 연구 대상이라고 생각한다면, 편파성은 지식의 원천에 접근하는 장애물이 아니라 지식의 원천이 될 수 있다.

그런 경우가 잦기 때문에 나는 이런 사고를 무의식적으로 실천했으며, 이를 일종의 도전으로 받아들였다. 어떤 서평 작가가 조지 밴크로프트George Bancroft〔1800~1891. '미국 역사학의 아버지'로 불리는 사학자이자 정치가〕의 『미국사History of the United States』에 대한 서평을 쓰며 그 책 자체보다는 나의 서평을 언급하며 나를 비난한 적이 있다. 《남부 지역 문예통신Southern Literary Messenger》에 실린) 그 서평에서 나는 정체성 문제를 상세하게 언급하며, 남부 지역 및 미국에서 남부 지역이 차지하는 위상을 바라보는 밴크로프트의 시각을 비난했다. 밴크로프트의 책은 남부 지역민이 남부의 정체성에 대해 품고 있는 생각을 확인할 만한 증거를 제공하지 못했기 때문이다. 이 서평은 특별히 남부 지역 작가가 남부 지역민을 대상으로 남부 지역의 정체성에 대해 쓴 것이었다. 나의 비판은 밴크로프트의 책을 "일차" 또는 "이차" 자료로만 여기고, 그 책의 맥락과 상관없이 그 범주에만 머물렀다는 점에서 잘못이 있었다. 이처럼 하나의 책이 제공하는 증거의 유형이나 가치를 결정하는 것은 그 책이 아니라 그 책에 관계하는 방식인 것이다.

한 권의 책은 그것이 표면적으로 다루는 대상뿐 아니라 그 저자와 맥락까지도 동시에 말해 주기 때문에, 설사 그 책이 오류투성이거나 거짓말로 꾸며진 것이라 할지라도 연구자에게는 훌륭한 가치를 지닐 수 있다. 이와 관련하여 두 가지 악명 높은 사례, 즉 그리피스D. W. Griffith〔미국 영화의 아버지. 무성영화시절 최고의 감독〕의 영화 〈국가의 탄생Birth of a Nation〉과 『시온 의 정서*The Protocols of the Elders of Zion*』〔일명 '유대인 세계정복 음모론'. 1800년대 반유대주의를 확산시킨 위서僞書〕를 살펴보자.

이 작품들은 표면상 그것들이 말하고 있는 대상만 보면 모두 거짓말을 하고 있다. 하지만 두 작품은 지배의 형식, 억압의 체계, 그리고 하마터면 보지 못했거나 묵과되었을지도 모르는 종속의 담론을 볼 수 있게 해 주었다. 『시온 의정서』는 국제 관계나 유대인의 역사에 대한 증거로는 믿을 수 없는 자료이다. 하지만 반유대주의의 특성 및 그 담론과 관련해서는 매우 귀중한 증거 자료가 된다. 『시온 의정서』는 유대인에게 돌려진 어떤 성질, 그들이 품고 있는 허구적인 역사, 그리고 반유대주의자들의 불안·증오·분노의 복합체를 보여 준다.

〈국가의 탄생〉은 국가의 탄생이나 연대기를 목적으로 하는 재건 또는 "재탈환"에 대한 설명으로는 믿을 만한 자료가 아니다. 하지만 KKK단〔1866년 백인우월주의를 내세우며 결성된 미국의 극우 비밀결사 단체〕 신화나 미국의 인종주의에 얽혀 있는 인종과 성性의 결합 양상을 통찰할 수 있는 기회를 제공한다.[77]

가장 객관적인 자료에서 가장 좋은 증거를 얻을 수 있다고 여기는 것만큼 어리석은 생각은 없다. 실제로 악마화 사례나 인종주의, 종교적 신념, 혁명의 열정을 보여 주는 최선의 증거물은 가장 비객관적인 자료에서 나오는 경우가 드물지 않다. 이런 점에서 『시온 의정서』와 〈국가의 탄생〉은 적절한 사례가 된다.

문화적 저술 혹은 사실상 모든 저작은 여러 가지 방식으로 읽힐 수 있고, 그래야만 한다. 그 주제에 대한 설명으로 읽힐 수도 있고, 그 자체만으로 하나의 유물로 간주될 수도 있다. 하나의 책은 특정한 주제에 대한 책으로도, 그 시대의 책으로도, 그 저자의 책으로도 읽힐 수 있다. 모든 저서는 전혀 다른 질문과 지적인 기획을 전시하고, 그것을 집중 조명한다는 점에서 증거를 제공할 능력이 충분하다.

편파싱이 꼭 해딩 저직의 가치를 떨어뜨리는 깃은 아니다.
논쟁을 하겠다는 열정이 있어야만
탐구와 논증 욕구가 생겨난다.

57 일반 법칙은 없다

사회과학 연구가 뉴턴 물리학의 중력 법칙에 비견되는 일반 법칙의 발견으로 귀결된다는 확신은, 사회과학 연구를 17세기 자연과학에 도입된 모델에 맞추려고 한 노력의 잔재이다. 그런데 아이러니컬하게도 과학적 탐구에서 파생된 사회과학 분야의 담론들은 "일반 법칙"이 곧 "경성과학hard sciences"에만 해당되는 것처럼 이해하는 조잡함을 고수해 왔다. 사회과학자들은 명목상으로만 자신들의 태도와 연구의 질적 특성을 자연과학에서 취하고, 그것을 연마했다.

'법칙'이란 것은 방법이 만들어 낸 다른 결과물과 마찬가지로 문화적으로 특정한 탐구 방식에서, 그리고 문화적으로 특정한 진리 체계에서 도출된다. 보통 이러한 법칙은 제도 속에서 생산되며, 제도로 강화된다. 법칙은 부분적으로 그 유용성이나 할당된 연구 기금의 정도, 국가와 종교, 개인적인 자금 후원, 사회적 관습과 윤리적 규준 등의 제약을 받아 결정된다. 그러므로 법칙이란 것은 특정한 탐구 방식의 결과이자, 그것을 산출한 방법의 작품이다.

따라서 "일반 법칙"에 직면했을 때, 우리는 그것을 이중적 비판에 종속시켜야 한다. 첫째, 그 주장을 보편성에 견주어 검토해야 한다. 둘째, 그 주장을 제출한 연구물의 산출 토대가 된 문화적 구조와 제도, 방법론 체계를 탐구해야 한다.

'법칙'이란 문화적으로
특정한 탐구 방식에서,
문화적으로 특정한 진리 체계에서
도출된다.

58 증거는 없다
증거는 항상 무언가를 위한
무엇의 증거일 뿐이다

정치·문화·인간을 움직이는

이번 테제의 목적은 증거에 대한 요구 혹은 증거에 대한 도전이 기초적인 질문이자 절대적으로 근본적인 질문에 직면한다는 사실을 확증하는 것이다. 무엇을 위한 증거인가? 무엇의 증거인가? 누구를 위한 증거인가? 이러한 질문에 대한 답변이, 필요한 증거의 유형과, 증거를 제공할 만한 출처, 그리고 그 출처에 붙을 가치를 결정한다.

경제적 해석은 경제적 설명을 가정하고 경제적 증거를 찾고자 한다. 여기서 증거로 간주되는 것은 지배적 해석으로 결정된다.■ 경제적 해석을 하는 사람은 경제적 자료를 '들춰 본다'.

■ 스탠리 피쉬〔Stanley Fish〔1938~ . 미국의 문학 이론가〕는 이 문제에 대해서 초창기에 쓴 영향력 있는 글에서 이렇게 적었다. "해석은 그것의 증거로 간주될 것들을 결정한다. 그 증거가 채택될 수 있는 것은 **이미** 그 해석이 그것을 가정하고 있기 때문이다."(Stanley Fish, "Normal Circumstances, Literal Language, Direct Speech Acts, the Ordinary, the Everyday, the Obvious, What Goes Without Saying, and Other Special Cases", in Rabinow and Sullivan, eds., *Interpretive Social Science : A Reader.*)

그 사람은 경제력이 결정적인 역할을 하는 것처럼 보이는 사례를 '찾는다'. 그래서 그러한 사례가 발견되면, 증거가 발견된 것이다. 이 사람이 다른 종류의 자료를 들춰 보는 것은 기대할 수도, 필요할 리도 없다. 이와 반대로 경제력이 결정적인 역할을 하지 못하는 사례를 찾는 경우도 마찬가지다. 매우 실질적인 의미에서 증거는 전제된 이론에 의해서, 그리고 사용된 방법에 의해서 호명된다.

탐구자의 실천은, 설사 그 사람이 학문적 엄밀성이라는 관습적 기준에 양심적으로 밀착해 있다 할지라도, 혹은 바로 그러하기 때문에 그가 찾고 있는 증거를 불러들인다. 이것은 탐구자가 항상 자신이 욕망하는 증거만 찾는다는 뜻이 아니다. 증거는 탐구자의 요구를 거스를 수도 있다. 연구자는 자기 주장을 지탱할 만한 증거가 없음을 발견할 수도 있다. 혹은 그 증거가 다른 사람의 논거를 지탱하고 있음을 발견할 수도 있다. 하지만 어떤 경우라도 그 증거는 이론과 방법이 정해 놓은 영역의 테두리 안에 머물 것이다. 어떤 논거나 설명을 위해 제시된 증거는 그러므로 다른 논거나 설명에 필요한 상당히 좋은 증거가 될 가능성이 있다.

이런 생각만이 어떠한 설명도 다른 모든 설명을 강력하게 배척하지 못한다는 사실을 확인해 준다.

59 도움이 되지 않는 것은 하나도 없다

이번 테제를 더욱 직접적으로 표현하면 이렇다. 도움이 되지 않는 것은 단 하나도 없다.

이런 견해는 자료의 중요도에 대한 결정은 미리 내려질 수 없다는 사실을 연구자에게 충고해 준다. 문서 보관소나 현장에서 연구하는 사람들은 이 사실을 재빠르게 알아차린다. 언젠가 인도 국립 문서보관소에 있는 알와르 지방의 마하라자 자이 싱 **Maharajah Jai Singh**〔1686~1743. 암베르(자이푸르) 왕국의 지배자〕의 민족주의를 연구하려고 델리에 머문 적이 있다. 서점에서 눈에 띄는 책을 고르다가 쿠쉬완트 싱**Khushwant Singh**〔『델리*Delhi*』를 쓴 인도 소설가〕의 유머집 옆에서 세포이 반란을 다룬 중고 만화 세트〔『잔시의 라니』〕를 발견했다. 이 책을 구입한 것은 개인적으로 키치 같은 대중문화에 약간의 흥미가 있었기 때문이기도 하지만, 여러 매체가 혼합된『잔시의 라니*The Rani of Jhansi*』에 실린 삽화를 써먹을 수 있지 않을까 하는 생각 때문이었다. 비록 이 책에서 인도 독립운동과 관련한 역사적으로 값진 대안적 사실을 발견하진 못했지만, 자이 싱이 사리스카에 설립한 호랑이 보호 구역의 정치적 함의에 관심을 갖게 되었다.

　실제로 대부분의 연구자들에게는 이와 같은 경험이 있다. 이런 경험을 단순히 운수가 좋았다거나 좋은 인연이었다고 말할 수는 없다. 이것은 어떠한 문화 유물이든지 거기에는 무궁무진하게 이용할 수 있는 충분한 양의 참조 대상이 있음을 가리키는 사례로 이해해야 한다. 각각의 유물들은 다른 유통 체계와 정치경제학, 욕망의 경제, 담론, 문헌 자료 및 사료, 탐구 경로에 접근하는 길을 터 준다.

　이와 반대되는 주장도 있다. 대부분의 유물 등은 이미 주어진 분석에 어떠한 도움도 주지 못한다는 것이다. 이론적으로나 경험적으로 주어진 유물에서 연구에 유용한 것을 모두 탐구할 만큼 연구 여건이 언제나 좋은 것도 아니다. 우리가 발견해 내는 엄청나게 많은 재료들 가운데는 딱히 유물로서 부적합한 것은 아니지만 접근 불가능한 것이 있음을 알아야 한다. 시간이나 기술의 부족으로, 혹은 정치적 제약 때문에, 심지어 우리가 이미 검토한 재료에서조차 탐구를 방해받는 경우가 적지 않다.

　원칙상 연구에 도움이 되지 않는 것은 필연코 하나도 없다고 하지만, 결과적으로 대부분의 것은 도움을 주지 않는다. 따라서 "도움이 되지 않는 것은 하나도 없다"는 테제는 우리의 이해력과 연구의 한계를 지속적으로 상기하게 만든다.

60 생략된 것, 부재하는 것,
침묵하는 것은
저질러진 것, 현재하는 것,
두드러지는 것 못지않게 중요하다

이번 테제는 부정적인 연구 공간에서 이루어지는 연구 활동에 대한 권고 사항이다.

헤게모니에 관한 연구는 말로 표현된 것뿐만 아니라 말할 수 없는 것, 그리고 물어볼 수 없는 것에 대한 이해를 요구한다. 하위주체에 대한 연구는 부재 속에서 현존을 인지하는 능력과 기술, 참여를 요구한다.

이러한 연구에 무슨 금과옥조 같은 비밀스런 공식이 있는 것은 아니지만, 문서화되지 않은 것과 충분히 문서화되지 못한 것을 연구하는 사람들에게 필요한 내용을 간단히 기술해 볼 수는 있다.

연구하다 보면 문서화되지 않은 것이라도 간접적으로 문서화해야 할 경우가 있다. 그것들의 존재를 가시화하려면 참조 대상과 함축된 의미, 텍스트에서 생략된 것, 그리고 연관 관계로 추정되는 것, 제도가 그 필요성을 만들어 낸 것 등을 잘 알고 있어야 한다. 이러한 노력의 급진적 형태가 가야트리 스피박 **Gayatri Spivak**〔1942~ . 인도 출신의 미국 문화 이론가〕이 쓴 여전히 위압적인 에세이 「하위주체는 말할 수 있는가Can the Subaltern Speak?」에 잘 나타나 있다. 스피박이 던진 이 물음에 대한 대답은 낙관적인 "예"가 아니라 "아니오"인데, 이 질문은 강요된 침묵의 지적·정치적 결과에 대한 충분한 이해를 요구하기 때문이다.[78]

정치적 감시와 종교적 도그마의 지배를 받으며 작성된 연구는, 그것이 대중적인 것이든 권위적인 것이든지 간에 부정적인 연구 공간에서 만들어졌다는 증거가 항상 있다. 그러한 연구에 나오는 인용은 그 자체로 종결된 것이 아니다. 인용을 전후하여 차마 기록할 수 없는 통렬한 비판이 수행되고 있지만, 그것은 텍스트에 흔적을 남기지 않는다. 반항과 저항의 텍스트들은 탄원서 형태보다는 숨겨진 필사본hidden transcripts의 형태로 작성되는 경우가 더 흔하다.

증거는 없다.

항상 무언가를 위한 증거일 뿐.

생략된 것, 부재하는 것도 말한다.

61 묘사에는 분석이 뒤따른다

시어도어 로위[Theodore Lowi〔1931~ . 미국 코넬 대학 교수]는 텍사스에서 개최한 공개강좌에서 학생들에게 연설 투로 다음과 같이 선언했다고 한다. "묘사하고, 묘사하고, 묘사하라. 그러면 여러분은 그것을 설명한 것이다."

로위의 진술이 전적으로 옳은 것은 아니지만, 몇 가지 점에서는 옳다고 본다. 인종기술지ethnographic〔현지 조사를 통해 여러 민족의 사회조직이나 생활양식 전반을 체계적으로 기술한 자료. 보고서 형태의 인류학〕를 자주 접해 본 사람이라면 알 수 있듯이, 분석을 하지 않으면 묘사를 할 수 없다. 묘사 대상을 결정하는 것은 한정된 사건과 풍습, 속성에 대한 인식과 선택을 동반한다. 묘사 방법을 결정하는 것은 그 사건과 풍습, 속성에서 분석에 적합하다고 판단되는 측면을 파악해 낸다.

예를 들어 발리의 닭싸움을 묘사하는 연구자[79]는 닭싸움이 계시적이라고 주장하고 싶을 것이다. 그러한 풍습을 묘사하는 것 자체가 이 풍습의 문화적 중요성을 은근히 주장하는 것이다. 닭싸움에 판돈을 거는 모습을 묘사하는 것은 이 풍습에 경제

질서를 삽입하는 것이다. 이처럼 주어진 절차의 완급을 묘사하는 것은 정상적인 비율을 이미 알고 있거나 미리 세워 두고, 성장률이나 팽창률 등의 비율이 관련 절차를 구성하는 중요한 차원임을 표시하는 것이다.

더 나아가 로위의 권고 사항이 묘사에 꼭 들어맞는 주장이었다고 볼 수도 있다. 특수자는 언제나 자기 자신에게만 증인이 되어 준다. 묘사하라는 명령은 그 특수자의 중요성에 대한 승인이다. 이러한 권고 사항이 주장하는 것처럼, 추측을 통해 결정적 요인을 찾아내는 것만으로는 충분하지 않다. 설명하고자 한다면 반드시 묘사를 멈추지 말아야 한다.

마지막으로, "묘사하고, 묘사하고, 묘사하라"는 반복적인 권고 사항은 특수자의 소진 불가능성을 암시한다. 누군가가 무한정으로 묘사한다 할지라도, 그 현상에 반복적으로 되돌아온다 할지라도, 그것을 모두 설명할 수는 없는 일이다. 이렇게 보면, "묘사하고, 묘사하라, 그러면 여러분은 그것을 설명한 것"이라는 권고 사항은 최종적 설명, 끝장을 보는 설명이 요구됨을 흉내 낸 것이다.■

■ 이번 테제에 대한 최초의 논평에서, 윌리엄 시웰William Sewell〔시카고 대학의 비교문화학과 교수〕은 하나가(더 많을지도 모르지만) 뒤바뀐 것을 발견했다. 이것은 이 테제가 이중화되어 있을지도 모른다는 것을 말해 준다. 묘사는 분석을 동반한다. 분석은 묘사를 동반한다. 부분들의 지정과 관계에 대한 진술은 부분들 및 그것들에 대한 진술 방식에 대한 묘사를 동반한다. 이에 대한 분석은 우리가 이해하고 있는 범주들을 알려 주며, 희미하긴 하지만 범주들을 구성하는 속성에 대한 묘사를 제공한다.

62 어떠한 설명도 종합적일 수는 없다

　　한때, 아직도 특정 지역에서는 그럴지 모르지만, "종합적" 역사 혹은 "명확한" 역사 서술에 대한 갈망이 공공연히 얘기된 적이 있다. 이러한 야망은 선형적線形的 역사관을 가정하며, 역사 서술자가 성실성만 갖춘다면 (운명의 여신이 필요한 자료를 얼마나 파괴당하지 않도록 보호해 주느냐에 달렸지만) 뒤늦게라도 과거 전체를 조망할 수 있는 무대에 오를 수 있다고 믿는다.

　　선형적 역사관에 따르면, 장애물은 반드시 폭로되거나 제거되어야 하겠지만, 원칙상 역사적인 것은 역사 서술자의 뒤에 놓여 있고 결코 변함이 없어야 한다. 발견된 과거는 불변하며 변경이 불가능하다. 과거의 형식과 내용은 이미 설정되어 있고, 일단 설정이 되고 나면 과거에 대해서 더 보태거나 수정이 불필요한 완벽한 설명을 제공할 수 있다.

　　그러나 이러한 갈망은 애초에 성취될 수 있는 성질의 것이 아니다. 상식적으로 생각해 봐도 이런 관점이 얼마나 취약한지를 알 수 있다. 모든 사람은 죽고, 문서 자료는 파손되며, 유물은 부식된다. 모든 의미에서 과거가 남는 방식은 물리적으로 부분적이다. 그것은 한때 존재했던 것의 일부에 불과하다. 시간은 더 잘 지어진 대상, 더 강한 재료로 된 것을 편애한다. 더 가치 있는 것은 더욱 조심스럽게 보존된다. 시간은 튼튼하고 강한 것을 편애한다. 시간은 기록을 남기는 자, 기록을 보존할 장소나 재료를 선정해서 정돈하는 이를 편애한다. 시간은 자신을 기록하고, 그 기록을 출판하고, 널리 전파하는 이를 편애한다. 시간은 학자, 관료, 상인, 제국을 편애한다. 기록에 접근하는 이는 자신이 살리고 싶지 않은 것들을 추려 낼 수 있다. 과거의 자료들은 현재 속에서는 불완전하고, 아무리 성실한 역사가라 할지라도 이 불완전한 자료들로 불완전한 설명 이상을 제공할 수는 없다. 하지만 이런 불완전성이 과거에 대한 명확한 혹은 종합적인 설명을 가로막는 가장 강력한 장애물은 아니다.

　시간이 (결과적으로는 의미, 사건, 우리 자신조차) 개의치 않고 무심하게 앞으로만 향해 간다는 느낌은 사건이 아니라 우리 자신에 속해 있다.[80] 그 느낌은 지성의 산물이기 때문이다. 이러한 사실을 깨닫게 되면, 종합적인 역사 혹은 명확한 역사를 구성하고 싶다는 야망과 그것을 지탱하는 시간의 선형성에 대한 신념은 약화될 수밖에 없다.

　과거는 현재를 구성하지만 현재 또한 과거를 구성한다. 연속하는 각각의 순간들은 서로 다른 유리한 고지에서 과거를 조망하며, 과거에 자기지시적인 의미를 투입하고, 과거가 전후에 남겨 놓은 것들에서 새로운 측면을 경험하기도 한다. 이것은 현재와 과거 속에서 변화를 겪는 과거에 대한 설명으로 한정되지 않는다.

　과거는 불변성과 변경 불가능성으로 시간 속에 봉인되어 있지 않다. 각종 제도와 여타의 구조들은 예측 가능한 방향으로도 예측 불가능한 방향으로도 성장하며, 마찬가지로 과거 또한 현재 속에서 더욱 완전한 형태로 만들어진다. 감옥은 더욱 인도적인 처벌 수단으로서만이 아니라, 처음 선보인 권력 실행의 새로운 전략의 일종으로서도 자신을 드러낸다.[81]

역사에는 전진만 있는 것이 아니다. 그것은 끊임없이 회전하기도 하고 겹치기도 하며, 출발점을 변경시키고자 회귀하기도 하고, 그 지점을 다시 중심으로 삼는가 하면, 이어지는 사건들 속에 말려들기도 한다.

종합적인 역사 혹은 명확한 역사를 제공하고 싶다는 갈망은 비단 역사가만 품는 것이 아니다. 제도라든가 명목상 서로 분리된 현상을 연구하는 사람은 자신이 이러한 현상을 완벽하게 설명하는 양 가장한다. 이 또한 그 대상들을 시간적으로 배열하기 전에는 적합하지 않다.

제도라는 것이 시간을 넘나들며 지속하는 이상, 그것은 자기도 알지 못했고 실현되지도 않았던 측면들을 미리 노출시킨다. 이러한 측면들이 실현되는 순간, 그것은 현재의 제도를 바꾸는데 그치지 않고 과거와 미래의 제도까지 변경시킨다.[82]

시간은
튼튼하고 강한 것을 편애한다.
시간은
기록을 남기는 자를 편애한다.

63 재현은 재현된 것을 변경시킨다

이번 테제 역시 정치계와 학술계를 동시에 겨냥한 다의적 의미를 내포하고 있다.〔이 테제의 영문 표현 "Representation alters the represented."는 "재현은 재현된 것을 변경시킨다"로 이해할 수도, "대의제는 유권자를 변경시킨다"로 이해할 수도 있다.〕

정치적인 의미에서 볼 때, 대의제representation라는 정치제도는 오랫동안 그 가치를 인정받고 찬양되었지만, 동시에 그 구조적 효과로 인해 비난을 사기도 한다.

대의제를 찬양하는 이는 대의원representative〔국회의원 등 대의제의 대표자〕이야말로 여러 유권자represented들의 관점에서 불순물을 걸러 낸 정련물이라고 주장한다. 지금까지 유권자들은 자신들보다 더 지적이고, 더 학식이 있으며, 더 차분하고 경험이 풍부한, 더 헌신적인 사람을 대의원으로 선출했다. 이렇게 선출된 대의원은 국민의 의견을 정제하고, 국민의 열정을 길들이며, 국민의 의지와 취향을 적절한 방향으로 이끈다. 대의원은 단순한 전달 통로가 아니다. 그들은 국민을 대표하고, 국민의 의지, 국민이 그렇게 되기를 바라는 존재를 재현한다. 국민이 선출한 대의원은 능력이 되는 한 국민의 의지를 자신의 의지로 삼는다. 대의원의 행위는 국민으로 하여금 자신의 성향과 의지가 무엇이어야 하는지를 알려 준다. 그것을 알게 된 국민은 그에 따라서 자신을 변경해야 한다.

대의제를 지지하는 주장의 또 다른 근거는 효율성이다. 국민이 대의원에게 정치를 위탁한 것은, 대의제가 대다수 국민들의 통치 부담을 덜어 주는 효율적인 방식이기 때문이라는 주장이다. 이런 관점에서 보면, 대의제는 국민 각자가 자유롭게 자신이 선택한 목표를 추구하도록 돕는 제도이다.

대의제〔=재현〕에 대한 이 두 가지 관점 모두 대의제〔=재현〕가 유권자〔=재현된 것〕를 변경한다는 점을 인정한다. 대의제가 대변하는 유권자와 유권자의 의지를 말이다.

대의제라는 정치제도를 의심하거나 비난하는 사람들도 대의제의 구조적 효과를 잘 알고 있다. 그들은 대의원들이 국민의 의견을 대의원 개인의 사사로운 업적의 담보물로 바꾸고, 공공의 판단과 의지를 당파적으로 만들며, 정치적 행위자를 길들여진 신민으로 변화시키고, 국민을 무관심과 냉담에 익숙해지도록 만들었다고 주장한다. 이러한 주장에도 대의제가 유권자를 변경시킨다는 전제가 깔려 있음은 물론이다.

정치계에서 대의제의 구조적 효과를 인정하는 것이 기정사실이라면, 정치학 연구에서 대의제의 효과를 인정하지 않으려 드는 것은 정직하지 못한 일이다. 대의제의 효과는 정치계 자체에서보다는 정치학 연구에서 분명하게 드러난다. 학자들의 학문적 주장에는 대의제에 속한 당원을 연상시키는 부분이 있다.

인류학자는 사모아인 혹은 남비콰라족을 우리 눈앞으로 데려오고 싶어 한다. 역사가들의 저술은, 만약 우리가 필요한 언어

를 구사할 수만 있다면 문서를 읽고 맥락을 알아서, 그 저술이
보여 주는 역사를 직접 목격하기를 바란다. 표본조사자는 자신
이 임의로 선정한 표본이 재현한 바가 미 국민 전부에게 물어
본 결과와 똑같기를 바란다.

비행기 표를 살 돈도 시간도 없는 사람일지라도 다른 사람들
의 자산에 의지하여 비행기를 탈 수 있다. 못 배우고 배울 수
단도 없는 사람일지라도 다른 사람들의 고생을 통해서 배울 수
가 있다. 이렇듯 재현은 (다른 무엇보다 훨씬 더) 공적인 세계를
바꿔 놓고 있다.

〔영국인〕 에드먼드 버크의 프랑스인〔『프랑스혁명에 대한 성찰』〕은
아마도 영국인일 것이고, 〔프랑스인〕 토크빌의 미국인〔『미국의 민주
주의』〕은 아마도 프랑스인일 것이며, 우리가 배운 이슬람은 후라
니Albert Hourani〔『*A History of the Arab Peoples*』〕나 새뮤얼 헌팅턴〔『문
명의 충돌』〕의 것임을 우리는 알고 있다. 전문가에게 의지하면
일일이 직접 조사하지 않아도 된다는 것, 그리고 연구라는 것은
연구자의 명성 위에 서 있는 것임을 우리는 알고 있다. 재현
representation이 재현된 것represented을 변경시키듯이 말이다.

여기서 더 나아간다면, 레비스트로스나 데리다가 했던 것처
럼 물어볼 수 있을 것이다. 어떤 문자가 남비콰라족을 재현했
는지를 말이다.[83]

64 수량화는 왜곡이다

수량화數量化는 근본적으로 재현의 체계이며, 다른 모든 재현 체계와 마찬가지로 재현된 것을 변경한다.

앞서 재현은 왜곡이라고 했는데, 이번 테제는 과학적 중립성과 정확성의 요청을 맹목적으로 (부끄러운 줄도 모르고) 실천하는 사람들을 겨냥한 것이다.

"수량화는 왜곡"이라는 테제는 수량 중심의 사회과학이 자초한 세 가지 왜곡을 말한다. 즉, 방법에 대한 이해에서 비롯된 왜곡, 방법의 전수에서 비롯된 왜곡, 자료의 재현과 분석에서 비롯된 왜곡이 그것이다. 물론 이 세 가지가 전부는 아니다.

정치학이나 사회학에서 수량 중심의 사회과학을 실천하는 사람들은 세계를 둘로 나눈다. 양적인 세계와 "질적인" 세계. 이에 따라 학문도 "견고한 것과 부드러운 것"〔자연과학을 모델로 하는 '경성학문'과 인문학을 모델로 하는 '연성학문'〕으로 나뉜다. 이러한 이해 방식에서 "질적 방법"으로 분류되는 항목은 근본적인 결함의 증거이다.

이러한 항목에 속하는 방법들은 분석적 접근법이나 지적인

이력에서 극단적인 차이를 보인다. 예컨대 "질적 분석"에는 마르크스의 정치경제학, 스트라우스[David Strauss[1808~1874. 『예수의 생애)』(1835)를 통해 성서 해석에서 신화적인 요소를 모두 제거해야 한다고 주장하며, 역사적인 인물 예수와 신앙의 대상으로서의 그리스도를 철저히 구별했던 자유주의 신학자]의 성서 해석학, 실증주의, 그리고 포스트구조주의자들이 포함된다. "질적 방법"이 수량적 자료나 기술을 도입하지 않는다는 혐의는 어불성설이며, 그렇게 부조리한 생각이 이처럼 잘못된 이분법으로 은폐되어 있었다.

허위의식 개념의 지속력을 드러내는 과정에서 이런 식의 구별을 많은 이들이 받아들였는데, 그 가운데는 [앞서 16번 테제와 53번 테제에도 언급되는] 킹, 코헤인, 버바도 포함된다.[Gary King, Robert O. Keohane, and Sidney Verba, *Designing Social Inquiry : Scientific Inference in Qualitative Research*(Princeton, N. J. : Princeton University Press, 1994)] 수량 중심의 사회과학의 위신을 보존해 주는 것이 이 이분법이며, 그 위신은 재현 형식으로서 숫자에서 나온다.

"견고한 것"과 "부드러운 것"이란 이분법은 숫자에 의한 재현 체계를 도입하고 수학적 기술을 사용한다는 점에서 정확성과 엄밀성을 수량 중심의 사회과학으로 끌어들인 것처럼 보인다. 이처럼 기묘한 숫자 숭배는 상당수의 수량화가 주관적으로 결정된 가치를 자의적으로 할당한 결과라는 것, 혹은 형용사를 수치 형식으로 대충 번역한 결과라는 것을 알게 될 때 그 실체가 드러난다.

어떤 문서의 내용을 분석하며 노예를 가리키는 단어가 포함된 것만을 계산에 넣는다고 하자. 여기에는 노예라는 용어를 사용하지 않은 문헌이나 참고 도서는 포함되지 않는다. 만약 미국 헌법을 대상으로 이러한 분석을 시도한다면, 분석자는 이 문서가 노예에 주목하지 않는다는 결론을 내릴 것이다.

만약 피실험자가 실험자에 의해 "젠더화"된 설문지를 읽은 다음에 사전 조율된 일련의 질문들에 답하기만 한다면 그것은 분명 의심스러운 일이다. 이때 "젠더화"라는 것은 사회적 역할의 천부성 및 서열에 대한 의견 표명, 그리고 실험자 자신이 젠더에 대한 보통의 관점을 대표한다는 믿음을 설문지에 슬쩍 끼워 넣는 식으로 이루어진다.

이처럼 무엇을 측정하느냐 하는 것은 연구자의 상상계와 일치한다. 단지 그뿐이다. 이 경우, 설문지 연구에 감초처럼 등장하는 수량화는 정확성과 엄밀성의 가면을 빌려 줄 뿐이다.

측정이라는 것은 수량화가 더욱 엄밀해진 형식이라 생각하면 된다. 수량화가 (특히 실행 과정에서) 전적으로 주관적일 수 있는 데 반해, 측정에는 분명한 도구와 기술, 측정 체계의 적용이 요구된다. 측정의 정치학은 사회과학과 인문학 분야에서 광범위하게 묘사되고 비판되었다. 사회학자, 인류학자, 역사가, 문학비평가들은 동양학 연구자, 제국의 공무원, 식민지 관리자들이 단행한 특정한 측정 사업의 부당한 결과를 묘사했다.[84]

비트겐슈타인은 똑같은 현상을 보고 이렇게 말했다. "유대인은 언제나 자신에게 맞지도 않는 계량기로 측정되었다."[85] 여성운동가는 측정과 평가에서 표준형을 사용하는 것이 남성에게 특권을 주는 체제를 보존하려고 만든 도구이자 보험이라고 설명한다.[86]

측정은 문화와 정치의 범위 안에서 이루어진다. 정치·경제·과학 제도들이 제도적으로 밀접하게 결합되고 상호 의존 구조를 만들어 서로 연결됐을 때 생기는 이점利點은, 측정이라는 것이 상대적으로 중립적인 것이 아니라 도리어 이를 특별히 의심할 만한 것으로 여겨야 한다는 점을 제창한다는 데 있다.

번역과 재현을 통한 왜곡의 효과는 수량 중심의 사회과학 분야에 한정되지 않는다. 다음 테제에서는 형식성formality의 왜곡 문제를 다룬다. 하지만 수량 중심의 사회과학은 미국의 사회과학계에서 방법을 전수하는 과정에서 발생하는 왜곡에 대해 어떠한 지적·윤리적 책임도 지지 않는다는 것이 문제이다.

정치학에서 "방법론"과 "연구 방법" 교육 과정은 통계학, 어떤 경우에는 합리적 선택 이론이나 게임 이론, 형식적 모델링 등처럼 수량적 방법의 교수敎授에 한정되는 것이 보통이다. 이 과정에서 사용되는 수업 계획서와 교재를 보면 정치 이론을 노골적으로 배제하고 있음을 알게 된다. 따라서 학생들은 분석철학, 논리학, 해석학, 기호학, 기타 다른 해석 기술 등 정치 이론 분야에 도입된 방법을 접할 기회가 없다. 학생들은 비교정치학이나 미국 정치학이 비슷하게 가공해 낸 관점을 습득하게 된다. 학생들은 미국의 정치적 발전 과정 연구에 기초가 될 만한 역사적 방법이나, 공법과 헌법 이론 학습에 핵심적인 법률 연구와 해석 방법, 도시정치학과 비교정치학에 도입된 인종기술지적 방법, 실천적인 지도와 현지 조사의 윤리 등을 접할 수 없게 된다.

이러한 방법들은 신중하고 엄밀하게 표현되었지만, 잦은 비판과 방어에 노출되어 있다. 그럼에도 불구하고 다른 분과학문에서는 꾸준히 가르치고 있다. 이것은 몇 곱절의 손실이다. 이러한 방법을 필요로 하는 학생들은 독자적으로 학습하게 되고, 이러한 방법을 도입하지 않는 학생들은 수량적 방법을 제외한 방법은 모조리 엄밀성이 결여된 비공식적인 모험이라고 이해하게 된다. 경우에 따라서 "질적 방법"을 체험한다 해도, 그것을 더욱 표준적인 "방법론" 학습 과정의 부록쯤으로 여기게 되며, 더구나 이러한 방법에 익숙하지 못한 교수의 지도를 받게 되면 그 방법들이 불명확한 "자료더미"를 단지 본능적으로 만지작거리는 데 불과하다는 확신을 갖게 된다.

이렇게 훈련받은 학생들은 배워서 알고 있는 몇몇 방법들에 적합하게 질문을 던지는 것으로 자신의 연구를 한정하든가, 아니면 연구에 필요하다고 믿는 방법을 개인적으로 습득하는 데 드는 비용을 부담하게 된다. 수량적 연구에 참여하지 않는 학생과 그들을 지도할 수 있는 교수는 어쩔 수 없이 상당한 시간과 노력을 들일 수밖에 없다. 아이러니컬하게도, 훨씬 더 해박하게 방법론 교육을 받는 학생들이 더 편협하고 제대로 훈련받지 못한 동료들에게 자기 선택의 정당화를 강요받는 형편이다.

 65 형식성은 명확하게 만들기보다는 모호하게 만든다

형식화formalization와 관련하여, 때로는 은밀하게 그러나 언제나 집요하게, 형식화된 측면보다 더 중요한 것은 없다는 주장이 따라다닌다. 항상 "무엇을 위해서?" "누구를 위해서?"라는 질문으로 심문받았음이 틀림없는 것들, 그렇게 해서 자격을 부여받은 것들은 경쟁을 물리치고 항상 편파적인 것이 된다.

이 경우, 나 같으면 '죄수의 딜레마'■에 나오는 두 명의 죄수

■ (옮긴이 주) 유명한 게임이론. 각각 독립된 공간에 따로 갇힌 두 죄수에게 침묵과 자백이라는 두 가지 선택권이 주어진다. 형사는 심증만 있는 상태라서 기소를 하려면 반드시 범인들의 자백을 받아 내야 한다. 이때 두 죄수 모두 침묵하면 모두 6개월형을 받게 되고, 둘 다 자백하면 각각 5년형을 받게 된다. 만일 한 명은 자백을 하고 다른 한 명은 침묵하면, 자백한 사람은 풀려나지만 다른 죄수는 10년형을 선고받게 된다. 두 죄수는 어떤 선택을 하느냐에 따라 형량이 결정되기 때문에 신중하게 선택해야 한다. 다른 죄수가 자백하지 않을 것을 가정하면, 말할 것도 없이 자백하는 편이 유리하다. 하지만 다른 죄수가 자백할 것을 가정해도 침묵보다는 자백하는 편이 더 유리하다. 침묵하면 10년형이지만 자백하면 형량이 5년으로 단축되기 때문이다. 다

사이의 관계를 선택할 것이다. 그렇게 하면, 죄수들의 관계를 통해서 모종의 실천적 정언명령과 잠재적 도착증을 드러낼 수 있을 것이다. 하지만 그 죄수가 안토니오 그람시인지, 무스타파 디라니Mustafa Dirani〔레바논의 시아파 급진 정치 조직인 '아말Amal'의 전직 보안대장으로, 1982년 레바논 전쟁 때 포로가 된 이스라엘인 아라드를 돈을 받고 이란 혁명수비대에 넘긴 혐의로 1994년 이스라엘 특공대에 체포되었다.〕인지, 넬슨 만델라Nelson Mandela〔세계 인권운동의 상징적인 존재이자 남아프리카공화국 최초의 흑인 대통령〕인지, 찰스 맨슨Charles Manson〔1960년대 후반 미국 전체를 경악시킨 '맨슨 패밀리 사건'을 주도한 희대의 살인마로, 히피 집단을 이끌며 영화감독로만 폴란스키의 집 등 할리우드의 고급 주택가를 돌며 수십 명을 잔인하게 살해했다.〕인지의 문제는 형식화로 인해 상당히 흐려진다.■

━━━

른 죄수보다 형량을 적게 받으려고 하면 결국 둘 다 5년형을 받게 된다. 둘 다 침묵한다고 해서 형량이 더 줄어들지는 않는다. 이처럼 '죄수의 딜레마'는 자기 이익을 챙기려다가 결국에는 전체가 손해를 보게 된다는 내용으로, 개인적으로는 최선의 선택이 전체적으로는 최악의 결과를 낳게 되는 상황을 나타낸다.

■ 시카고 대학의 비교문화학과 교수인 윌리엄 시웰William Sewell에게 이 테제를 보여 주자, 시웰은 이 테제를 좀 더 관대한 표현으로 변경하라고 조언했다. 즉, "형식성은 명확하게도 하지만 모호하게도 한다"라거나 "형식성은 명확하게 하는 만큼 모호하게 한다"라고 말이다. 나는 잠시 생각하다가 그대로 두기로 했다. 왜냐하면 한두 개의 요소나 속성을 짚어 그것을 크게 부각시키고 나머지는 그림자로 처리하는 형식화가 사실상 명확하게 하기보다는 모호하게 만든다는 것, 따라서 그 정당성을 따지는 일이 불가피하다는 것을, 특히 형식주의자들이 알아야 할 필요가 있다고 생각했기 때문이다. 시웰처럼 형식주의의 유혹을 덜 받는 사람들, 그래서 형식주의의 음흉한 압박에 덜 부담을 느끼는 사람들에게는 이번 테제에 대한 시웰의 판본이 더 도움이 될지 모르겠다. 그러나 형식화를 물신으로 숭배하는 사람들에게는 더욱 가혹한 판본을 들이밀어야 한다.

66 모든 방법에는 가치의 서열이 있다

모든 방법은 제 결과를 평가하는 기준을 가지고 있다. 특정한 방법의 형식과 구조, 절차 등은 일정한 정언명령과 기준의 충족을 목표로 한다.

이는 그 구조와 절차상 자료 출처의 사용, 절차, 반복 가능성, 전문가 감정의 제시 등에서 투명성을 요구한다. 이것은 두 가지 측면에서 연구의 민주적 접근 가치를 담고 있다. 하나는 연구 및 연구자의 신뢰성 제고에 유용한 평가라는 측면에서, 다른 하나는 연구 결과를 (실제로는 불가능하지만 원칙상) 대중이 검증할 수 있게 한다는 측면에서 그러하다. 이것은 복음주의와 공통점이 있다. 방법에 대한 지식을 널리 알리고자 한다는 점에서, 그리고 더 많은 대중이 그것을 실천하게 한다는 점에서 그러하다.

이러한 가치 기준은 도덕적 가치와 정치적 가치를 표현한다. 중립성의 요구를 비판하는 이번 테제는, 정체성 형성에 대한 앞선 설명과 함께 방법이라는 것이 그 개념과 실천에서 정치라든가 윤리성의 체계에 연루되지 않을 수 없음을 인지하고 있다.

과학은 윤리학이며, 방법에는 가치가 첨부되어 있다.

어떤 방법은 연구에 수반되는 윤리적 문제에 명확한 입장을 가지고 있다. 인종기술지적**ethnographic** 방법의 경우가 그러하다. 이러한 연구 형식을 수행하는 방법은 연구 대상자들이 자신들이 참여하는 기획의 용어들을 이해할 것을, 그리고 그들에게 연구자의 최종 작품을 비판할 기회를 부여할 것을 요구한다.

이러한 요구 사항은 연구자와 연구 대상자 간의 권력관계를 반감시키고, 연구자 자신이 특권적 외부인으로 참여하는 연구 체제의 윤리적 요구에서 도피하는 것을 방지한다. 연구자는 연구 작업이 착취 관계임을 인정한다. 정치학과 경제학에서 이러한 요구 사항이 무시되고, 그 연구 활동이 전쟁과 식민주의, 기업적 이익 등과 복잡한 공모 관계 구조를 유지한다는 점은 치욕이 아닐 수 없다.

67 모든 방법에는 미학이 있다

방법의 미학은, 충분히 예상할 수 있듯이, 미학에 대해 가장 강력하게 반발하는 방법에서 가장 두드러진다.[*]

예를 들어, 수량 중심의 정치학에서 시행하는 시청각 설명회presentation를 생각해 보자. 21세기 초반 미국에서 행해진 시청각 설명회는 엄밀하게 말해서 무대 무용가들의 퍼포먼스 같았다. 발표자들은 OHP(overhead projector), 즉 투명 필름을 비춰 주는 성가시고 고풍스런 장비를 사용했다. 대부분의 투명 필름은 "자료"를 비춰 준다. 더 정확히 말해서 발표자의 수량적 분석의 결과물을 보여 준다. 이것이 아마도 퍼포먼스의 가장 효과적인 측면일 것이다. 왜냐하면 그런 자료는 일반적으로 아무데서나 볼 수 있는 것이 아니기 때문이다. 시청각 설명회의 관습은 청중으로 하여금 자료라는 것과 그것을 수량적으로 재현한 것 사이의 구별을 무시하도록 강제하며, 이 범주들 사이의 투명성을

---

[*] 이번 테제는 Victoria Hattam과의 대화중 반복되는 주제에서 영감을 받았다. 그는 정치학 분야에 미학을 도입하는 연구를 추천하였다.

사실로 간주하게 만든다. 미학이 논거를 만들어 내는 것이다.

시청각 설명회에서 초반에 비춰지는 투명 필름들은 더욱 명백하게 제의적 기능을 수행한다. 첫 번째 필름은 발표의 주제와 발표자의 이름을 제시한다. 두 번째 필름은 일반적으로 발표 중에 만들어질 초점의 목차를 보여 준다. 이 목차들은 목차 위에 얹어 놓은 불투명한 종이 한 장으로 숨겨지기도 하고 나타나기도 하는데, 불투명 종이를 조금씩 밑으로 내리면서 초점이 만들어진다. '일곱 베일의 춤dance of the seven veils'〔오스카 와일드 원작의 「살로메Salomé」를 리하르트 슈트라우스가 각색한 오페라 〈살로메〉의 한 장면. 여기서 살로메 역할의 여성 무희는 일곱 개의 베일을 입고 등장해 하나씩 벗어 나가다 거의 알몸으로 춤을 마감한다.〕의 대학 버전인 것이다.

다른 맥락에서 보면, 이런 종류의 설명회는 청중을 무시하는 것처럼 비칠 수 있다. 청중은 너무나 둔감해져서 발표자의 이름조차 기억할 수 없으며, 시청각 설명회에서 만들어 놓은 초점을 파악하느라 손상된 학습 능력 때문에 일종의 자막이 필요해진다. 해당 분야에서는 이러한 설명회가 전문성의 표시로 이해된다.■

미학적 고려는 퍼포먼스만이 아니라 정보(혹은 자료)의 수집, 적절한 증거의 확보, 그리고 논거 제시와 그 기법까지도 지배한다. 자신이 언어 내부에서 작업하고 있음을 의식하는 사람들, 예컨대 탈구조주의자들이나 해석학자들은 세련된 말장난과 언어유희를 구사한다. 그들의 참고 자료에 등장하는 다양하고 학

■ 이 경우나 또 다른 형식의 시청각 설명회를 퍼포먼스로 독해하는 일은 은유의 좋은 사례를 시험해 보는 일이어서, 인종과 성별, 계급, 지역주의의 승인 가능성, 통사론, 의상 등이 환기하는 바를 고려할 수 있다.

제적인 언어들은 몇 가지 효과를 발휘한다.

그 언어들은 발표자의 언어 구사 능력과, 발표자가 다양한 학문 분야와 참고 자료 체계에 능통하다는 점을 과시한다. 발표자들은 발표 내용을 뒷받침하는 학제적·분석적 배경을 시각 자료로 보여 주며, 시청각 설명회라는 구조에서 비유·은유· 어휘가 핵심적이라는 신호를 청중에게 보낸다. 이렇게 되면 언어유희는 단순히 장식적인 것이 아니며, 전문성의 과시로 그치는 것도 아니다. 그것은 다양한 참고 자료 체계를 경제적으로 구축하는 방법을 제공하는 것이 된다.

이러한 유형의 분석과 시청각 설명회는 능력도 있고 집중력도 있는 청중을 가정하며, 그런 청중을 필요로 한다. 그런 청중이라면 이런 유형의 발표가 무엇인지 잘 모르거나 그런 발표에 익숙하지 않은 사람들에게는 자칫 혼란스럽게 보일 수 있는 분석에서도 구조와 논거의 상호 연결이 의미하는 바를 쉽게 알아차릴 수 있을 것이다.

여러 개의 필름을
차례대로 보여 주는
시청각 설명회는
'일곱 베일의 춤'의
대학 버전이다.

68 간결성은 미학적 기준이다

　　한때는 간결성〔될 수 있는 한 적은 수의 요인이나 변수를 가지고 설명하는 것〕이 이론을 평가하는 가치 기준의 필요조건이었다. 그러나 오늘날 간결성의 가치는 과학을 열렬히 지지하는 사람들에게조차 그 필연성을 잃고 말았다.

　　여전히 자연과학에 얽매여 있는 킹 · 코헤인 · 버바 세 사람의 고찰에 따르면, "물리학에서는 간결성이 학자에게 적합하다고 알고 있지만, 생물학에서는 그것을 부조리하다고 생각하는 일이 잦은 것 같다." 그러므로 "연구자에게 간결성을 필수품인 양 충고해서는 안 된다." 이 세 사람은 "이 세계의 자연에 대한 판단과 추측, 그것은 단순해야 한다"는 생각이 간결성이라고 말한다. 간결성을 이런 식으로 독해하는 것은 연구자 스스로 세계에 대한 재현과 형식화가 세계 자체와 투명한 상응 관계를 갖는다고 말하는 것이다.

　　물론 이것은 수학에서는 진실이 아니며, 사회과학에서 간결성을 신봉하는 사람들도 전부 이런 가설에 동조하지는 않을 것이라 생각한다. 간결성에 대한 논의에서 가장 유효한 순간은 다음과 같은 주목할 만한 주장에서 나타난다.

"간결성에 대한 가장 명쾌한 정의는 '간결한 이론은 고도의 사전 확률prior probability〔미래에 어떤 사건이 일어날 확률, 즉 일이 일어나기 전에 불확실성을 측정하는 확률. 반대로 '사후 확률posterior probability'은 과거에 이미 일어난 사건의 불확실성을 확률적으로 추정하는 것이다.〕을 소유한 것'이라는 제프리Harold Jeffreys〔1891~1989. 영국의 지리물리학자이자 수학자, 통계학자〕의 주장이다."■

이 정의가 얼마나 명쾌한 것인지는 일상 언어로 증명되지 않는다. 그 명쾌함은 고도로 전문화된 언어를 구사하는 사람에게 한정된다. 우리는 명쾌하다는 말을 통해서 다른 평가 기준들처럼 그것이 방법론적으로, 제도적으로, 문화적으로 특별하다는 것을 상기한다.

킹·코헤인·버바는 간결성을 평가 기준으로 삼는 데에 폭넓은 가설이 수반된다는 사실을 잘 알고 있다. 하지만 그들은 이러한 평가 기준이 미학이라는 기억회로 위에서 작동한다는 점은 알지 못한다.

미적 선호도에는 세계에 대한 가설과 가치의 서열 의식이 동시에 수반된다. 미적 기준으로서 간결성은 미니멀리즘minimalism의 형식이다. 그것은 '형태는 기능을 따른다'는 원칙을 주장하지만, 건축과 디자인에서의 미니멀리즘처럼 기능의 단순성보다는 형태의 단순성에 특권을 부여한다.

매끄럽고 표시가 나지 않는 표면을 특권화하는, 회화와 학계에서의 미니멀리즘은 최소한의 평면을 추구하고, 장식이 없는

■ King et al., *Designing Social Inquiry*, 20. 이들이 제시한 물리학과 생물학의 특성을 곧이곧대로 받아들이라고 충고하고 싶지는 않다.

것을 요구하며, 한결같은 균일성을 선호한다. 학계에서 이것은 선형적線形的 논증의 필수품으로 표현되는데, 해당 미적 영역 바깥에서 참조하는 것을 금지한다.

학문적 미니멀리스트가 추구하는 것은 미술적 미니멀리스트가 추구하는 한결같은 균일성과 같다. 그래서 양자는 똑같이 장식의 부재를 권한다. 논문에서 드는 논거의 개수에 제한을 두는 것(하나의 논거를 선호한다.)은 회화적 구성에서 면의 숫자를 최소한으로 하는 것과 닮았다. 양자 모두 미니멀리즘을 역사를 초월하여 보편적으로 나타나는 현상으로 간주한다. 양쪽 모두 미니멀리즘이 그동안 내면성, 역사성, 다성성多聲性, 특수자로의 비판적 회귀로 인해서 밀려났다고 생각한다.

69 표현 형식이 그 의미를 결정한다
기표가 기호의 의미를 구성한다

의미는 공동체 속에서 형성된다. 표현 형식이 다르다는 것은 다른 언어로 다른 공동체에게 말하는 것과 같다. 번역은 문화의 장벽을 넘어서 의미의 다양한 차원이 서로 접근할 수 있도록 만들어 준다. 하지만 "자스민 향기the scent of jasmine"라는 단순한 구절조차도 〔프랑스어로〕 "le parfum de jasmine"이나 〔아랍어로〕 "shum al yasmin"이 되었을 때는 그 역사적·문학적, 심지어 감각적인 지시체에서 동일한 범위를 환기하지 못한다.

"war"라는 단어를 보자. 〔이를 아랍어와 프랑스어로 번역하면〕 "al-harb"와 "la guerre"가 된다. 세 단어가 모두 똑같이 전쟁을 가리킨다 할지라도, 그 전쟁은 각자의 언어적·정치적·문화적 맥락에 속하는 의미와 지시체의 복합 구조에 따라서 각기 다르게 이해된다.

서류 한 장, 문서 하나라도 그것이 취하는 형식 자체가 텍스트가 읽히는 방식을 말해 준다. 적용된 형식은 그것이 참조하는 다른 텍스트를, 적절한 평가 기준을, 가설을, 그리고 종종 특정한 야심과 정치적 목적을 보여 준다.

형식은 또한 텍스트마다 다른 효과를 부여한다. 법률의 형식에는 국가의 권력이 실려 있다. 화폐 가치가 취하는 형식(지폐냐, 동전이냐, 증권이냐)은 그것의 사용처를 정해 준다. 페이스payis〔베베 꼬아 길게 늘어뜨린 귀밑머리〕와 테필린tefillin〔성구함聖句函. 토라 구절이 적힌 두루마리를 담아 놓는 상자로, 아침에 팔 윗부분과 이마를 여기에 대고 기도한다.〕, 라마 캠프〔전 세계에서 개최되는 유대인들의 여름 캠프 네트워크. 여기서 착용하는 티셔츠가 유명하다.〕 티셔츠로 표현되는 유대인의 정체성은 그것이 구성하는 정체성의 의미를 결정한다.

"표현 형식이 그 의미를 결정한다"는 테제는 정치학에서 약간 다른 형식으로 정체성의 작동에 직접 영향을 주는 것을 고찰하게 한다. 데리다의 '대리보충' 개념은 탈구조주의가 제공하는 유용하고도 실질적인 도구 가운데 하나로서, 이러한 효과를 이해하는 데 도움을 준다.

데리다에 의하면, 대리보충은 "대체하기 위해서만 보충한다".[87] 여성, 흑인, 아시아계, 혹은 시각적으로 파악되는 인종의 기호나 젠더의 기호(예컨대, 엉덩이, 눈, 코의 모양 등) 그 어느 것이든 그것이 형용사로 사용되는 경우, 그것은 단지 첨부되는 것처럼 보이지만 대체해 버리는 대리보충으로 작동한다.

'여성 대통령'이라는 표현은 '대통령'이라는 표현과는 근본적으로 다른 역사적·문학적 지시체, 시각적 이미지, 상상적 구성, 평가 기준을 환기시킨다. '흑인 남자'라는 표현 역시 '남자'라는 범주에서 요구하는 보편성을 해체한다. 그것은 단지 그 범주의 하위 개념이기 때문이 아니라, 남자라는 표현에 수반되는 인종적 기대치를 드러내기 때문이다.

70
표면에는 그 밑에 있는 것 못지않은 의미가 있다

기호의 의미는 기의에만 포함되어 있는 것이 아니라, 기표와 기의의 연결 방식에도 포함되어 있다. 롤랑 바르트의 유명한 사례에서 보듯 프랑스 국기를 향해 경례하는 프랑스 군인의 인종과, 아이를 업은 모습으로 재현된 사카가위아Sacaga -wea〔구 1달러 동전에 새겨진 여인의 이름. 19세기 초 서부 개척 시대에 최초로 미 대륙을 횡단한 탐험대의 통역과 안내를 맡은 북미 인디언 여성이다.〕, 군복 위에 매달린 훈장, 편지지에 새겨진 회사명, 화폐의 단위 등, 이 모든 것이 표면 위에 나타난 의미 있는 차이의 사례들이다.

게다가 표면은 그것이 놓이는 위치를 변경하기에도 적합하다. 텍스트의 표면에 새겨졌다 할지라도, 씌어진 글자는 텍스트의 깊이를 포함하고 있다. 다른 맥락에서 보면, 텍스트의 독자가 아닌 텍스트 수집가에게는 잉크, 종이, 가죽, 접착제의 구성 방식이 그 제작품의 유래와 과거라는 시간을 담고 있는 그릇이면서 텍스트의 깊이가 자리하는 터전일 것이다. 의복은 하찮은 물건처럼 보이지만, 그것을 신체에 새겨진 텍스트로 간주하면

의복이 정체성에 관한 에세이 정도의 깊이를 보유하고 있는 것으로 드러난다.

표면의 위치는 그것을 검증하는 각도에 의존한다. 피상성은 직면한 문제에 따라서, 특정한 맥락에 의해서만 결정된다. 인종의 표시를 표면적 고려 사항으로 치부하는 사람은, 그처럼 심오한 문제를 유전자의 배합으로 간주함으로써 인종의 표시를 사소한 것으로 인식한다는 점에서 의미의 단일 면을 가정하는 것이다. 사회질서 차원에서 인종을 나타내는 기호는 그 사람이 접근할 수 있는 권리와 사용 가능한 자원을 결정한다. 종교적 신념을 나타내는 기호, 즉 턱수염이나 할례 등은 사형 집행 영장과도 같은 기능을 한다.

표면을 무의미한 것으로 처리했을 때 생기는 오류는 정치적·윤리적 결과로 나타난다. 연구자나 정치행동가가 자신이 무슨 말을 하고 있는지 망각할 때, 즉 충성심을 표현한다든가 특정 견해를 부인하는 것이 왠지 음흉해 보인다고 생각할 때 똑같은 결과가 발생할 수 있다.

기호의 의미는
기의만이 아니라,
기표와 기의의 연결 방식에도
포함되어 있다.

71 명명과 범주는 구성적이다

제도가 정체성을 호명할 때는 이름을 붙이고 범주를 만들어 낸다. 명명과 범주화가 권리를 창안하고 권리를 누릴 개인을 만들어 낸다면, 범주들은 요구 사항과 유권자들을 만들어 낸다.

"낙태-반대"와 "낙태-찬성" 대신에 "선택-찬성"과 "생명-찬성"이라는 구호를 선택하는 것은 중대한 결과를 낳는 수사적 전략이다. 가장 이론이 분분한 주제로, 이 논쟁의 대상을 과연 "영아"라고 부를 것이냐 "태아"로 부를 것이냐의 문제는 논쟁 대상의 법적 지위 문제를 제기한다. 만약 그 대상을 영아라고 하면 사람이라는 뜻이고, 사람이라면 그 이름에 합당한 권리를 부여받게 된다.

이처럼 명명과 그에 따른 결과라는 똑같은 문제가 노예와 이민자라는 명칭을 둘러싼 논쟁에서도 발생한다. 문제의 땅을 호명할 때 "점령지", "서안 지구West Bank", "유다와 사마리아" 가운데 무엇을 선택하느냐의 문제는 그 땅의 지위를 바라보는 화자의 입장을 보여 준다. 키프로스를 그리스 혹은 터키로, 알자스 지방을 독일 혹은 프랑스로 범주화하는 것은 전쟁의 빌미를 제공하는 것이다.

이러한 전략이 학술계, 구체적으로는 정치학에서도 작동한다. 가장 흥미로운 (계시적인) 사례는 "이론"의 도입을 시도할 때 생겨난다. 『분석적 서사*Analytic Narratives*』〔Robert H. Bates · Avner Greif · Margaret Levi · Jean-Laurent Rosenthal · Barry R Weingast · Barry R. Weingast 공저. 1998년 프린스턴대학출판부 출간. '합리적 선택이론'을 역사적으로 고찰한 책]의 저자들은 이렇게 말한다. "우리가 이론이라고 말할 때, 그것은 합리적 선택이론〔유권자의 투표 행위와 관련된 이론. 유권자들이 주어진 대안을 놓고 자기 이익을 충분히 고려한 뒤 그중 가장 유리한 것을 선택한다는 내용으로 유권자의 합리성을 강조한다.]이나 대개는 게임이론을 가리킨다. 하지만 우리가 지원하는 내용은 다른 이론에도 적용될 수 있다."[88]

『분석적 서사』에서 로버트 베이츠Robert Bates 등 공동 저자들은 마르크스가 시도했던 환유적 전략을 구사한다. 특정한 유형의 이론을 지원하면서도, 그 이론의 목표와 요구 조건이 모든 이론을 대표할 수 있다고 말하기 때문이다. 하지만 이처럼 "특수성을 연구의 통로로 삼는 것"은 "보편적 결과가 출현할 수 있는 조건"이 아니다.[89] 그러기는커녕 이론이라는 말을 "합리적 선택이론이나 대개는 게임이론"이라는 말로 받아들이겠다는 생각은 이론의 의미를 축소하려는 시도에 불과하다. 물론 저술의 참신성을 유지하기 위해서 불가피한 일이었을 것이다. 그러나 이론의 의미를 과도하게 축소하지 않는다고 해서 이론이 역사적이어야 하고 역사가 이론적이어야 한다는, 헤겔 · 마르크스 · 베버 이후의 과도한 교만은 자칫 뻔뻔한 이론주의로 흐를 수 있다.

'분석적 서사Analytic Narratives'라는 이 책의 제목은 명명과 범주화의 또 다른 효과를 보여 준다. 이 제목은 (그리고 기획 의도의 공표는) 서사에 분석이 빠져 있다는 것을 가정하고 있다. '분석적 서사'라는 말에서 '분석적'이라는 단어는 대체할 목적으로만 첨부되어 있다는 점에서 데리다식의 대리보충으로 작용한다.

분석이 결여되어 있다고 간주되는 그전의 서사들이 '분석적 서사'로 대체될 운명이다. 하지만 묘사에 설명이 동반되듯이, 서사는 분석을 수반한다. '분석적'이라는 말을 보충했을 때의 효과는 서사를 구성하는 과정에서 이미 현재하는 분석을 감추는 데 있다.

제도적 의미에서 이 범주를 도입하는 것은 한편으로는 역사가의 입지를, 다른 한편으로는 자기 저서에 포함되어 있는 이론적 내용은 업신여기고 서사만 도입하려는 사람들의 입지를 축소하려는 의도를 담고 있다. '분석적 서사' 프로젝트에서 명명과 범주를 전략적으로 배치하는 것은 그 대상이 더욱 지엽적이고 제도적인 것임을 암시한다.

좁아진 '이론'을 적용함으로써, 그리고 '분석적'이라는 말을 대리보충으로 사용함으로써, 베이츠 등은 언어적인 것을 이용해서 학계를 재구성하려는 시도, 즉 자신들이 실제로 이해한 발화수반행위illocutionary acts〔화행언어학자 오스틴의 용어로서, 말이 곧 행동인 발화 행위〕를 수행한 것이다.

명명과 범주화가 권리를 창안하고
권리를 누릴 개인을 만들어 낸다면,
범주들은
요구 사항과 유권자들을 만들어 낸다.

72 모든 범주는 내적 분절화, 즉, 타자와 맺는 관계의 분절화에 달려 있다 내적으로 동질적이거나 독립된 범주는 없다

이번 테제는 단순히 말해서 모든 범주의 안과 바깥에 놓여 있는 것을 검사할 수 있고, 그래야만 한다는 점을 상기시킨다.

어떤 개념의 바깥에 놓인 것을 탐색하는 작업에는 (언제나 가능한 것은 아닐지라도) 특정 범주에 계보를 정해 주고, 그 생산 조건을 파악하려는 시도가 포함된다. 범주라는 것은 다른 범주와의 관계 속에서 파악된다. 어떤 목록 안에서 이미 정해진 범주가 발견된다면, 그것은 그 의미를 변경하고 실천적으로 적용할 수 있음을 의미한다.

다음 목록 속에 있는 종교라는 단어를 생각해 보자.

① 점성술, 손금, 타로 카드, 종교.
② 인종, 성별, 국적, 종교.

여기서 "종교"라는 범주는 그것이 나타나는 데가 가톨릭 교구 학교 지원서냐, 여권이냐, 자전적 에세이냐에 따라 그 의미와 기능이 달라진다. 실제로 "군대"라는 말은 "해군"이나 "민간인"과 같은 범주와의 관계 속에서 잘 보인다.

어떤 개념의 내부에 놓인 것을 탐색하는 작업은 그 개념에 포함되어 있다고 판단되는 것, 그리고 그것이 내적으로 질서를 이루는 방식을 묻는 것이다. 예를 들어 "군대"라는 개념을 탐색한다면 명령의 구조, 장교와 사병의 관계, 군대라는 말이 동반하는 가치의 서열, 군대라는 말이 환기하는 역사적·문학적 참고 자료의 배합 등을 검토하라고 권장할 것이다.

그렇다면 "종교" 개념은? 종교는 하나의 신념 체계로 연구할 수 있다. 즉, 특정한 신념과 관습, 충성심, 그리고 제도적 그물망으로 연결된 공동체로서 말이다. 마찬가지로 종교와 군대는 노동, 자본, 자아, 이데올로기 국가기구(ISA) 등 다른 개념들과 해당 개념이 맺고 있는 관계를 분절함으로써 검토할 수 있다.

이 모든 노력은 범주의 사용이 허용하고 배제하는 바를, 그리고 그것이 수반하는 가설이나 윤리적 입장을 더욱 정확하게 이해하는 데 도움을 준다.

어떤 개념의 내부에 놓인 것을
탐색하는 작업은
그 개념에 포함되어 있다고 판단되는 것,
그것이 내적으로 질서를 이루는 방식을
묻는 것이다.

73 상관관계는 인과관계를 만들지 않는다

사실상 곧잘 무시되긴 하지만, 이번 테제는 널리 알려진 것이다. 이와 관련하여 가장 인상적이고 정확한 비판은 역시 막스 베버의 몫이다. 그는 상관관계에 인과관계를 뒤집어 씌우는 것은 "샤머니즘"에 불과하다는 점을 간취했다.[90]

그럼에도 불구하고, 학문적 관습은 이러한 샤머니즘의 특정 측면을 여전히 보존하고 있는 것처럼 보인다. 몇 가지 제의 절차를 철저하게 실행해 보라! 그러면 (신이 허용하는 한) 그 결과를 얻게 될 것이다! 그 결과가 당신이 바라는 바가 아닐지도 모르지만, 유익할 것이다! 만약 유익하지 않을지도 모르지만, 그렇다면 당신이 그 제의 절차를 철저하게 실행하지 않은 것이다!

이때 다른 가치 기준과 마찬가지로 엄밀성이라는 것도 평가 방법의 도움으로 만들어진다는 점을 기억해야 한다. 행동주의부터 문헌학, 문화 연구에 이르기까지 상관관계는 지속적으로 학자들을 끌어당긴다. 이 과정에서 늦깎이 근대적 샤먼(도사, 무당, 마법사)들은 그러한 상호 관계를 기호로 간주해 버렸다. 이러한 시도가 원시적이라며 무시하는 것은 어리석은 짓이다. 그

대신에 상관관계의 용법이 허용되는 범위와 한계, 곧 그것이
가리키는 잠재적 관계를 상기해야 한다.

"상관관계에 인과관계를 뒤집어씌우는

것은 샤머니즘에 불과하다."

그런데 현대의 학문적 관습에는

이러한 샤머니즘이 보존되어 있다.

74 정확한 예측이 곧 올바른 추론의 증거가 될 수는 없다

리처드 파인먼Richard Feynman〔1918~1988. 양자역학의 재규격화 이론으로 노벨물리학상을 받은 미국의 물리학자〕은, 고대 마야문명의 천문학자가 수세기 이후의 천문학자나 물리학자보다 훨씬 더 정확한 예측을 해냈다는 점에 주목했다. 관찰에 의존했던 마야인이 놀라울 정도로 정확하게 천문 현상을 계산 · 예측해 낸 것이다. 그런데 마야인의 예측은 당시 널리 통용되는 우주론에 기초하고 있었다.■

정확한 예측이 올바른 추론의 증거로 사용된다는 말은 아마도 놀라운 얘기가 아닐 것이다. 수많은 사람들이 수천 년 동안 별의 운행으로, 닭의 간으로, 찻잔 속 찻잎의 배열로, 혹은 (캐나다 전 총리의 경우처럼) 면도 크림의 소용돌이무늬로, 특정 매체의 발성으로 미래를 점쳤다. 그 예측의 정확성이 알려지기만 하면, 사람들은 점성술이든 물리학이든 타로점이든 기타 다른

■ 파인먼이 제공한 이 사례에 대해서 '페레스트로이카 리스트서브'의 도움을 받았다.

방법이든 가리지 않고 예측이 산출되는 과정을 믿게 된다. 세상에 그렇게나 많은 사람들이 그렇게나 오랜 세월 동안 예측을 증거로 간주하는데, 어째서 우리는 학자나 특히 과학자들은 예외일 것이라 기대하는 것일까?

정확한 예측을 제공하는 것은 베버의 말마따나 샤머니즘에 불과하다. 다른 형태의 샤머니즘과 마찬가지로 아무리 그것이 쓸모가 있다 할지라도, 그것으로 이론을 시험한다거나 그것을 올바른 추론의 징표로 간주해서는 안 된다. 그것은 사회과학에서 생각을 교환할 때 일종의 세금처럼 부과되는 예측에 대한 요구를 왜곡시킨다.

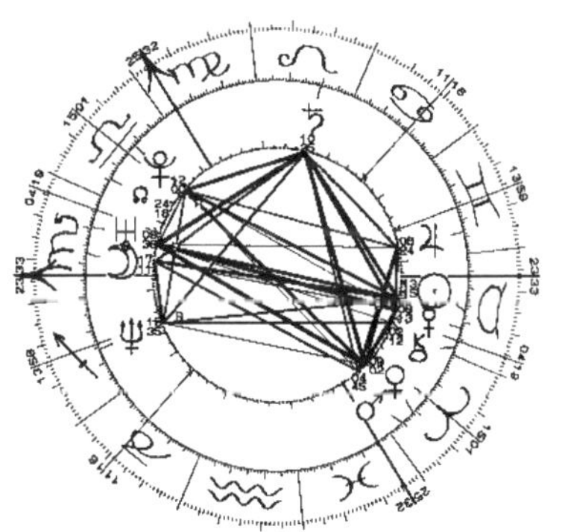

정확한 예측을 제공하는 것은
샤머니즘에 불과하다.
그것이 아무리 쓸모가 있다 할지라도,
그것을 올바른 추론의 징표로
간주해서는 안 된다.

75 반복은 검산檢算이 아니다

이번 테제는, 상관관계는 인과관계를 만들지 않는다는 앞선 테제의 단순한 변주라고 볼 수 있다.

여기에서도 베버의 샤머니즘 비판은 여전히 유효하다. 학술계의 샤먼은 조심스럽게 정식화된 어떤 제사 의식을 실행하며 예상했던 답변에 도달한다. 매번 같은 의식이 반복되고 결과는 항상 동일하다. 샤먼은 단단한 기반 위에 서 있기 때문에, 제사 의식만 올바르게 실행되면 결과는 언제나 예상과 정확하게 맞아떨어진다.

수년 전, 프린스턴 대학의 교수와 대학원생들이 모여 다양한 정치학 연구법을 놓고 토론을 벌인 적이 있다. 당시 존 잴러 John Zaller 교수는 반복 가능성replicability〔같은 연구를 반복했을 때 같은 결과가 나올 수 있어야 한다는 기준〕이 정치학의 모든 저작에 필수적인 속성이라고 단언했다. 그리고 (여러 증인들 앞에서) 자랑스럽게 선언했다. "미시건 코드북Michigan code-book〔미시건 대학 사회조사연구소 등에서 정기적으로 발행하는 설문조사 및 통계 결과 보고서〕을 볼 줄 알고, 고등학교 교육을 받은 사람이라면 누구라도 내가 하는 일을 그대로 반복할 수 있다." 평범한 교육 수준과 능력을 갖춘 사람이면 누구나 자신의 연구 결과물을 검증할 수 있다는 것이 잴러의 자부심이었다.

내가 이 장면에 흥미를 느낀 것은, 우선 잴러의 주장이 자부심의 근거가 될 수 없다고 생각했기 때문이다. 그런데 그 자부심의 근거에 대해서 잠시 생각해 본 뒤에는 그 주장에서 더욱 흥미로운 사실을 발견했다. 잴러의 자부심은 그의 민주적인 연구 방법에서 나온 것처럼 보인다. 그 연구 방법의 투명성이 일정 수준의 훈련과 전문성을 갖춘 폭넓은 대중에게 그의 학문 세계를 평가하고, 더 나아가 그 결과를 반복할 수 있게 허용한다는 것이다.

투명성과 민주성을 주장하는 연구 방법이 미국에서 (뛰어나다는 것이 아니라) 유난히 두드러진다는 것은 놀랄 일이 아니다. 영재에게도 둔재에게도, 배운 사람에게도 무지한 사람에게도 접근을 허용하는 것, 이것이 민주적 연구 방법이다. 절차적 규칙에 집요하게 집착하고, 연구 결과라든가 가치의 투명성보다는 절차에 특권을 부여하는 것, 이것이 자유주의적 연구 방법이다.

이것은 관습에 의존하는 연구 방법이지만, 그들은 그 관습이 대중적 지지를 받고 있다고 주장한다. 만약 반복이라는 것이 연구의 타당성과 가치를 높이는 것이라면, 가장 신뢰할 수 있는 연구는 가장 많은 사람들이 가장 쉽게 반복할 수 있는 연구일 것이다. 연구가 단순하면 단순할수록 반복하기도 쉽고, 그 가치도 높아질 것이다.

76 반복은 반복되는 것을 변질시킨다

이번 테제는 몇 가지 의미로 이해될 수 있다.[91]

만약 연구 대상의 속성에 시간이 포함된다면, 시간의 측면에서 일어나는 모든 반복은 그전에 있었던 반복과 그 후에 일어날 반복과 다르다. 게다가 반복은 언제나 관계적이다. 어떤 것의 반복이 아닌 단순 반복이란 없다.

어떤 것(혹은 사건, 실천)이 반복되었다는 것은 그것이 변질되었음을 의미한다. 어떤 것이 원본으로 간주될 수 있다면, 반복된 것은 그보다 낮은 지위를 부여받거나 (회화에서처럼) 단순한 복사본으로 여겨질 수 있다. 하지만 후자의 경우에서조차 반복은 반복되는 것을 변질시킨다.

인쇄물의 경우, 그것이 열 개 중 한 개인지 300개 중 한 개인지에 따라서 그 가치가 달라진다. 그렇다고 해서 반복이 항상 가치를 떨어뜨린다는 말은 아니다. (앞에서 논의했던 것처럼) 관습에 따라선 반복이 가치를 높이는 경우도 있다. 인용의 경우를 생각하면 된다. 반복은 『하디스*Hadith*』〔예언자 무함마드의 언행 모음집〕나 판례와 같은 특정 발언의 영향력을 높인다. 반복

을 시험하는 사람은 반복이 가치에 영향을 미친다는 점에 주목
해야 한다.

종종 의미를 세우거나 의미를 교환할 때도 반복은 중요하게
작용한다. 어떤 사건을 이전 사건의 반복으로 이해하면, 그 사
건의 의미가 세워지는 것은 물론이고 그러한 이해가 중대한 정
치적 결과를 낳는다. 정치적 인물의 경우, 그 사람을 역사상 영
웅적인 (혹은 사악한) 인물의 반복으로 간주하게 되면 그 사람
의 역사적 중요성이 결정된다.

반복이 가져오는 정체성의 변형 효과는, 지도자라든가 획기
적 인물을 지칭하는 문제에서부터 일상생활에서 개인의 정체성
구성 및 그 실행 문제로까지 확장된다.

단순 반복이란 없다.
반복을 시험할 때에는
반복이 가치에 영향을 미친다는 점에
주목해야 한다.

77 반증 가능성은 정당성을 입증하지 못한다 반증 가능성은 이론의 필수 속성도 아니고 우수성의 징표도 아니다

반증 가능성falsifiability · 反證可能性이 주장하는 바는, 사실 혹은 더욱 정확히 말해서 적합한 관찰과 측정으로 이론을 지탱해야 한다는 관념이다. 더 나아가서, 반증 가능성은 일부 혹은 대부분의 사실이 아니라 모든 사실로 이론을 지탱해야 한다고 요구한다.

이러한 요구는 그 지지자들이 완고하게 제 입장을 견지하는 물리학에서조차 오랫동안 의심을 받아 왔다. 파이어아벤트Paul Feyerabend〔1924~1994. 오스트리아 태생의 과학철학자〕는 이렇게 말했다. "어떠한 이론도 자기 영역에 있는 모든 사실과 들어맞을 수는 없다."[92]

검증이라는 관념은, 사실이 그와 관련된 이론에 앞서서 그 자체로 존재한다는 가설 위에 세워져 있다. 여기서 잊지 말아야 할 점은, 사실이란 특정한 담론이나 협약서에서 발생한다는 것이다.

사실은 이론과 기술의 창조물이다. "범법자"와 "범죄자"라는 존재는 미리 세워진 이론뿐 아니라, 미리 세워진 제도와 제도적 규범, 그리고 제도적 실천에도 의존한다. 이러한 제도들과의 관계를 통해서 이 존재들에 관계하는 사실이 작동하는 것이다.

일단 이 점을 인정하고 나면, 반증 가능성에 대한 애착은 어떠한 이론도 "반증 가능성과 모순되는 사실을 만들지 말아야 한다"는 금지명령처럼 보이게 된다. 당연히 이런 요구는 언어의 구조와 제도의 효과를 무시하는 것이다.

개념상 드러나는 이러한 결점 때문에, 반증 가능성은 이론의 필수 속성일 수 없으며, 그것으로 인해서 특정 이론이 다른 이론보다 우월하다는 징표로 간주될 수도 없다.[93]

78 주관적인 만족은 진리의 표시도 아니고, 이론의 장점도 아니다

이번 테제는 스티븐 반 에브라Stephen Van Evera〔현재 MIT 대학교의 국제정치학 교수〕의 주목할 만한 주장에 대한 응답이다. 그는 "좋은 이론은 '만족'을 준다. 즉, 우리의 호기심을 충족시킨다."라고 주장했다.[94]

이것은 "표면 타당도face validity"〔통계심리학에서 '내용 타당도'와 대조되는 용어로서, 표면상 주어진 측정 도구가 관심 주제를 측정하는 가장 좋은 도구라고 판단될 때를 가리키는 측정 도구의 정확도〕라고 하는 옛날의 타당성 평가를 닮았다. 표면 타당도를 일러 "타당성에 대한 가장 일반적 검사"라고 했던 필립스 쉬블리W. Phillips Shively〔현재 미네소타 대학의 정치학과 교수〕는, 이것의 특징은 "어떤 척도가 내게 적합한지를 묻는 선호도 항목"이라고 말했다.[95]

반 에브라의 주장은 급진적 협약론radical conventionalism의 지지 발언이자, 장사치의 담론을 이용한 말장난처럼 보일 수도 있다. 이렇게 보면, 반 에브라의 주장은 진리 평가의 협약적 성격에 주목하게 만든다. 어떤 이론의 성공은 그 수용에 달려 있다는 것이다. 이론을 수용하는 사람이 많으면 많을수록, 그 이론은 좋은 이론이다.

쉬블리가 '표면 타당도'의 관점을 인정하고 있음은 명백하다. 만약 어떤 척도가 "내가 하고자 하는 바를 행하고 있다면, 그렇다면 내 글을 읽는 사람들은 내게 동의하는 것이다." 즉, 그 척도는 "표면 타당도"를 가지고 있는 것이다.[96] 이러한 평가에서 수용의 이유는 무의미하다.

이처럼 잘못된 주장에서 가장 흥미로운 측면은, 선전 활동에 감성과 지성이 중첩된다는 것을 알고 있다는 사실, 그리고 증거에 의거한 기준의 내면화에 있다.

어떤 이론에 대한 가치 평가는, 반 에브라의 주장이 암시하듯, 실제하는 지성적 기준과 더불어 감정적 기준에도 의존한다. 반 에브라의 주장이 더욱 흥미로운 것은 그가 만족의 문제를 불확정성에 맡겨 둔다는 것, 그래서 타당성 문제가 리비도 libido〔사람에게 내재된 성적 에너지를 가리키는 정신분석학 용어〕에 자리잡고 있다는 것, 혹은 타당성의 검증을 지적 주이상스〔고통스럽지만 멈출 수 없는 극치의 즐거움〕의 한 사례로 구성한다는 데 있다.▪ 불행하게도 반 에브라는 이처럼 훨씬 더 흥미로운 지점은 탐구하지 않는다.

반 에브라의 요상한 기준은 '무엇이 좋은 이론이냐?'는 문제에 답하는 순간에 발생한다. 여기서 더욱 중요한 사실은, 그 기준이 '이론이란 무엇인가?'라는 문제를 다루는 앞 절에 연결되어 있다는 점이다.

반 에브라에 따르면, "이론이란 것은 원인에 대해서, 그리고

▪ 이것은 『에크리Écrits』의 저자 자크 라캉이 「거울 단계」에서 논의한 "아하-체험Aha-erlebnis"을 이론의 검증과 동일시한 것이다.

현상을 분류한 결과에 대해서 묘사하고 설명하는 일반적 진술이다. 이론은 인과법칙이나 가설, 설명, 선행 조건 등으로 이루어져 있다.”[97]

이론을 이렇게 정의하고 나서, 반 에브라가 자신이 지도하는 논문 작성법이 정치 이론(그에 의하면 “정치철학”) 분야의 논문을 제외하고는 모든 정치학에 적용된다는 사실을 알게 되었다는 점은 전혀 놀랍지 않다.[98]

이론에 대한 그의 이해는 이론가에게 인정받는 이론 가운데서도 극소수에만 적용될 수 있다. 그런데 스스로 한계를 드러내는 이러한 기준이 일종의 면허증 기능을 하고 있다는 것이 문제이다. 이론가들의 더 많은 요구 조건을 염두에 두고 그 기준에 서명하는 사람은 제외하고 말이다.

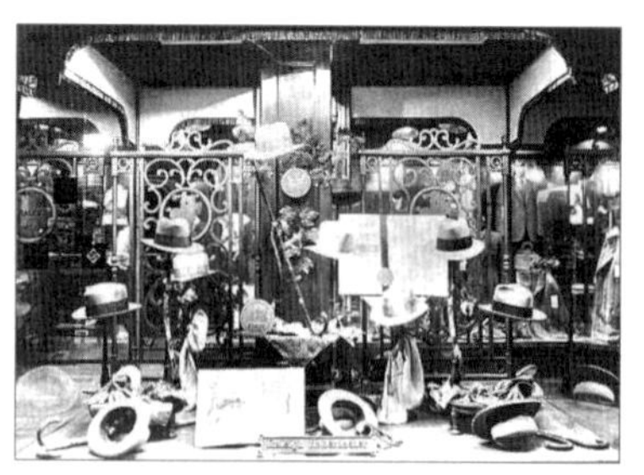

“좋은 이론은 ‘만족’을 준다.
즉, 우리의 호기심을 충족시킨다.”
Really?

79 지식의 체계는 권력의 체계이다

킹·코헤인·버바 세 사람의 책에는, 설사 필연적인 정치적 결과를 부인한다 할지라도, 지식 체계와 권력 체계의 관계를 이해하는 데 도움을 주는 진술이 있다. 그것은 "학문은 기껏해야 사회적 기획에 불과하다"는 진술이다.[99]

학문은 최악의 경우에도 평범한 경우에도 사회적 기획이다. 학문을 비롯한 여타의 탐구 형식들, 논문, 지식의 분과 영역 등은 모두 문화의 지도를 받는다. 그것들은 사회적 관계 속에서/위에서 작동한다. (피에르 부르디외의 범주를 차용하면) 사회자본, 교육자본, 경제자본 등은 모두 학문의 생산 과정 속에 포함되어 있다.

하지만 킹·코헤인·버바 세 사람은 모두 정치학자들인데도 "학문은 정치적 기획"이라는 사실을 인정하지 않으려 한다. 이 사실을 인정하는 사람으로는 피에르 부르디외Pierre Bourdieu〔1930~2002〕, 루이 알튀세, 토머스 쿤Thomas Samuel Kuhn〔1922~1996〕, 리처드 로티Richard Rorty〔1931~ 〕, 그리고 가장 엄밀하면서도 인색하지 않은 형식의 주인공 미셸 푸코가 있다.[100]

권력/지식에 대한 푸코의 설명은 지식 체계와 권력 체계의 관계를 이론적으로 풍부하고 정밀하게 규명한다. 「진리와 권력 Truth and Power」에서, 푸코는 지식의 정치경제학을 논하며 정치경제적 권력 체계와 지식 체계의 광범위한 통합을 제시한다.[101] 그리고 그 "진리에 대한 요구"는 끊임없이 인용되고 있다.

새로운 필요의 창안과 고무鼓舞 및 전파가 소비와 생산을 촉진하고 유통과 교환의 거대 경제를 움직이는 것처럼, 진리에 대한 요구를 고무하고 새로운 유형의 진리(자기에 대한 진리, 성性에 대한 진리, 명성에 대한 진리)의 정체성을 형성하는 것은 지식의 추구와 생산 및 전파를 촉진한다. 이러한 생산과 전파의 과정에는 유통과 교환의 경제가 포함되어 있다. 지식의 생산자에게 자금이 제공되고, 논문과 책은 유통되어 돈과 맞교환되며, 새로운 형식의 전문가 감정은 컨설턴트의 손으로 넘겨졌다. 이러한 체계는, 그것과 복잡하게 얽혀 있는 경제 체계와 마찬가지로 그 권리상 권력의 체계이다.

지식 체계는 지위의 서열화로 표시되고, 원천에 대한 접근성과 그 영향을 제공하고, 또한 경제 체계와 통치 권력에 연결되어 강제성을 부여받는다. 대학에서, 법인체와 군사 연구소에서, 미디어에서 생산된 지식은 지식의 소비자에 의해서 다채롭게 펼쳐질 권력의 원천이다. 누가 어떤 지식 집단에 참여할 것인가, 어떤 정보인가, 어떤 분석 도구인가 등등 지식 배분의 문제는 권력의 문제로서 서로 경쟁한다.

사회과학과 인문학에는 실질적으로 지식 체계가 권력 체계로서 작동하는 방식을 다룬 풍부한 경험적 문헌이 많다. 식민지 권력의 설립과 그 유지 과정에 사회과학이 공모했다는 것은 이미 충분히 탐구된 사례에 속한다.[102]

어떤 형식의 지식(예컨대 무기)은 지배를 촉진하였으며, 지배 기술에 대한 지식(예컨대 벤담Jeremy Bentham의 원형감옥panopticon)은 통치를 용이하게 했다. 의학적·인류학적·언어학적, 그리고 여타의 과학적 지식 형식들은 식민지 지배에 찬동하든지 반항하든지 간에 상관없이 식민지 지배를 합법화하는 식민지적 주체를 구성하도록 배치되었다. 다른 형식의 지배와 통치들, 즉 인종적·성적·계급적 서열화, 그리고 종교의 지배 형식 또한 이러한 지식의 조직체를 보여 준다. 아이러니컬하게도 (아마도 비극적으로) 지식의 정치학에 대한 탐구는 윤리적 중립성이 의심받게 되면서 비로소 가능해졌다.

진리에 대한 요구를 고무하고
새로운 유형의 진리의 정체성을
형성하는 것은
지식의 추구와 생산 및 전파를
촉진한다.

80 진리는 문화적 범주이다
진리는 문화 내부에 존재한다

진리는 때때로 모든 세속적 관계를 초월해서, 특히 지배와 종속의 관계를 초월해서, 지식이 추구해야 할 목표로 여겨졌다. 그러나 진리가 권력의 영향을 초월한다는 믿음은 학자와 무지렁이 간의 권력관계가 만들어 낸 착오였음이 드러났다.

진리가 "강제적"이라는 인식은, 진리가 강제력을 통해 권력으로 작동하는 방식을 보여 준다. 진리는 권력을 부여할 수도, 권력을 박탈할 수도 있다. 세속 안에서, 세속을 기반으로 작동한다는 점에서 진리는 세속적이다. 진리는 세속의 한 사물이다. 특정한 세속적 조건에 따라 생산되고 유통되다가, 세속적 기준에 따라서 세속에서 쓰이며 남용되기도 한다.

지식을 지배하는 정치적 조건이 오히려 지식을 위해서 유지되기도 한다. 푸코에 따르면, "모든 사회는 지식의 체계, 즉 '지식의 일반정치학'을 가지고 있다. 그것은 진리를 받아들여서 그것을 진리로 기능하게 만드는 담론의 유형이고, 진술의 참과 거짓을 구별하게 해 주는 메커니즘과 심급들이며, 각각의 진술이 그것을 통해서 인정받게 되는 수단들이고, 진리를 획득함에 있어서 가치에 부합하는 기술과 절차이며, 진리로 간주되는 것을 말할 의무가 있는 사람들의 지위이기도 하다."[103]

우리가 소중하게 간직하는 모든 것을 공격한다는 점에서 철저한 허무주의자에게나 어울릴 법한 푸코의 진술에는 익숙한 표현이 포함되어 있다. "진리를 획득함에 있어서 가치에 부합하는 기술과 절차"라든가 "진리로 간주되는 것을 말할 의무가 있는 사람들의 지위"가 그것이다.

"신문"과 같은 제도(런던의 《타임스》, 미국의 《뉴욕 타임스》, 프랑스의 《르몽드》)는 진리로 간주될 것을 말할 의무가 있다. 신문 등에서 인용한 것들은 진리로 간주된다. 그것들은 공공 담론에서 진리의 화폐로 통용된다. 그것들은 간혹 반박되기도 하고 드물게는 취소되는 경우도 있지만, 지속적으로 진리의 체계에서 특권적 지위를 누린다.

자료의 수집과 측정 기술은 일부 사회과학자들에게 똑같이 기능한다. 최근에는 특정 측정법에 의문이 제기된 적이 있다. 즉, 어떤 자료가 부정확하다고 알려지면서 결과적으로 그 측정법까지 믿을 수 없게 되었는데, 마땅히 더 좋은 자료가 없어서 결함이 있어도 그 자료를 사용하는 것이 그 분야에서 보편화되어, 마침내 그것이 정확한 자료인 양 수용되었다는 이야기다. 그 자료의 부정확성과 그것을 수용할 수밖에 없는 긴급성 모두 확인할 수 있었다.

대중이 이러한 현상을 어떻게 인식하는지는 "진짜 사실"이라는 입말이 잘 보여 준다. 이 말에는 "사실"과 "진짜"가 각각 보충적 확인이 필요하다는 뜻이 담겨 있다.

81 경험은 제한된 이해만을 제공한다

이와 비슷한 다른 테제들처럼 이번 테제는 단순해서 이해하기도 쉽고, 일상생활에서도 쉽게 입증할 수 있다.

우리는 날마다 전기를 사용한다. 그리고 전기로 인해 생기는 위험을 피하는 방법도 알고 있다. 하지만 우리는 전기에 대해서 아는 게 거의 없다. 전기에 대해 더 알고 싶다고 해서 감전 사고를 경험하느니 차라리 촛불을 켜는 편이 더 나을 것이다.

미국인이라도 미국의 역사에 대해 거의 아는 게 없을 수 있다. 마찬가지로 선거철에 투표를 하는 일본인도 후보자가 누군지 잘 모르거나 선거제도 자체에 무지할 수 있다. 내가 미국의 정치와 역사를 제한되게 이해하고 있다면, 그것은 경험이 부족해서가 아니다. 나의 이해는 독서와 문헌 연구, 수업, 학술토론회, 그리고 이 주제에 관한 대화와 사색의 결과이다. 어떤 주제를 충분히 이해하려면 경험은 물론이고 독서와 연구, 성찰이 필요하다. 경험은 단순하고 부분적partial(편파적)이며 특별하다.

"미국인으로서 내 생각에는…" 혹은 "이집트에서는 말이야…"와 같은 표현은 화자에게 권위를 실어 주기보다는 화자를 그 지역의 특산품처럼 보이게 만든다. 지역적이고 개인적인 경험만으로는 (그것이 아무리 풍부하다고 할지라도) 자신을 뛰어넘을 수 없다. 후하게 봐 줘서 경험에서 나온 이야기가 투명하게 전달될 수 있다고 가정해도, 그 이야기는 고작 개인의 제한된 경험의 한계 안에서 전달될 수밖에 없음을 인정해야 한다. 모든 경험이 그러하듯, 그 경험 역시 부분적(편파적)이고 예외적이다.[104]

"미국인으로서 내 생각에는…"

"이집트에서는 말이야…"

이런 말은 그 사람을

그 지역의 특산품처럼 보이게 만든다.

82 거짓말과 오류에도 의미가 있다

이번 테제는 박사 논문을 쓰면서 처음으로 실감하게 된 사실이다. 만약 이것이 진실이 아니라면, 이 또한 의미심장하다.

산 자와 인터뷰를 하든 죽은 이의 문서를 뒤지든지 간에 연구를 하다 보면, 사람들이 거짓말을 하고 있고, 또 잘 속아 넘어간다는 사실을 금세 알아차리게 된다. 사람들은 자기가 당연하다고 믿는 바에 속아 넘어간다. 그리고 자신만의 중요한 목적과 욕망을 추구하는 과정에서 거짓말을 한다.

설문 조사를 하는 연구원은 응답자에게 거짓말을 하는데, 왜나하면 조사 결과를 미리 알고 있으면서 응답자에게 특정한 입장에서 영향을 주려 하기 때문이다. 공무원들도 응답자에게 거짓말을 하는데, 왜나하면 그들은 설문 조사를 통해서 자신들의 공적 이미지가 특정한 방식으로 구성되기를 바라고, 그것이 정책에 영향을 주기를 바라며, 정치적 반대자를 속이고, 정보의 흐름을 통제하기를 바라기 때문이다. 그들이 발행하는 공문서는 자신들과 다른 사람들의 평판을 지켜 내기 위한 것이며, 자신들의 특별한 정책과 활동, 동맹 관계, 적대 관계, 그리고 이 모든 것의 근거를 생생하게 남겨 두기 위한 것이다.

사람들이 거짓말을 한다면, 그 원인으로는 수치심이나 자부심, 자신을 위험이나 보복으로부터 보호할 필요성, 아니면 자신이 역사적으로 기록되는 방식을 통제할 의도 등을 거론할 수 있다.

설문지를 받아 든 사람들이 투명하고 순수한 마음으로, 조사 대상에 대해서 무관심한 상태로, 자신의 답변이 조사 결과에 영향을 준다는 점을 의식하지 않은 채로 묵묵히 빈칸을 채울 것이라 믿는 사람은 바보일 것이다. 사람들은 자신의 답변이 비록 보잘것없긴 해도 손쉽게 영향력을 행사할 기회가 왔다고 여길 것이며, 동요하는 감정을 숨기고 답변을 위장할 것이다. 상당수의 사람들은 (아마도 그 점에서는 분석가를 능가해서) 설문 조사가 도출하려는 바를 알아차리고, 그 결과의 방향을 조금이라도 자신들이 바라는 방향으로 틀어 놓을 수 있는 전략을 개발할 수 있다.

특히 응답자와 조사자 간의 차이(예컨대, 계급적 차이나 학력의 차이)가 현저한 경우, 응답자가 열등한 지위를 받아들이기를 거절한다든지, 그 결과 해당 기획을 방해할 마음이 들게 되면, 면대면面對面 설문 조사는 굴절될 수도 있다. 특히 정부 보조금을 받는 사람들이나 불법체류 노동자, 혹은 정보 공개로 손해를 볼 수 있는 사람들을 상대로 설문 조사나 인터뷰를 할 때는 그로 인해 의도하지 않은 상처를 받을 수 있다고 미리 설명해 주어야 한다.

응답자를 대하는 공무원이 진실로 투명하게 말하고 있다고 믿는 사람은 없을 것이다. 헌신적이고 분별 있는 공무원이라면 한편으로는 제 자신의 이익을 위해서, 다른 한편으로는 자기가 속한 기관의 이익을 위해서 언제나 두 겹으로 말한다. 공무원은 공公과 사私 양쪽에 모두 충실할 의무가 있는 양수겸장의 주체인 것이다. 이러한 다성성多聲性은 당의 이익과 당내 경쟁자를 고려하면서 더 복잡해진다. 둘 중 어느 쪽의 요구를 수용해야 할지 하는 갈등이 공무원의 마음을 거짓말로 기울게 만든다. 공무원이나 그와 관련된 시민이라면 그 거짓말에 이해관계가 개입될 수 있으며, 그렇게 할 의무도 있다.

이와 달리 반란자·저항자·피억압자에게는 거짓말을 하고, 숨기고, 기만술을 사용할 근거가 충분하다. 세간의 평판에 따르면, 하위주체는 교활하며 "선천적으로 기만적이고, 치욕적이며, 거짓말쟁이"이기 때문이다.[105] 반란자는 반란을 꾀하기 위해서라도 자신의 반란을 은폐할 수밖에 없다. 가난한 사람은 자신의 한정된 자산과 자산 획득 수단을 은폐할 필요가 있다. 저항자와 피억압자는 현 정권의 정통성에 대한 평가와 통치자에 대한 견해를 감출 수밖에 없다. 그들이 자신의 견해와 전략을 노출한다면 비밀리에 그렇게 할 것이고, 그것을 동지들 사이에서만 공유할 것이다.

때로는 권력자에게도 이러한 전략이 필요하다. 부대 지휘관이라면 두려움을 숨겨야 하고, 때로는 자신의 무지와 어떤 명령이 가져올 결과도 숨겨야만 한다. 식민지 통치자도 개인적 두려움과 함께 숨겨야 할 것들이 많다. 자신의 능력 부족, 그리고 제국의 권위를 수행하는 데 부적합한 감상성 등등.

그러나 이와 같은 거짓말들은 연구에서 배제할 수 없는 장애물들이다. 아니 그 반대일지도 모른다. 연구자는 언제나 밀려드는 의문과 극심한 불확정성에 직면하게 된다. 저 사람이 거짓말을 하고 있지 않은가? 나더러 들으라고 혹은 내 주변인들을 겨냥한 거짓말은 아닌가?

거짓말에는 이유가 있는데, 그것은 진실의 경우보다 많다. 발각된 거짓말들을 보면, 거짓말을 한 사람이 어떤 것을 상대가 믿게 하려 했다는 것, 그리고 그로 인해 당하게 될지도 모를 위험을 기꺼이 감수하려고 했음을 알게 된다. 그래서 거짓말은 그럴듯하게 꾸미려고 사용한 증거는 제공하지 못할지라도, 사람들을 속여서 믿게 만들려고 했던 것의 증거는 제공한다.

오류도 증거가 될 수 있다. 처음 교단에 섰을 때, 나는 많은 학생들이 연합국의 제2차 세계대전 참전은 히틀러의 손아귀에서 유대인을 구하기 위해서였다고 철석같이 믿고 있다는 걸 알았다. 학생들은 무의식적으로 연합국을 거대한 역사적 사명의 수행자로 만들고 있었는데, 그들은 그러한 역사 이해가 문제가 될 수 있다고 생각하지 않았다. 학생들의 생각은 물론 잘못된 것이지만, 그들은 단지 연합국의 참전 동기를 추측했을 따름이다. 하지만 이로써 학생들은 내게 과거를 재구성하는 하나의 창문을 보여 주었다. 그것은 후대에 구성된 전쟁의 의미를 보여 주는 증거(그것도 엄청나게 가치 있는 증거)였다.

정치는 현실적인 권력으로만 움직이는 것이 아니라 거짓말과 오류를 통해서도 움직인다. 미국의 정치에서 가장 흔하게 작동하는 오류는, 인종 담론의 허구성을 밝히려는 진실이 아니라 인종이 진실이라고 믿는 잘못error이다. 통화와 주가에 대해 떠도는 소문에 대한 믿음은 하락세와 상승세를 동시에 추동하여 붕괴를 촉진하기도 하고, 회복세로 돌아서게 만들기도 한다. 국가가 "자유, 평등, 형제애"를 대표한다는 것, 혹은 "모든 인간은 평등하게 태어났다"는 헌법적 믿음은, 그것과 반대되는 무수히 많은 경험적 증거들에 직면할 때 혁명과 개혁의 가능성을 만들어 낸다. 국가와 시민이 자신을 초극할 필요가 있을 때, 거짓말은 야망과 책무의 모습으로 나타난다.

83 시간은 관찰자에게 속하는 것이지, 관찰 대상에 속하는 것이 아니다

단순하지만 급진적인 이번 테제는 칸트Immanuel Kant〔1724~1804〕에게서 유래했다.

칸트에 따르면, "시간은 독자적으로 존재하는 것도 아니고, 혹은 사물 속에 객관적 결정인자로 내재하는 것도 아니다. 그러므로 시간은 사물을 직관하기 위한 모든 주관적 조건을 제거하면 더 이상 남아 있지 않는 어떤 것이다."[106] 시간은 인간의 지각에서 독립되어 있는 외부 세계의 속성이 아니며, 따라서 객관적 척도의 원천이나 매체도 아니다. 시간은 물리적 세계의 차원이나 그 속성이 아니다. "시간은 경험을 통해서 도출해 낸 경험적 개념이 아니다."[107]

혹자는 시간이 **오로지** 경험에서만 도출된다는 것이 칸트의 주장이라고 말할지도 모른다. 다만 경험된 대상에서가 아니라 경험하는 방식에서 도출된다고 말이다. 실제로 칸트는 이렇게 말했다. 시간은 인간의 속성이며, 인간 오성의 조건, 즉 정신적 자질이다. "시간은 내감內感의 형식에 지나지 않는다."[108]

직선적 시간관에 의지하는 인과론은 결국 방어가 불가능할 것이다. 하지만 이렇게 말하는 것도 부질없는 일이다. 비트겐슈타인은 이렇게 말했다. "역사책을 놓고 그 원인과 결과에 대해 왈가왈부하는 것만큼 어리석은 짓은 없다. 그것보다 더 잘못된 것도 없고, 그것보다 더 미련한 것도 없다. 하지만 이렇게 **말하는** 것만으로 과연 그것을 중단시킬 수 있을까?"[109]

이번 테제의 목적 역시 비트겐슈타인의 (그리고 칸트의) 말처럼 명백히 무기력하기는 마찬가지다. 그러나 야망을 낮추고 부끄러운 꼴을 덜 당하면서 실천성이라도 높이기 위해, 여기서 두 가지 다른 방향을 제시할 것이다. 첫 번째 (더 정직한) 방향은 85번 테제에 제시되어 있다. 여기에서는 인과론을 다르게 생각할 수 있는 방식이 제시된다. 이번 테제는 편법에 더 가까운, 두 번째 방식을 제시한다.

많은 사람들이 분석적 관습으로, 은유로, 그리고 해석학적 장치로 인과론의 유용성을 인식했다. 만약 이처럼 편리하긴 하지만 사람들을 현혹시키는 타협적인 방법이 채택된다면, 다음에 이어질 테제들이 그것을 대체하지는 못할지라도 적절한 참조는 될 것이다.

83a. 인과관계는 상호적이다

이 하위 테제는 인과 논증의 순수 직선적 특성을 교정하는 방안으로 고려할 만하다. 가장 비대칭적인 것처럼 보이는 관계들조차도 상호 영향 관계를 보여 준다. 확실하고 상세한 사례로서 영국의 인도 통치the Raj를 생각해 볼 수 있다.

대영제국이 식민지 통치 기간에 인도에서 유지한 지배와 종속의 관계는 인도가 영국에 영향을 주는 것을 차단하지 않았다.

영국인들은 인도에서 폴로polo 경기를 배웠을 뿐 아니라, 케저리kedgeree〔쌀·콩·양파·달걀·향신료 등을 섞어 만든 인도 요리〕와 카레 먹는 법을 익혔으며, 왕자와 공무원들은 머리에 터번을 두르고 승마 바지를 입기도 했다. 영국인들은 또한 통치 전략과 실천을, 그리고 철학의 원리와 영혼의 탐구를, 서사의 형식과 수학의 명제들을 인도에서 배웠다.

"인과관계는 상호적"이라는 하위 테제는 단순한 기법으로도 유효하다. 어떤 영향이 어느 방향으로 진행되는지 알려면 그 주변을 둘러봐야만 한다. 또, 그 영향이 거꾸로 작동하는 경우도 찾아내야 영향의 실체를 파악할 수 있다. 당 총재가 당에 영향을 행사한다면, 당은 당 총재에게 영향을 미친다. 범죄 행위는 입법·치안·연구를 촉진하고, 입법·치안·연구는 범죄 행위를 호명한다.

상호 인과론을 확인하다 보면, 직선적 인과론이 서서히 무너지는 것을 알 수 있다. 왜냐하면 영향을 주는 매 순간에 상호 간의 영향이 수반되기 때문이다. 결과가 원인이 되고 원인이 결과가 될 때, 인과론의 직선은 그 안에서 관계가 형성되는 하나의 그물망이 된다.

83b. 원인은 언제나 여러 가지다

아이가 "왜?"라고 묻는 순간, 그 아이는 이번 테제의 변종을 알고 있는 것이다. 모든 원인에는 그 원인의 원인이 포함되어 있다. 아이들의 물음이 이어질수록, 원인과 결과의 단순 관계가 어느새 인과관계의 사슬이 되어 버린다.

이처럼 온통 직선화된 도식에서조차 다수의 원인이 존재한다. 어떤 결과의 원인을 추적해 보니 그 배후에 대통령령이 있었다면, 그것은 다시 대통령의 강력한 로비 활동으로까지 이어질 수 있다. 이 로비 활동과 대통령령이 명령의 출처로 부각될 수도 있겠지만, 그 뒤에도 다른 원인들이 있을 수 있다.

이번 테제의 다른 변종은 이미 발견되었다. 알 아크사 인티파다al Aqsa Intifada〔2000년 이스라엘 점령지인 알 아크사에서 발생한 제2차 팔레스타인 민중 봉기〕의 발생 원인이 무엇이냐고 묻는다면, 이렇게 대답할 수 있다. 아리엘 샤론Ariel Sharon 당시 이스라엘 총리의 성전산聖殿山〔Temple Mount. 예루살렘에 있는 이슬람교·기독교·유대교의 성지. 예언자 무함마드가 승천한 장소이자, 아브라함이 아들 이삭을 제물로 바치려 한 산이다.〕 방문과 야세르 아라파트 당시 팔레스타인해방기구 의장의 폭력적 대응 독려, 계속적인 전쟁 유도, 오슬로 평화협정, 오슬로 협정의 실패, 점령지에서 정착민의 증대 등등이라고 말이다.

이처럼 정치적 사건에서 도출한 사례를 보면 알겠지만, 원인의 다수성은 다수의 설명을 가리킨다. 원인의 다양성은 다양한 설명뿐만 아니라 그러한 설명에 내재하는 다양한 목적과 가치 평가, 그리고 그 안에서 그 목적과 평가들이 취하는 다양한 입장들을 반영한다.

그러나 다수의 원인들을 단순히 이데올로기적 차이라거나 관점의 차이의 작동으로만 볼 수는 없다. 그 원인들은 또한 사건을 구조화하는 복잡한 그물망의 결과이기도 한 것이다. 정치판에서는 어떤 사건도 외따로이 일어나지 않는다. 언어, 문화, 정치 안에서 발생하는 사건은 의미의 그물망을 전제한다. 그런 그물망에서 사람과 사건이 서로 연결되는 양상을 보면, 어떤 사건도 하나의 원인으로 일어나지 않음을 확신하게 된다.

84 인과관계에 대한 진술은 이론이 아니다 이론에는 인과관계가 불필요하다

베버가 말했듯이, 인과관계의 요청은 샤머니즘 외에 아무것도 아니다. 이론의 정의를 단순히 인과관계로 한정하는 것은 인색하고 게으른 정의에 불과하다. 그러한 정의에는 설명에 필요한 것들이 빠져 있다. 인과관계의 요청만으로는 충분치 않다.

이론이 요구하는 바는, 체제에 대한 해명을 동반한 주장이다. 소크라테스가 "우리는 결코 발견하지 않는다, 오로지 기억할 뿐이다."라고 했을 때, 그는 노예 문제를 통해서 기억의 체제를 입증한 것이다. 마찬가지로 마르크스의 역사 이론은 역사를 전진시키는 동력, 즉 언제 어떻게 무엇을 통해서 역사가 움직이는지를 설명했다. 우리는 추정상의 원인이 **어떻게** 표면적인 결과를 낳는지를 알아야만 한다.

따라서 이론가들이 방법론적 학문에 널리 퍼져 있는 이론에 대한 정의를 폐기하려 하고, 방법론적 학문은 이론가들을 피해가려고 노력한다는 것이 전혀 놀랄 일이 아니다. 놀라운 점은,

이론을 대체해 버린 이러한 게으름뱅이들이 오히려 엄밀성의 기준인 양 돼 버렸다는 것이다.

원인-과-결과의 관계를 이론의 필수 자질로 간주하는 것은 유구한 역사를 가지고 있는 일상적인 단어를 편협한 신조어로 만드는 일이다. 킹 · 코헤인 · 버바 세 사람과, 로버트 베이츠, 필립스 쉬블리, 스티븐 반 에브라 등에 따르면, 플라톤과 몽테뉴, 몽테스키외, 루소, 니체 등의 책에는 이론이라고 할 만한 것이 조금도 존재하지 않는다.

사실 특정 학파의 전문 용어에서 분리하여 '이론'이라는 말의 오래된 일상적 용법을 보면, '이론'이라는 이름 아래 수많은 탐구 형식들이 허용되었음을 알 수 있다. 이론이 되려고 굳이 원인-과-결과의 관계를 요청할 필요가 없었던 것이다. (설사 인과관계를 도입했다 하더라도, 그것은 그 이상의 작업으로 나아가는 데 필요했을 뿐이다.) 이론가들은 역설을 드러내고, 복합적 관계의 형식을 서술했으며, 삶의 여러 형식을 직시하고, 해결할 수 없는 질문을 던졌다.

이처럼 좀 더 관대한 시각으로 보면, '이론'이란 것은 시간을 두고 일상적 용법을 통해 정제되어 정치와 윤리의 영역을 배제하지 않는다. 그러면서 그것은 학자들이 지식뿐만 아니라 삶에 대해서도 무언가를 제안할 수 있는 가능성을 열어 두고 있다.

85 인과율 도식은
가상의 인격체가 만들어 낸
서사적 허구이다

비트겐슈타인은 이렇게 적었다.

"인과율적 관점이 교활한 것은, 그것이 우리로 하여금 이렇게 말하도록 이끈다는 점이다. '그것은 그렇게 일어날 수밖에 없었다'고 말이다. 하지만 우리는 다음과 같이 생각해야만 한다. 그것은 **그렇게** 일어날 수도 있었지만, 다른 여러 가지 방식으로도 일어날 수 있었다고 말이다."[110]

인과율적 논거를 제시하는 사람들은 결정적인 해명과 유일한 답변, 단일한 설명을 제공하는 것을 명확한 목적으로 삼는다. 비트겐슈타인은 여기에서 한 걸음 더 나아간다. 이처럼 최종적 설명의 불가능성을 알고 있는 그는, 그럼에도 불구하고 인과율적 관점이 어떤 식으로 유일무이의 설명이라는 미끼를 던지고 있는지도 인식했다.

만약 인과율적 설명을 도입하되 끝장을 보겠다는 잘못된 주장의 먹잇감이 되지만 않는다면, 그 사람은 틀림없이 인과율적 도식을 다른 방식으로 생각하게 된 것이다. 그런 방식에는 더욱 신중하면서도 더욱 정확한 단정, 그리고 더욱 엄격한 최종적 증거

 들이 필요하다. 이번 테제는 바로 이것을 제안하려는 것이다.

 인과율의 도식은 한 편의 꾸며 낸 이야기다. 다른 고전적 서사물과 마찬가지로 거기에는 일반적인 형식들이 있으며, 다른 모든 이야기들처럼 등장인물도 있다. 이런 서사물, 즉 원인과 결과로 된 이야기들에는 관행적으로 "프랑스"와 "독일", 아니면 "프롤레타리아"와 "교회" 같은 등장인물들이 관련되어 있다. 그 이야기들에는 또한 "시장", "국가", "제도", 때로는 "담론" 같은 인물들이 거주하기도 하는데, 그것들은 다른 데서는 종속변수와 독립변수라는 역할을 담당하는 것들이다. 이러한 인물들은 동기와 의도, 그리고 행위 능력을 갖고 있다. 이것들 상호 간의 관계에 대해서는 "상대적 자율성"이라거나 "상호 의존성"이라는 등 의견이 분분하다. 서사를 정착시키는 인격체는 가상의 것이면서 인간을 닮았다. 거기에는 의도와 행위뿐만 아니라 분위기와 성향, 도덕적 성격까지 포함되어 있다.

 이러한 인격체들, 예컨대 "국가"와 "시장"은 그 관계를 이야기해 주는 서사물 속에 들어가 있다. 그 서사물은 허구적이다. 프로이트는 최초의 부친 살해와 그 뒤를 잇는 토템 동물을 다룬 논문에서 특유의 정직함으로 이를 "그럴듯한 이야기"라고 표현했다.[111] 롤스John Rawls〔1921~2002. 정의正義 문제를 연구한 미국의 윤리학자 겸 정치철학자〕의 "원초적 입장original position"이나 "죄수의 딜레마"처럼, 서구적 규범에서 가장 주목받고 있는 사회적 계약에 얽힌 다양한 신화를 논할 때도 같은 말을 할 수가 있다.

 합리적 선택이론과 게임이론은 가장 전통적인 의미에서 아마도 가장 풍부한 이야기 저장 창고일 것이다. 이 창고에는 "죄수의 딜레마"뿐만 아니라 "양성兩性의 대결", "돈 태우기", "무자비

한 축발the Grim Trigger", "체인점의 패러독스" 등이 포함되어 있다. 제임스 모로James D. Morrow〔미시건 대학의 정치학과 교수로, 비협조적 게임이론을 국제정치에 적용한 것으로 유명하다.〕가 말했듯이, "양성의 대결은 1950년대의 일상에서 근사한 한 조각을 떼어 내서 그 이야기를 만들었다." 그 당시에 남편과 아내는 프로권투 경기와 발레 가운데 어느 것을 보러 갈 것인지를 놓고 언쟁을 벌였다. 다음에 묘사된 "치킨 게임Chicken Game"도 같은 시대에 유행했다.

1950년대로 되돌아가 보면, 호르몬 과잉에 시달리던 10대 청소년들이 '치킨'으로 알려진 남자다움을 겨루는 일에 곧잘 참여했다. 두 명의 경쟁자가 각자 자신의 애마를 몰고 황량하게 쭉 뻗은 도로 위에서 만나기로 한다. 그들은 일정한 거리를 둔 채 서로 마주 보고 차를 몰아 상대방 쪽으로 곧바로 돌진한다. 이 게임은 둘 중 하나가 "겁을 집어먹고" 도로 밖으로 피해야 끝이 난다. 남은 사람이 우승자가 되는데, 그는 그 지역에서 가장 혈기 왕성한 남자로 선포된다. 때로는 어느 쪽도 게임을 포기하지 않아서, 많은 혈기 왕성한 청소년들이 길바닥에 피를 뿌렸다.[112]

모로 교수가 묘사한 게임들은 대부분 이른바 "근사한 이야기"를 동반한다. 이러한 이야기는 문학(토머스 셸링Thomas Schelling 〔하버드 대학의 경제학과 명예교수. 2005년 게임이론으로 노벨경제학상 수상〕은 멜빌의 '에이헙Abab'〔『백경』의 주인공〕을 주인공으로 삼고 있다.)과 역사(〔1962년 10월 22일 미국과 소련이 핵전쟁을 벌이기 직전까지 간〕 쿠바의 미사일 위기), 그리고 대중문화 등에서 다양하게 도출되었다.

이 이야기들은 구조가 단순한 편이지만, 훌리오 코르타사르 Julio Cortázar〔아르헨티나의 환상적 사실주의 작가〕의 소설『돌차기 놀이*Hopscotch*』처럼 모든 이야기에는 하나 이상의 다양한 서사 구조가 내재되어 있다. 죄수에게는 협조 혹은 변절을 선택할 가능성이 있으며, 부부는 프로권투 경기를 보러 갈 수도 있고 발레를 보러 갈 수도 있다. 설사 모로 교수의 경우처럼 서술자 가 반어적 어조로 그것을 비난하는 경우가 있다고 해도, 대체 로 이 이야기들은 사회적 역할에 대해서는 보수적인 관념에 의 존하며 그 관념의 확산을 요청한다. 한 마디로, 이러한 게임들 은 다른 이야기들과 마찬가지로 전략적 상황을 나타내는 형식 적 모형 이상의 의미를 전달한다.

헤이든 화이트Hayden White〔1928~ .『19세기 유럽의 역사적 상상 력』을 쓴 미국의 역사가〕의 고찰에 따르면, 역사적 서사물은 뚜렷 한 수사학적 성질을 가지고 있다. "예컨대, 미슐레의 것에서는 표의문자의 설명 형식이 로망스의 플롯 구조와 연결되어 있고, 랑케의 것에서는 유기체적 설명이 희극의 플롯 구조와 연결되어 있으며, 토크빌의 것에서는 기계론적 설명 유형이 역사적 과정에 대한 근본적으로 비극적인 관념을 보완하면서 드러내고 있고, 부 르크하르트의 것에서는 맥락 의존적 설명의 양상이 본질적으로 풍자적인 서사 형식과 결합되어 있음을 보여 주고 있다."[113]

이 책〔『*Tropics of Discourse*』〕에서 화이트는 수사학과 문학비평의 도구들을 이용해서 어떻게 역사적 저작의 서사 구조를 분석할 수 있는지를 입증해 보였다. 그는 또한 역사라는 것이 상상력이 첨가 된 작품이라는 인식이 새로운 사실이 아님을 상기시켰다.[114]

정치학자를 포함하여 여타의 사회과학자들도 종종 서사성은 역사에만 속한다는 것, 그러므로 사회과학에서는 서사성이 오로지 역사적 방법의 영향을 받을 때만 드러난다는 가정 하에 연구를 진행하는 경우가 있다. 그들의 연구는 잘못된 인식에 따라 이루어지고 있는 것이다. 모든 인과율적 설명은 역사적이다. 그들은 직선적(진보라는) 관념에 의존하여 역사를 본다. 그래서 그들이 제시하는 모든 설명에는 원인이 결과보다 앞선다는 시간적 도식이 포함되어 있다. 그런 설명이란 것은 해당 결과에 대해서 단순하고 인색한 역사를 제공할 따름이다. 이처럼 간결한 역사적 서사물에서 미니멀리즘의 미학이 작동한다 할지라도, 그 서사물에서 다른 수사학적 속성들까지 제거하지는 못한다.

이번 테제의 가치는, 과학적 발견과 가치중립적 사실들이라는 허구에 결부된 사람들의 진리주장truth-claim의 정체를 폭로하는 데 있는 것이 아니다. 그보다는 그들이 사용하는 분석적 도구들과 특징적 지점들을 보여 주는 데 있다. 인과율적 설명이 서사물에 불과하다는 인식은 수사학적 분석의 도구와 문학비평 형식들의 가치를 보여 준다. 사회과학의 탐구 양식이 지닌 서사성을 인식하는 것은, 방법론적 분석과 비판을 위한 새로운 영토를 개방해 준다.

인과율 도식은
한 편의 꾸며 낸 이야기다.
그 설명은 서사물에 불과하다.

86 문화에는
다양한 시공간의 차원이 있다

문화는 물질적이다. 따라서 다양한 시공간의 차원이 포함되어 있다.

문화 및 문화적인 것은 특정한 시간에 특정한 장소에서만 나타난다. 문화는 (설사 항상 정치적 실체와 접촉하며 공존하는 것은 아닐지라도) 공간적 영토를 점유하고 있다. 문화는 시간적으로도 한계가 있다. 우리는 문화의 물리적 지점을, 즉 문화의 공간적 형식과 차원, 시간적 위치, 역사적 순간 등을 찾아내야만 한다. 이것은 단순하지만 정치와 문화 연구에서 중요한 원칙에 속한다.

문화를 특정한 언어적 존재 형식으로 간주하든지, 혹은 그것을 생산한 사물·사람·사건들과 그 산물로서 바라보든지 간에 문화는 물리적으로 현존하는 것이다. 문화는 물리적 성질을 통해서 작동한다. 전 세계의 위대한 종교들에서 공통되게 나타나다시피 음식과 성 관계 및 의복의 규제는 물리적인 것을 인정하고 그것을 이용하는 것이다. 촉각과 후각, 미각과 습관이 운동에 미치는 영향과 관습이 취향에 미치는 영향 등이 그 대상이다.

하지만 우리가 감각을 통해서 문화를 이해하려고 〔구약성서의〕「신명기」나 「레위기」를 읽는 것은 아니다. 감각은 특유의 친밀한 환기 방식으로 문화의 시간적 차원과 공간적 차원의 연결 지점을 경험하게 해 준다. 재스민 향기나 두리안나무의 냄새, 혹은 이름을 알 수 없는 어떤 향기가 베트남전쟁 당시의 방콕을 떠올리게 할 수 있다. 찹쌀밥과 쌀국수를 먹는 것, 진하고 달콤한 커피를 마시는 것, 실크를 만지는 것, 낮은 보트로 물살을 가르는 것 등이 그 시간과 장소에 속해 있으며, 그 잔류 기억, 기호, 환기물로 남아 있다.

우리는 문화를 물리적으로 경험한다. 입는 것, 입는 방식, 먹는 것, 냄새 맡는 것, 보는 것, 듣는 것, 그리고 이동 수단과 장소, 속도 등과 같이. 그래서 문화와 문화 내부의 정치에 관한 연구는 책과 문서 연구에 한정되지 않고, 문화가 물리적으로 구현된 지점들로까지 확장된다.

정치학자들의 경우, 특히 인종과 민족성, 섹슈얼리티, 폭력 등을 연구하다 보면 문화가 물리적 형식으로 현존한다는 점이 분명해진다. 우리의 신체는 비단 문화적 텍스트일 뿐만 아니라, 문화가 육화肉化되고 시행되는 지점, 그리고 정치적 실행과 구성의 지점이기도 하다. 건축과 영토, 국경과 교역의 흐름은 문화에 시공간의 차원을 부여한다. 이러한 차원이 사회과학 전반에 걸친 학자들의 작업이 갖는 성격을 결정한다. 그들이 아무리 문화적 탐구의 중요성을 부인하더라도 말이다.

87 문화에는 속도가 있다

베버에 따르면, 산업의 발달은 그것이 문화 구석구석에까지 미치게 되면서 사람들의 삶을 심각하게 바꿔 놓았다. 심지어 "사람들의 자연적 리듬까지 바꿔 놓았다."[115]

조르조 아감벤Giorgio Agamben〔이탈리아의 철학자 겸 미학자〕은 이렇게 말했다. "역사에 대한 모든 관념은 불가피하게 어떤 시간의 경험을 동반하는데, 그 경험은 역사에 내포되어 있으면서 역사의 조건을 이루기 때문에 반드시 해명되어야 한다."[116]

아감벤도 베버처럼 모더니티의 속도가 공장제 수공업의 리듬을 반복하고 있다고 믿는다. 양자는 물질적 조건의 변화, 특히 이 경우 노동조건의 변화가 시간의 경험을 바꿀 수 있고 또 바꿔 놓았음을 알아챘다. 노동자는 공장의 벨 소리에 맞춰 먹고 자며, 출퇴근 기록계에 맞춰 출퇴근한다. 노동자는 낮 동안 작업용 기계의 변함없는 명령에 따라 몸을 움직인다. 공장 모델(혹은 교회 모델이나 군대 모델)이 학교, 병원, 교도소, 보호시설 등에까지 확산되자, 학생과 교사, 환자와 의사, 광인, 범죄자, 관리인 등까지 공장의 리듬에 매몰되었다.

도시와 시골, 모더니티와 전통 등이 서로 다른 속도로 삶을 감싸고 있다는 사실은 잘 알려진 바이다. 농민들은 자연 세계의 리듬을, 즉 계절의 순환, 곡식과 동물의 성장 주기, 닭이 언제 알을 낳고 언제 소젖을 짜야 하는지 그 순환 주기를 잘 알고 있다. 그런데 농업의 기계화로 이 리듬에 변화가 생기며, 농부들은 전혀 다른 생활 세계로 접어들었다. 흔히 전통은 모더니티보다 훨씬 느리게 움직인다는 소리를 듣는다. 코젤렉Reinhardt Koselleck〔빌레펠트 대학의 역사 이론 교수〕은 "모더니티의 특징으로 특유의 가속도"를, 비를리오Paul Virlio〔프랑스의 문화 이론가〕 역시 속도를 모더니티의 유별난 속성으로 들었다.[117]

한편 벤야민Walter Benjamin〔1892~1940〕과 들뢰즈Gilles Deleuze 〔1925~1995〕가 생각한 모더니티의 특징은 무엇보다도 안정적이고 일률적인 리듬, 즉 반복에 있었다. 이러한 리듬은 규칙적으로 반복되는 기계음에서 들려왔다. 또한 기계적 재생산을 통해 볼 수도 있었다. 인쇄, 석판인쇄, 사진 등을 통해 반복되는 이미지들이 만들어졌다. 그것들은 대량생산 공정을 거쳐 산출되었다. 공장의 작업, 교회와 학교의 훈육은 반복적 리듬을 주입했다.[118]

문화에서 비율과 리듬의 중요성을 이처럼 다양하게 인식했다는 것은, 시간을 분석의 층위로 간주할 때 던지는 질문이 "언제?" 또는 "얼마나 오래?"의 수준을 넘어섰음을 입증한다. 연대기와 지속 기간의 문제가 의문에 부쳐졌다. 질문은 그것으로 충분치 못하다. 시간의 층위에서 연구한다는 것은 또한 비율과 리듬, 반복에 대한 질문을 포함한다. 얼마나 빨리? 자주? 무엇이 반복되는가? 얼마의 주기로? 어떤 유형으로? 누가 보조를 맞추는가? 누가 뒤처지는가? 어떤 것이 슬픈 노래〔듀보이스의 책 『*The Souls of Black Folk*』(1903)의 14장 제목 'The Sorrow Songs'〕의 박자인가?

88

'어디'에 대한 물음은
'언제'에 대한 물음을 포함한다
'언제'에 대한 물음은
'어디'에 대한 물음을 포함한다

유용하고 실질적인 이번 테제의 의미는 글자 그대로이다. 누군가 미합중국이 언제 건국되었는지를 물을 수 있다면, 그가 미합중국이 어디에서 건국되었는지를 묻는 것은 가능성이자 당위이며 의무이기도 하다. 누군가 팔레스타인이 어디에 있느냐고 물을 수 있다면, 언제부터 팔레스타인이 되었는지를 묻는 것은 가능성이자 당위이며 의무이기도 하다. 이런 분석 도구는 그것이 촉발하는 질문이 가장 어색해 보일 때 가장 유용하다.

사실 이번 테제는 해명하기가 쉽지 않다. 사람들은 때를 물어야 할 시점에 장소를 물을 수도 있고, 장소를 물어야 할 곳에서 때를 물을 수도 있는데, 왜 그런 일이 생기는지에 대해서 대답할 준비가 되어 있지 않기 때문이다. 개인적인 생각으로는 하이데거의 「집짓기, 거주하기, 사유하기Bauen Wohnen Denken」(1951)라는 글이 이 테제와 관련하여 가장 시사적인 것 같다. 이 글에서 하이데거는 시간(사이의 시간the time of the interval)과 공간의 관계를, 그리고 사유가 출현하는 공간으로서 사이interval에 대해서 논한다.

　　결론적으로 다소 만족스럽지 못하더라도 단순하게 설명하자면, 이번 테제는 모든 사건에는 시간적 자리와 공간적 자리가 있다는 것, 그리고 한 사건의 자리를 올바르게 파악하려면 양자에 대한 지식이 필요하다는 것을 상기시킨다. 오래된 천문항법天文航法〔천체의 고도와 방위를 측정하는〕의 원리처럼 말이다.

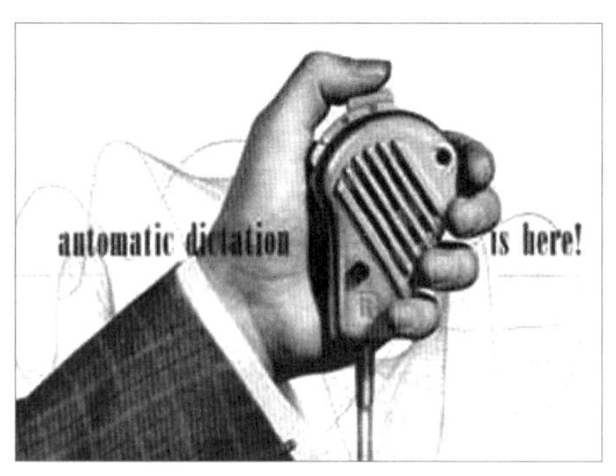

모든 사건에는

시간적 자리와 공간적 자리가 있다.

한 사건의 자리를 올바르게 파악하려면

양자에 대한 지식이 필요하다.

89 이전의 것이 이후에 올 수도 있다

어떤 조건 혹은 사건이 전제 조건으로 기능하려면, 그것을 전제 조건으로 기능하게 만들어 주는 어떤 것이 먼저 출현해야만 한다. 그 다음 혹은 그것의 출현과 동시에 조건 혹은 사건은 전제 조건으로 기능한다.

이러한 고찰은 직선적 시간 관념과 역사 관념에 심각한 무례를 범하는 것처럼 보일 수 있다. 하지만 이런 관념은 많은 사람들이 의존하는 것이며, 그 용례는 널려 있다.

사회계약이 통상적인 의미의 역사적 사건과는 다른 것이라고 생각하는 사람들은, 자연 상태를 정확히 다음과 같은 역할에 배정했다. 어떤 것보다 앞서서 그것을 뒷받침하는 전제 조건으로 배정된 자연 상태는, 후속하는 것에 의해서 비로소 전제 조건으로 만들어진다.

그러나 자연 상태는 계약의 정당성을 뒷받침하는 것으로서 단순히 계약보다 앞서 존재하는 그런 것이 아니다. 자연 상태는 정치적인 것이 시작된 이후에야 비로소 그런 자격을 얻었다. 도덕성을 자연법 형식이 아닌 관습법으로 바라보는 체계에서는,

관습으로 도덕성이 성립한 다음에야 사회계약을 정당화하는 도덕적 명령이 출현할 수 있다. 언어는 우리에게 언어보다 앞서는 많은 것들, 예를 들어 자연·문화·몸의 말·몸의 글자 등을 제공한다.

찰스 틸리Charles Tilly〔미국의 사회학자 겸 정치학자〕는 전쟁을 일으키는 국가의 특성은 보호를 명목으로 돈을 뜯어내는 데 있다고 했는데, 여기에도 똑같은 논리가 적용된다. 틸리에 따르면, 국가가 누군가를 협박의 위협에서 보호해 주겠다고 약속한다면, 그 국가가 제공하는 보호의 명목은 협박과 크게 다르지 않다.[119]

보스 중의 보스로 행세하는 국가가 자신이 막아 주겠다고 하는 그 협박을 창출하고 있는 것이다. 이러한 효과를 승인하는 것은, 국가가 평화와 질서를 보증한다는 기초적 사실에 비춰 봤을 때 국가의 정당성을 훼손하는 일이다.

틸리의 논문은 이처럼 겉으로 보이는 것과 전혀 반대되는 현상이 만연해 있음을 강조한다. 그의 주장처럼, 건국의 논리는 얼마나 전제 조건에 영향을 미치느냐에 의존한다. 이처럼 외형상 도착적인 논리가 사회계약 이론뿐 아니라 국가의 전쟁을 정당화하는 논리에도 번져 있다. 틸리는 이번 테제의 윤리적 함의를 부각시킨 것이다.

로크John Locke〔1632~1704〕는 당장의 잘못뿐만 아니라 예상되는 잘못까지도 처벌의 근거가 된다고 보았다. 로크는 다음의 유명한 구절에서 절도범을 살해할 수 있는 경우를 논했다.

"그 절도범이 그 사람을 해칠 의사가 조금도 없었고, 그의 목숨을 해치겠다고 말하지도 않았지만 …… 그 절도범은 아무런 권리도 없는 곳에서 완력을 사용해서 나를 그의 권력 하에 두었다는 점에서, 그리고 그가 제시할 핑계가 어떤 것이든, 나로서는 나의 자유를 뺏으려고 했던 그 절도범이 나를 그의 권력 하에 두었을 때 그 밖의 모든 것을 빼앗아가지 않으리라고 추정할 아무런 근거도 없다."[120]

이런 설명대로라면, 곧 닥쳐올 것 같은 위협의 신호는 협박이라고 부를 만한 위해危害의 명백한 징표이다. 절도범을 살해할 권리는 아직 일어나지도 않은 행위에서, 아직 일어나지도 않은 손해에서, 그리고 아직 체결되지도 않은 부채에서 도출된다. 살해를 저지르려는 (하지만 살해는 하지 않을 수도 있는) 사람이 살해를 저지르지 않을 (하지만 저지를 수도 있는) 절도범과 마주치게 된 것이다.

이 절도 사건의 경우, 책임을 계산하는 것이 막으려고 하는 폭력을 오히려 조장하고 있다. 왜냐하면 책임에 대한 계산이 원인과 결과의 투명한 사슬에 의존하기 때문이다. 이 경우에는 그 사슬이 거꾸로 돌고 있음을 알게 되는데, 그것은 로크의 윤리적 주장뿐만 아니라 동일한 형식에 의존하는 모든 주장의 입지를 무너뜨린다.

이번 테제는 두 가지 비판으로 통하는 문을 열어 놓는다. 하나는 인과율에 관한 관습적 이해에 대한 비판이고, 다른 하나는 책임의 윤리에 대한 비판이다. 책임의 윤리라는 것은 원인과 결과라는 직선적 이해에 의존하기 때문이다.

90 과거는 오직 현재를 통해서만 접근할 수 있다

이번 테제를 가장 간단하면서도 쉽게 받아들이는 독법은 과거로 가는 길이 폐쇄되었음을 상기하는 것이다. 우리는 매우 부분적이고 제한된 방식으로가 아니면 과거로 진입할 수 없고 과거로 되돌아갈 수도 없으므로, 과거는 우리 자신의 과거가 아니다.

물론 과거의 대상을 보유할 수는 있다. 과거의 문서를 읽을 수도 있다. 과거에 대한 상상적 추억 속에서 과거의 대상들을 결합시킬 수도 있다. 과거를 상상적으로 재구성하고자 우리가 사용하는 물건은 모두 현재의 일부분으로서 현재의 우리에게 되돌아온다. 대상뿐 아니라 우리도 그러하다.

우리가 과거로 되돌아간다 해도, 우리는 현재의 주민 자격으로 현재를 통해 과거로 진입하는 것이다. 우리는 디즈니랜드의 메인스트리트나 민속박물관으로 들어서는 것과 같은 방식으로 과거로 들어가게 된다. 우리는 재구성이라고 표시해 놓은 현관과 주차장을 통해 그 장소로 진입한다. 우리는 당대의 담론, 당대의 관습, 당대의 표준을 지참하고 당대의 차림으로 들어간다.

디즈니랜드 주차장을 통해서 들어가든지 혹은 연구를 통해서 들어가든지 간에, 우리는 과거가 재구성되었음을 알고 있다. 우리는 보관 중인 문서를 개봉할 때나, 과거의 우리를 발견하게 될 시대적 구성물에 들어설 때나 아무런 예측도 하지 않는다.

이렇게 말하면 본의 아니게 과거의 유물이나 과거에서 살아남은 대상들 속에 과거가 포함되어 있다고 주장하는 사람들의 입장과 대립하게 된다.[121] 한때 과거에 현존했으며 지금은 우리를 위해 현전하는 물질적 대상은 우리에게 과거를 실어다 준다. 그러나 과거는 그릇에 담아 (혹은 그릇처럼) 운반할 수 있는 것이 아니다. 과거에 만들어져서 현재에도 보존되는 물질적 대상 속에서 과거와 현재의 문화적 순간들이 만난다. 이것은 흔히 인정되는 바이다. 자신들의 영토가 그곳에 살았던 조상들과 자신들을 연결하는 역할을 한다고 생각하는 사람들이 그러한 인식을 토대로 작업을 한다. 역사적 보존의 전통과 순례의 전통은 양자 모두 현재와 과거의 연결점으로 문화의 물질성을 이용한다.

그러나 벤야민의 논증과 실천들은 과거를 찾아 현재를 떠날 수 있다고 주장하지는 않는다. 오히려 문화의 물질성을 인정하고 그 물질성의 효과(혹은 용법)를 고찰한다.[122] 과거가 그 물질성을 통해서 (물질성으로서) 우리를 찾아오는 한, 과거는 현재를 통해서 (현재로서) 우리를 찾아온다.

유물과 물질적 대상 등이 그 속에 과거를 보존한다는 확신은 놀랍게도 잠재성이 풍부한 테제, 즉 과거는 감각을 통해서 접근할 수 있다는 테제를 제안한다. 과거에 접근이 불가능한 까닭은 사람들은 죽고, 관습은 변하고, 도시와 건물과 기념비들은 파손되고, 기록물은 유실되기 때문이다. 과거의 상실은 지속의 능력을 부정하는 그 물질성 탓이다. 하지만 과거는 물질성 속에서 지속한다. 우리는 감각을 통해서 과거에 접근할 수 있는 것이다.

이번 테제(와 그것이 상대하는 더 위험한 견해)는 어느 정도 잠정적으로 제시한 것이다. 이번 테제가 제시하는 과거와 현재의 이분법에는 오해의 소지가 있으며, 설사 그것이 이분법의 해체를 위한 것이라 할지라도 이런 말의 반복에는 사물화의 효과가 있다. "과거", "현재", "미래"의 범주는 진부한 도구라는 느낌이 있다. 그것들은 사용이 편리해서, 능숙한 사람들에게는 결코 손이 많이 가는 미가공의 재료가 아니다. 여기에서는 다만 이 범주들이 모두 우리에게 속해 있다는 점을 상기하고자 한다.

시간 감각은 우리에게 속한 것이지 우리와 동떨어진 세계에 속한 것이 아니다. 과거가 우리에게 물질적·감각적으로 나타난다는 생각은, 과거와 현재의 관계에 대해 널리 알려진, 널리 알려져서 오해를 불러일으키는 인식을 지속적으로 무너뜨릴 질문 방법을 제시해 준다.

우리가 과거로 되돌아간다 해도,
우리는 현재의 주민 자격으로
현재를 통해 과거로 진입하는 것이다.

91 기원을 지정하는 것은 정치적 행위이다

이 단순한 테제는 경험적으로 쉽게 입증된다.

남북전쟁 이전에 미합중국에는 청교도에 의한 건국을 주장하는 사람들이 있었다. 그들은 청교도의 상륙을 기념하여 '플리머스의 바위Plymouth Rock'〔1620년 메이플라워 호를 타고 미국 플리머스에 정착한 영국 청교도단이 상륙한 지점에 있는 바위〕에서 국가의 기원을 찾았다. 이러한 국가 기원설은 청교도들을 건국의 주인공으로 만들고, 메이플라워의 약속을 통해서 미국의 헌법을 신약과 구약의 약속에 이르는 약속들의 계보에 위치시킨다. 이러한 지정의 정치적 효과는 넓고도 깊었다. 이 헌법은 북부 지역을 특권화했다. 그리고 근래 상당수의 가톨릭 이민자들을 배제하여 그들의 권리를 박탈하고, 동화시키려는 노력을 정당화했다.

반면 국가의 기원이 되는 지점을 1776년의 필라델피아〔1776년 7월 4일 필라델피아에서 아메리카합중국의 독립을 선언한 일〕에서 찾으려는 사람들은 더욱 세속적이고 혁명적인 건국을 위해 투쟁했다. 이러한 지정에 따라서 남부 지역의 탈퇴가 정당화되는 경향이 있(었)다. 그것은 마치 식민지 국가가 영국의 통치에서 독립을 선언하는 것과 같다는 말이 돌았다. 미합중국을 기독교 국가로 보아야 하고, 기독교 계율에 따라서 통치해야 한다고 주장하며, 기독교 제도를 특권화하려는 사람들은 청교도에 의한 건국에 의지해서 종교적 능동주의와 종교가 공적 생활에 관여하는 것을 정당화하고 있다.

이러한 논쟁은 비단 미합중국에만 있는 특징적인 현상이 아니다. 비슷한 논쟁이 인도에서도 공개적으로 활기차게 진행되었다. 인도에서 기원의 지정을 둘러싼 논쟁은 역사와 고고학 분야의 학문적 연구 범위를 넘어서 공적인 논쟁으로까지 확산되었다. 인도 역사를 다룬 만화책 시리즈는 국가의 기원에 관한 나름의 역사를 제공하는데, 모든 만화책은 시리즈의 내용을 정당화하고자 역사를 내세운다.[123] 이집트는 무슬림의 역사에 대항해서 파라오의 역사를 세우려는 투쟁으로 뜨겁지만, 그로 인해서 분열되어 있다.

이러한 내용이 암시하듯, 기원의 지정을 포함하는 모든 학문적 연구에는 정치적 효과가 있기 마련이므로 그것은 정치적 행위로 이해되어야만 한다. 여기에 중립은 없다. 대부분의 경우, 특히 모험적이고 논쟁적인 경우에 "그것이 언제 시작되었는가?"라는 질문은 "그것은 무엇인가?"라는 질문을 동반한다.

기원을 지정하는 것은
정치적 행위이다.
여기에 중립은 없다.

92 불멸의 담론은 없다 완벽한 방법은 없다

완벽한 방법을 찾으려는 열정과 탐구는 오류 가능성을 피해 보려는 욕망에서 비롯된다. 그것은 세속적 사제 예식과 성례聖禮, 그리고 제의祭儀가 주는 약속이다. 우리가 만약 그러한 제의를 고수하고, 예식을 추종한다면, 축복이 내려질 것이다. 그것은 기계의 약속이다. 우리가 기계에 적합한 어떤 일을 시킨다면, 기계는 파손되기 전까지 그 일을 계속 수행할 것이다.

그러나 모든 제의가 모든 환경에 적합한 것은 아니다. 어떤 기계라도 모든 임무를 해낼 수는 없다. 성례는 그렇게 이미 축복받은 자들을 통해서, 이미 축복받은 자들에게만 축복을 내려 준다. 기계는 새로운 절차와 신상품을 산출하면서 그와 동시에 새로운 사고, 결함, 손상을 만들어 낸다.

혹자는 "문제를 해결하는" 사회과학을 추구하면 이런 어려움을 해소할 수 있다고 믿는다. 그들은 그런 일이 실행된다고 해도 결과가 전적으로 만족스러울 수는 없다는 사실을 망각하고 있는 것이다. 교도소 체계의 발달은 본래 훈육·감시·처벌·교정 과정에서 나타나는 비인간성 문제를 해결하려는 노력의 산물이었다. 식민지의 기획은 침투와 지배, 반란 등 여러 가지 문제를 해결하는 데 여러 세대의 학자들을 참여시켰다. 냉전과 베트남전쟁, 자유주의 경제학도 모두 여러 가지 문제를 해결하려는 노력의 산물이었다. 문제를 해결하려고 드는 것만이 능사는 아닌 것이다.

말과 글에서 명확성과 정확성을 기하려는 언어 교정의 노력과 순수 담론의 모색은 의사소통을 더욱 개방적이고 보편적인 것으로 만들려는 욕망, 즉 시간을 초월해서 의미를 안정시키려는 욕망에서 촉진되었다. 그러나 이는 언어를 거스르는 노력이다. 언어는 한번 생성되면 실천을 통해 변형되어서 미래의 의미를 예측할 수 없게 되기 때문이다. 글을 쓰는 행위에도 저자의 의도를 초과하는 효과가 있으며, 그 효과는 예측할 수도 통제할 수도 없다. 의미들은 맥락을 통해서 만들어지며, 전략들은 맥락을 통해서 작동하는데, 그 맥락은 변하기 마련이다.

더욱 순수한 언어의 추구는 정치적 욕망으로 촉진되며, 책임지지 못할 정치적 약속을 제공한다. 많은 사람들에게 약속된 권리론權利論을 보면 알 수 있다. 그것은 노예의 자유를 주장하는 동시에 노예 소유주의 소유권을 주장한다. 여성의 권리를 주장하는 동시에 태아의 권리와 가정 내 남편의 권리도 주장한다. 사적인 전유라는 혐의를 면제받은 담론은 없다. 그리고 아무리 완고한 저자의 권위라도 그것이 지속적으로 지배하는 담론도 없다.

사용자에 의해 변질되지 않는 도구, 기만 없이 발설되는 언어, 무책임하게 사용될 수 없는 방법에 대한 소망은 환상에 지나지 않는다.

93 이상理想은 물질을 통해 나타난다

이번 테제에는 뚜렷한 주창자가 있지만, 여기에서는 이론이라든가 이념, 가치, 개념, 규범 등이 물질적 형식을 취한다는 사실을 상기하는 제한된 목적에만 충실하도록 한다.

이론과 이념, 가치, 개념, 규범 등은 현존하며, 세속에 속한다. 그것들은 보고, 듣고, 읽을 수 있다.[*] 그것들은 맛을 보고, 냄새를 맡고, 만질 수 있다. 우리에게 감각적이고 물질적인 형식으로 이념을 제공하지 않는 것, 그런 대상은 없다.

바위가 지질학자를 불러들인다고, 혹은 바위가 지질학자의 행동을 유발한다고, 혹은 지질학자가 바위를 창조한다고 믿든

[*] 이번 테제와 다음에 이어질 테제는 "헤겔에게서 배우는 단순 사실"이라 할 만하다. 나에게는 헤겔에게 빚지고 있음을 인정하고 다른 사람들을 그의 저작으로 향하게 할 권리만이 있을 뿐, 헤겔의 철학적 저작에서 물질과 이상의 관계 주변에 몰려 있는 복잡한 논쟁에 순진한 독자로서 관여할 의향은 없다.

지 말든지 간에, 우리는 원칙의 작용이 물질적 사물들과의 관계 속에서 개방되며 연구된다는 것을 알게 된다. 시선을 정치 쪽으로 돌려 보자.

국가를 하나의 이념으로, 국가 형식을 이념의 단순한 표현으로 여길 수도 있다. 하지만 그 형식들, 즉 땅·법률·국민 등을 볼 때 그것들을 계속 단순한 표현으로 환원해서 보기란 어려운 일이다. 땅만 하더라도 영토와 경계를 보고, 그 땅의 조건과 산물, 경계를 볼 수 있으며, 그 땅에 사는 시민과 국민의 수많은 특성과 행위를 본다고 하더라도 그것들이 아무리 무궁무진하다 하더라도 그 국가를 전부 설명해 주지는 않는다.

우리는 이상理想이라는 것을 물질의 잉여가치로서, 물질의 과잉으로서, 혹은 물질의 부족함의 생산적 효과로서 바라볼 수도 있다. 그러나 이상적인 것, 이론적인 것은 경험적인 작업 속에 언제든지 현재한다. 물질은 계시의 형식인 것이다.

물질은 계시의 형식이다.

이상은 물질을 통해 나타난다.

94 추상은 특수를 통해 나타난다

이상理想이 물질을 통해 나타나듯, 추상抽象도 가장 개별적인 것, 단독적인 것, 특수한 것을 통해서 나타난다.

추상이 일반성에 속한다는 생각이 들 수도 있지만, 그것은 이 세상의 가장 작은 특수자에서 (풍부한 다양성으로) 발견된다. 그것은 인간은 말할 것도 없고 단순한 대상에서도 발견된다. 우리는 물질적 대상을 통해서 하나, 빨강, 딱딱함, 축축함, 둥, 차가움, 본다는 것, 배고픔 등을 알게 된다. 유사성과 차이, 안과 위 그리고 뒤, 현존과 부재도 이러한 대상들을 가지고 놀다가 알게 된 것이다.

특수자는 하나의 단독 추상의 사례도 아니고, 그 추상의 단순 유일한 실례도 아니다. 이렇게 보면, 추상적 작업이 지적인 측면에서 더 큰 노력을 요한다든지 더 우월하다는 생각은 단지 부당한 오만을 넘어서 놀랄 만한 무지였음이 입증된다. 우리처럼 추상적인 것을 취급하는 사람들이 느끼는 특수자의 문제는 너무 단순해서가 아니라 오히려 너무 복잡하다는 데 있다. 추상적인 것은 특수자를 우리의 한계 범위 안으로 가져오도록 허용한다.

95 이론은 특수자를 전부 설명할 수 없다

이상理想과 추상抽象은 특수한 대상이나 실례에서 하나가 아니라 여러 가지 측면을 현상하게 만든다.

이런 국민, 이 사람, 이날, 이 시간, 이 나라, 이 집, 이 손, 이 문서, 이 글자 등등의 것들은 단 하나의 이념만을 담지하지도 않고, 그렇다고 해서 약간 복잡한 추상을 표시하는 것도 아니다.

어떠한 이론도 특수자의 물질성, 의미화 능력, 이상적 성향을 전부 설명해 줄 수는 없다. 모든 실례, 모든 사물은 무한으로 가는 통로인 것이다.

이상과 추상은 특수한 대상에서 여러 가지 측면을 현상하게 만든다.

이상의 95개 테제는 그 명칭에 걸맞게 교회 문에 못 박히지는 못했다.〔이 책의 원제 '95 Theses on Politics, Culture & Method'는 독일의 종교개혁가 마르틴 루터가 1517년 교회의 면죄부 판매에 맞서 비텐베르크 성 정문에 못 박은 '95개 조 항의문'에서 나왔다.〕 다만 미국 정치학회the American Political Science Association의 한 모임에 제출되었다.

책에서 다룬 95개 테제는 제목대로 정통성에 대한 공격을 지향했다. 이 테제들은, 비록 부패하지는 않았더라도, 공공연한 가치들과 불화하며, 그 가치를 실행하는 '사제' 및 평신도들과 의견을 달리하는 어떤 위계질서에 대해서 발언한다. 이 테제들에 대한 이 해설집은 그러므로 그 위계질서와 정통성에 대한 도전이자 지속적인 반대의 표명이다.

정치학 분야의 방법론적 권위자는 물론이고, 정치학 분야에서 더 좋은 연구 방법을 찾으려는 학생들도 이 테제들을 경청할 만하다. 정치학 분야의 경계를 넘어, 더 많은 이들이 이 테제들에 관심을 가져 주길 희망한다.

비트겐슈타인의 발언 중에는 '메주자mezuzah'■처럼 여기에 첨

■ (옮긴이 주) 유대인들이 문설주와 벽 등에 부적처럼 붙여 놓는 양피지 조각으로, 유대인들은 문설주를 드나들며 「신명기」의 몇 구절이 적힌 이 양피지

부할 만한 구절이 있다. 그 구절에는 악을 물리치고 선을 알아보는 필자의 충심이 담겨 있다. "만일 누군가가 그저 자신의 시대를 앞질러만 간다면, 그 시대가 언젠가는 그 사람을 따라잡을 것이다."[*]

이 책에는 시대를 앞지를 만한 내용은 없지만, 모든 것이 실천을 목적으로 삼고 있다. 이 책에서 제시한 테제들은, 간단히 말해서 얼마나 많은 학자들이 정치와 문화, 그 연구 방법에 대해 고심하고 있으며, 이와 관련하여 그들이 고민하는 지점은 무엇인지 보여 준다. 이 테제들은 우리의 실천에 완전히 통합되어 있고, 이론적으로 당연하게 지배력을 행사하고 있어서, 때로는 그 테제가 나온 텍스트의 출처나 그것을 지탱하는 논거를 추적하기가 어려울 정도이다.

처음에 95개의 테제들을 제시하고, 여러 사람들의 도움을 받아 그 뒤에 해제를 붙이는 형식은 다소 조잡해 보일 수도 있겠다. 인용도 불충분했다. 하지만 분명히 말하건대, 나의 잘못은 충분히 급진적이지 못했다는 데에 있다. 이 분야에서 가장 훌륭한 연구는 이보다 더욱 엄격하고 정제되어 있으며, 더욱 급진적인 원리로 단련되고 있다.

실천을 따라잡기란 언제나 쉬운 일은 아니지만, 여러 사람이 도움을 주었다. 짐 스콧Jim Scott은 원래의 95개 테제를 이 정도 길이의 형식으로 확장하자고 제안하며, 예일 대학에서 출판하자고 권유했다. 편집자 존 쿨카John Kulka, 짐 머론Jim Morone,

<hr>

조각에 입을 맞춘다.

[*] Ludwig Wittgenstein, *Culture and Value*, trans. Peter Winch, ed. G. H. von Wright (Chicago : University of Chicago Press, 1980), 8e.

그리고 익명의 독자는 신랄하고도 재미있는 지적을 해 주었으며, 모두 수정 과정에서 훌륭한 제안을 해 주었다. 조이스 이폴리토Joyce Ippolito는 괴팍한 원고를 수려하게 다듬어 주었다. 그들의 도움으로 책이 더욱 좋아졌다. 마이클 로건Michael Rogin 교수는 죽음을 앞두고도 이 원고를 보아 주었다. 비록 침묵이 그의 논평을 대신하고 있지만, 나는 여기에서 위대한 침묵을 떠올린다. 이 책에 도움을 준 연구의 상당 부분은 로건의 몫이다.

윌리엄 스웰William Swell, 제프리 튤리스Jeffrey Tulis, 리자 웨딘Lisa Wedeen은 원래의 테제들에 대해 매우 귀중한 논평을 해 주었고, 나는 이를 최대한 반영하려고 노력했다. 패널을 자처한 빅토리아 해텀Victoria Hattam은 나와 함께 작업하며 긴 텍스트를 끝까지 읽어 주었다. 우다이 메타Uday Metha는 내가 이 95개 테제를 구상할 수 있는 용기를 불어넣어 주었다. 정체성과 관련된 테제들은 빅토리아 해텀과 에르네스토 라클라우가 조직한 '신사회연구학파the New School for Social Research' 세미나에서 논의되고 비평을 받았다. 거기에서 특별히 논평을 해 준 야니스 스타브라카키스Yannis Stavrakakis에게 고마움을 전한다. 또한 처음에는 대학원생으로 만났지만, 지금은 동료로서 곁을 지켜 주는 연구자들, 특히 알레브 시나Alev Cinar, 스리루파 로이Srirupa Roy, 조 글릭스버그Joe Glicksberg, 조 밍크Joe Mink, 케빈 브루이닐Kevin Bruyneel, 조 로운데스Joe Lowndes, 태머러 와그너Tamara Waggener, 짐 헨슨Jim Henson, 왐부이 망기Wambui Mwangi, 비카쉬 야다브Vikash Yadav 등 여러분에게 많은 신세를 졌다. 제프 튤리스Jeff Tulis는 방법에 대한 초고를 다른 동료들에게 보여 주었다. 그들이 읽고 나서 제안해 준 것들도 도움이 되었다. 펜실베이니아 대학에서 진행한 '페레스트로이카, 페레스트로이카

리스트, 그리고 민족사 세미나'는 여러 가지 사례들을 제공했으며, 그 자체만으로 사례가 되어 주었다. 앨프리드 캐스Alfred L. Cass 의장은 후원을 해 주었다. 데버러 해럴드Deborah Harrold, 밥 비탤리스Bob Vitalis, 매기 브라우닝Maggie Browning, 탐 덤Tom Dumm, 엘런 케네디Ellen Kennedy, 로저스 스미스Rogers Smith 등 여러분들에게 훈계와 착상, 영감을 얻었다. 그들의 훈계에 항상 귀를 기울이지는 못하지만, 그들은 작업은 언제나 가르침을 준다.

268
정치 · 문화 · 인간을 움직이는

연구를 진행하며 특정한 연구 및 연구자들과 대립하였다. 그 대상은 신중하게 선택했다. 장래가 촉망되는 연구자의 경력에 손상을 입힐 생각은 추호도 없다. 더욱이 나는 적대자에게서 더 많은 것을 배운다고 믿는다. 그래서 이미 명성이 높은 연구자들만 비판하기로 했다. 나는 그들이 명성을 얻을 만한 사람들이라고 생각한다. 그들에게서 너무 많은 것을 배웠으며, 설사 이상한 점이 발견된다 하더라도 이해해 주리라 믿으며 괴상한 헌사를 바치는 대신에 이렇게 감사를 드린다.

비트겐슈타인의 사유 방식은 정말 새롭다.

"이것이 내가 지나치게 자주 반복할 필요가 있다고 생각하는 이유이다. 그것은 신세대에게는 제2의 천성이 되어 있을 것이다. 그들에게 반복은 지루할 것이다. 나에게는 반복이 필요하다."

나로서는 이 많은 관념들이 새롭다. 이미 익숙해진 것들조차 아직 제2의 천성까지는 되지 못했다. 나에게 반복은 훈련, 자기 규율, 그리고 섭생攝生의 형식이다. 나는, 다른 사람들에게도 그러하듯, 이것이 아이들의 놀이가 되기를 바란다.

1 이 테제는 대중적 인지도를 고려하면 여러모로 막스 베버Max Weber와 클리포드 기어츠Clifford Geertz의 덕을 보았다. 막스 베버는 사회과학 분야에서 논란의 여지가 없는 권위의 소유자로서, 사회과학 분야의 한 계를 박차고 나와 문화의 영토로 뛰어든 사람들에게 선례가 되며 인가를 내준 사람이다. 그의 『사회과학방법론*The Methodology of the Social Sciences*』(trans. and ed. Edward Shils and Henry Finch 〔New York : Free Press, 1949〕)은 다른 책보다는 덜 알려졌기 때문에, 사회과학 분야의 통상적인 실천에 대한 통렬한 비판을 지속적으로 제공해 왔다. 기어츠와 마샬 샐린스Marshall Sahlins〔1930~, 미국의 경제인류학자〕 및 기타 인류학자, 정치학자들에게 문화의 정당성을 입증해 보이는 데 굉장히 중요한 역할을 담당했다. 이러한 관점에서 보면 "발리의 닭싸움"과 〔발리섬의 서부〕 네가라Negara는 *The Interpretation of Cultures*(New York : Basic Books, 1973)와 *Local Knowledge*(New York : Basic Books, 1983)보다는 덜 중요하다. 마샬 샐린스의 *Culture in Practice*(New York : Zone Books, 2000), *Islands of History*(Chicago : University of Chicago Press, 1985), *Culture and Practical Reason*(Chicago : University of Chicago Press, 1976)은 인류학의 핵심에서 멀리 떨어진 작품을 선점하여 공간과 시간, 권력의 문제를 융합하는 연구 사례를 제공한다.

2 Matthew Miller, "The Poor Man's Capitalist" in *The New York Times Magazine*, July 1, 2001, p. 44. 밀러는 소토Hernando de Soto의 관점을 여기에 귀속시킨다. 하지만 문화에 대한 잘못된 이해는 그의 것이지 소토의 것이 아니다.

3 Michel Foucault, *The Archeology of Knowledge*(New York : Pantheon, 1972).

4 Ludwig Wittgenstein, *Philosophical Investigations*, trans. G. E. M.

Anscombe(New York : Macmillan, 1968), p. 195, 197.

5 Max Weber, *From Max Weber : Essays in Sociology*, ed. H. H. Gerth and C. Wright Mills(New York : Oxford University Press, 1973), p. 247.

6 문화적 혜택의 중첩에 관해서는 Amartya Sen, "Rational Fools", *Philosophy and Public Affairs* 6(1977), pp. 317-44를, 이러한 원리를 무시하는 경우에 대한 비판은 Robert Bates, Margaret Levy, Jean-Laurent Rosenthal, Avner Greif, and Barry Weingast, *Analytic Narratives, American Political Science Review*, September 2000.에 대한 Jon Elster의 리뷰를 보라.

7 합리성의 형식과 계산 체계의 문화적 특수성에 대해서는, Michel Foucault, *The Archaeology of Knowledge*, trans. A. M. Sheridan Smith(New York : Pantheon, 1972)를 보라.

8 문화적 실천으로서 경제학에 대한 비판은, Donald N. McCloskey, *The Rhetoric of Economics*(Madison : University of Wisconsin Press, 1983)을 보라. 문화적 실천의 집약체로서 경제학에 주목하는 강력한 반대 사례들은 최근의 정치경제학 분야에서 제기되었다. Michael Storper and Robert Salais, *Worlds of Production*(Cambridge, Mass : Harvard University Press, 1997) ; Hernando de Soto, *The Mystery of Capital*(New York : Basic Books, 2000) ; Fernando Coronil, *The Magical State*(Chicago : University of Chicago Press, 1997) ; *Economics & Language*, ed. Willie Henderson, Tony Dudley-Evans, Roger Backhouse(New Yrok : Routledge, 1993), *The Social Life of Things*, ed. Arjun Appadurai(Cambridge : Cambridge University Press, 1986) ; Arturo Escobar, *Encountering Development*(Princeton, N. J. : Princeton University Press, 1995) ; Dani Rodrik, *The New Global Economy and Developing Countries*(Washington, D. C. : Overseas Development Council, 1999).

9 자료가 너무 많아서 여기에서는 몇 가지 사례만 제시하려 한다. 사회사 분야의 대표적 사례로는, E. P. Thompson, *The Making of the English Working Class*(London : V. Gollancz, 1963)과 *Customs in Common*(New York : New Press, 1991) ; Eric Hobsbawm, *Bandits*(London : Weidenfeld & Nicolson, 1969) ; *The Invention of Tradition*, ed. Eric Hobsbawm and Terence Ranger(Cambridge : Cambridge University Press, 1983) ; Natalie Zemon Davis, *Return of Martin Guerre*(Cambridge, Mass. : Harvard

University Press, 1983) 등이 있다. 문화 연구 분야의 대표적 작업으로는,
Kwanme Anthony Appiah와 Henry Louis Gates, Jr., *The Dictionary of Global
Culture*(New York : Knopf, 1997) ; Jodi Dean, *Aliens in America : Conspiracy
Cultures from Outerspace to Cyberspace*(Ithaca, N. Y. : Cornell University Press,
1998) ; Thomas Dumm, *united states*(Ithica, N. Y. : Cornell University
Press, 1994) ; Carlo Ginzburg, *Night Battles : Witchraft and Agrarian Cults in
the 16th and 17th Centuries*(Baltimore : Johns Hopkins Unversity Press, 198
3) ; Peter Manuel, *Cassette Culture : Popular Music and Technology in North
India*(Chicago : University of Chicago Press, 1993) ; Creil Marcus, *Lipstick
Traces : A Secret History of the Twentieth Century*(Cambridge, Mass. : Harvard
University Press, 1989) ; Michael Rogin, *Blackface, White Noise : Jewish
Immigrants in the Hollywood Melting Pot*(Berkeley : University of Claifornia
Press, 1996) ; Andrew Ross, *No Respect : Intellectuals and Popular
Culture*(New York : Routledge, 1989) ; *Microphone Fiends : Youth Music &
Youth Culture*, ed. Andrew Ross and Tricia Rose(New York : Routledge,
1994) ; Ikuya Sato, *Kamikaze Biker : Parody and Anomy in Affluent
Japan*(Chicago : University of Chicago Press, 1991) ; Emma Tardo, *Clothing
Matters : Dress and Identity in India*(Chicago : University of Chicago Press,
1996) ; Michael Taussig, *The Devil and Commodity Fetishism in South
America*(Chapel Hill : University of North Carolina Press, 1980) ; *The
Cultural Studies Reader*, ed. Simon During(New York : Routledge, 1999) 등
이 있다. 학술지로는 *Representation, Public Culture, Critical Inquiry*와 *Theory
& Event* 등이 이러한 작업에 중요한 지면으로 제공되고 있다.

[10] Hans-Georg Gadamer, *Philosophical Hermeneutics*, trans. and ed. David
Linge(Berkeley : University of California Press, 1976).

[11] Ferdinand de Saussure, *Course in General Linguistics*, trans. Roy Harris, ed.
Charles Bally and Albert Sèchehaye(London : Duckworth, 1983) ; Claude
Lévi-Strauss, *Triste Tripiques*, trans. John and Doreen Wightman(New York ;
Penguin 1973) ; Martin Heidegger, *On the Way to Language*, Jürgen
Habermas, *Theory of Communicative Action*, trans. Thomas McCarthy(Boston :
Beacon Press, 1984) ; Jacques Derridas, *Of Grammatology*, trans. Gayatri
Chakravorty Spivak(Baltimore : Johns Hopkins University Press, 1976) ;

Jacques Lacan, *Ecrits*, trans. Alan Sheridan(New York : W. W. Norton, 1977) ; Luce Irigaray, *Speculum of the Other Woman*, trans. Gillian Gill(Ithaca, N. Y. : Cornell University Press, 1985) ; Monique Wittig, *The Straight Mind*, trans. Marlene Wildman(New York : Beacon Press, 1992). 유용한 요약본을 찾는다면, Kaja Silverman, *The Subject of Semiotics*(Oxford : Oxford University Press, 1983)을 보라.

[12] Fredrich Nietzsche, *On the Genealogy of Morals*, trans. Walter Kaufmann and R. J. Hollingdale(New York : Vintage Books, 1989).

[13] *The Rhetoric of the Human Sciences : Language and Argument in Scholarship and Public Affairs*, ed. John S. Nelson, Allan Megill, and Donald Mccloskey(Madison : University of Wisconsin Press, 1987) ; Donald McCloskey, *The Rhetoric of Economics*(Madison : University of Wisconsin Press, 1985).

[14] Roland Barthes, *Mythologies*, trans. Annette Lavers(New York : Farrar Strauss Giroux, 1972), p. 115.

[15] Gadamer, *Philosophic Hermeneutics*, pp. 3-17, 31-32, 35.

[16] 젠더 및 성 정체성과 언어의 관계에 대해서는 참조할 문헌이 너무나 많다. 여기에서는 그 문헌들을 제시하는 흉내만 내기로 한다. Jacques Lacan, *Ecrits*, trans. Alan Sheridan(New York : W. W. Norton, 1977), New French Feminisms, ed. Elaine Marks and Isabelle de Courtivron(New York : Shocken Books, 1981).

[17] Jaques Lacan, "The Mirror Stage", in *Ecrits*, pp. 1-7.

[18] Edward Said, *Orientalism*(New York : Random House, 1978).

[19] Stephen Greenblatt, *Learning to Curse : Essays in Early Modern Culture*(New York : Routledge, 1992), pp. 26-30. 동시에 Tzvetan Todorov, *The Conquest of America*(New York : Harper and Row, 1984)를 보라.

[20] Jürgen Habermas, *The Philosophical Discourse of Modernity*, trans. Frederick Lawrence(Cambridge, Mass. : MIT Press, 1987), p. 189.

[21] 대표적인 사례로 Benedict Anderson, *Imagined Communities : Reflections on the Origin and Spread of Nationalism*(London : Verso, 1989) ; Kwame Anthony

Appiah, *In My Father's House : Africa in the Philosophy of Culture*(New Yor
k : Oxford University Press, 1992) ; Homi Bhabha, *The Location of
Culture*(New York : Routledge, 1994) 그리고 *Nation and Narration*(New
York : Routledge, 1990) ; Dipesh Chakrabarty, *Provincializing Europe :
Postcolonial Thought and Historical Difference*(Princeton, N. J. : Princeton
University Press, 2000) ; Partha Chatterjee, *The Nation and Its Fragments :
Colonial and Postcolonial Histories*(Princeton, N. J. : Princeton University
Press, 1993) ; *Modern Chinese Literary and Cultural Studies in the Age of
Theory : Reimagining a Field*, ed. Rey Chow(Durham, N. C. : Duke
University Press, 2000) ; *Selected Subaltern Studies*, ed. Ranajit Guha and
Gayatri Chakravorty Spivak(New York : Oxford University Press, 1988) ;
Barbara Harlow, *Resistance Literature*(New York : Methuen, 1987) ; *Dangerous
Liaisons : Gender, Nation, and Postcolonial Perspectives*, ed. Anne McClintock,
Aamir Mufti, and Ella Shohat(Minneapolis : University of Minnesota Press,
1997) ; Uday Mehta, *Liberalism and Empire : A Study in Nineteenth-Century
British Liberal Thought*(Chicago : University of Chicago Press, 1999) ;
Timothy Mitchell, *Colonising Egypt*(Cambridge University Press, 1988) ; Ashis
Nandy, *The Intimate Enemy*(Delhi : Oxford University Press) ; *After
Colonialism : Imperial Histories and Postcolonial Displacement*, ed. Gyan
Prakash(Princeton, N. J. : Princeton University Press, 1995) ; Kristin Ross,
*Fast Cars, Clean Bodies : Decolonization and the Reordering of French
Culture*(Cambridge, Mass : MIT Press, 1995) ; Edward Said, *Orientalism*(New
York : Pantheon, 1978) ; Gayatri Chakravorty Spivak, *In Other Worlds :
Essays in Cultural Politics*(New York : Routledge, 1998) ; Gauri
Vishwanathan, *Masks of Conquest : Literary Study and British Rule in
India*(New York : Columbia University Press, 1989) 등이 있다.

22 Umberto Eco, *The Role of the Reader : Explorations in the Semiotics of
Texts*(Bloomington : Indiana University Press, 1984).

23 로버트 커버Robert Cover는 공법 연구서 *The Public Burning*(New York :
Viking, 1977)을 통해서 최초로 정치학과 문학의 경계를 무너뜨린 사람
이 되었다. 이러한 경계 허물기는 그 분야에서 다음과 같은 학문의 개
화를 가능하게 했다. William F. Harris II, *The Interpretable*

Constitution(Baltimore : Johns Hopkins University Press, 1993) ; Marianne Constable, *The Law of the Other : The Mixed Jury and Changing Conceptions of Citizenship, Law and Knowledge*(Chicago : University of Chicago Press, 1994) ; Owen Fiss, *The Irony of Free Speech*(Cambridge, Mass. : Harvard University Press, 1996) ; Sanford Levinson, *Constitutional Faith*(Princeton, N. J. : Princeton University Press, 1988) ; Austin Sarat and Thomas R. Kearns, *Cultural Pluralism, Identity Politics, and the Law*(Ann Arbor : University of Michigan Press, 1998), *Law in the Domains of Culture*(Ann Arbor : University of Michigan Press, 1998) ; *Narrative, Violence, and the Law : The Essays of Robert Cover*, ed. Martha Minow, Michael Ryan, and Austin Sarat(Ann Arbor : University of Michigan Press, 1992) ; Patricia Williams, *The Alchemy of Race and Rights*(Cambridge, Mass. : Harvard University Press, 1991) 등이 그것이다. 이 저작들은 어떤 경우, 특히 윌리엄스Williams의 저작은 비판적 인종이론과 결부되어 있다. 그 이론은 *The Philosophic Discourse of Modernity*에서 하버마스가 비난했던 포스트구조주의의 영향을 받았다.

[24] Louis Althusser and Etienne Balibar, *Reading Capital*, trans. Ben Brewster(New York : Verso, 1997).

[25] Wittgenstein, *Philosophical Investigation*, p. 96.

[26] Wittgenstein, *Culture and Value*, trans. Peter Winch(Chicago : University of Chicago Press, 1984), 63e.

[27] Barthes, *Mythologies*, p. 113.

[28] Karl Marx, "Contribution to the Critique of Hegel's Philosophy of Law : Introduction", in Butler et al., *Contingency, Hegemony, Universality*, p. 45.에서 재인용. 강조는 마르크스.

[29] John Austin, *How to Do Things with Words*(Cambridge, Mass : Harvard University Press, 1962).

[30] Wittgenstein, *Culture and Value*, 46e.

[31] Jacques Derrida, "The Violence of the Letter", in *Race, Writing and Difference*, ed. Henry Gates(Chicago : University of Chicago Press, 1986).

[32] Michael Hanchard, *Orpheus and Power : The Movemento Negro of Rio de Janeiro*

and Sao Paolo, Brazil, 1945-1988(Princeton, J. J. : Princeton University Press, 1994).

33 W. E. B. Du Bois, *Souls of Black Folk*(New York : Modern Library, 1996).

34 Franz Fanon, *Wretched of the Earth*, trans. Constance Farrington(New York : Grove Press, 1968) ; *Black Skins, White Masks*, trans. Constance Farrington(New York : Grove Press, 1982). C. L. R. James, *Black Jacobins*(New York : Random House, 1989). 또한 크리켓 경기와 인종정치에 대한 제임스의 에세이, *Beyond a Boundary*(New York : Pantheon Books, 1983)를 보라.

35 Paul Gilroy, *"here Ain't No Black in the Union Jack"* : *The Cultural Politics of Race and Nation*(London : Hutchinson, 1987), *The Black Atlantic : Modernity and Double Consciousness*(Cambridge, Mass. : Harvard University Press, 1993) ; Michael Hanchard, "Afro-Modernity : Temporality, Politics, and the African Diaspora", *Public Culture* II, I(1999) ; Martin Bernal, *Black Athena*(New Brunswick, N. J. : Rutgers University Press, 1987).

36 Appiah, Gates, Gilroy, Hanchard, Williams, 그리고 이미 앞에서 언급한 사람들 외에 다음을 덧붙일 수 있다. Cathy Cohen, *The Boundaries of Blackness : AIDS and the Breakdown of Black Politics*(Chicago : University of Chicago Press, 1999) ; St. Clair Drake, *Black Folk Here and There : An Essay in History and Anthropology*(Los Angeles : Center for Afro-American Studies, University of California, 1990) ; John Hope Franklin, *The Color Line : Legacy for the Twenty-first Century*(Columbia : University of Missouri Press, 1993) ; *Drylongso : A Self-Portrait of Black America*, ed. John Langston Gwaltney(New York : New Press, 1993) ; *Black Looks : Race and Representation*(Boston : South End Press, 1992) ; Noel Ignatiev, *How the Irish Become White*(New York : Routledge, 1995) ; Claire Kim, *Bitter Fruit : The Politics of Black-Korean Conflict in New York City*(New Haven : Yale University Press, 2000) ; *Chicano Politics and Society in the Late Twentieth Century*, ed. David Montejano(Austin : University of Texas Press, 1999) ; Michael Omi and Howard Winant, *Racial Formation in the United States :*

From the 1960's to the 1980's(New York : Routledge & Kegan Paul, 198 6) ; *Black on White : Black Writers on What It Means to Be White*, ed. David Roediger(New York : Schocken Books, 1998) ; Ramon Saldivar, *Chicano Narrative : The Dialectics of Difference*(Madison : University of Wisconsin Press, 1990) ; Cornel West, *Race Matters*(New York : Random House, 1994).

[37] Michael Rogin, Blackface, *White Noise : Jewish Immigrants in the Hollywood Melting Pot*(Berkeley : University of California Press, 1990) ; Eric Lott, *Love and Theft : Blackface Minstrelsy and the American Working Class*(New York : Oxford University Press, 1993).

[38] 페미니즘 이론, 여성 연구자, 젠더, 섹슈얼리티, 퀴어 이론 관련 저작들은 우리의 지적인 삶을 개조해 놓았다. 여기에서 단 각주는 문학에만 한정되었다. *Feminist Genealogies, Colonial Legacies, Democratic Futures*, ed. M. Jacqui Alexander and Chandra Talpade Mohanty(New York : Routledge, 1997) ; Judith Butler, *Gender Trouble ; Seyla Benhabib, Situating the Self : Gender, Community, and Postmodernism in Contemporary Ethics*(New York : Routledge, 1992) ; Cynthia Enloe, *Bananas, Beaches and Bases : Making Feminist Sense of International Politics*(Berkeley : University of California Press, 1990) ; Nancy Fraser, *Unruly Practices : Power, Discourse, and Gender in Contemporary Social Theory*(Minneapolis : University of Minnesota Press, 198 9) ; Donna Haraway, *Simmians, Cyborgs, and Women : The Reinvention of Nature*(New York : Routledge, 1991) ; bell books, *Talking Back : Thinking Feminist, Thinking Black*(Boston : South End Press, 1989) ; Luce Irigaray, *This Sex Which Is Not One*, trans. Catherine Porter with Carolyn Burke(Ithaca : Cornell University Press, 1985) ; Denise Riley, *Am I That Name? : Feminism and the Category of "Women" in History*(Minneapolis : University of Minnesota Press, 1990) ; Wendy Brown, *States of Injury : Power and Freedom in Late Modernity*(Princeton, N. J. : Princeton University Press, 1995) ; Guy Hocqenghem, *Homosexulality*, trans. Danielle Dangoor(Londo n : Allison and Busby, 1978) ; Joan Scott, *Gender and the Politics of History*(New York : Columbia University Press, 1999) ; Eve Kosofsky Sedgwick, *Epistemology of the Closet*(Berkeley : University of California Press,

1990) ; Gayatri Chakravorty Spivak, *Outside in Boundaries : A Political Argument for and Ethic of Care*(New York : Routledge, 1993) ; Jeffrey Weeks, *Sex, Politics, and Society : The Regulation of Sexuality since 1800*(London : Longman, 1989).

39 Anne Norton, *Republic of Signs : Liberal Theory and Popular Culture*(Chicago : University of Chicago Press, 1993). 또한 Arjun Appadurai, *The Social Life of Things : Commodities in Cultural Perspective*(Cambridge : Cambridge University Press, 1986)을 보라.

40 Gary King, Robert O. Keohane, Sidney Verba, *Designing Social Inquiry : Scientific Inference in Qualitative Research*(Princeton, N. J. : Princeton University Press, 1994), pp. 109-110.

41 King et al., *Designing Social Inquiry*, p. 147. *David Laitin, Hegemony and Culture : Politics and Religious Change Among the Yoruba*(Chicago : University of Chicago Press, 1986).

42 Ludwig Wittgenstein, *Philosophical Investigations*, trans. G. E. M. Anscombe(New York : Macmillan, 1968).

43 Jeffrey K. Tulis, *The Rhetorical Presidency*(Princeton, N. J. : Princeton University Press, 1987).

44 Michel Foucault, *Discipline and Punish*, trans. Alan Sheridan(New York : Pantheon Books, 1977).

45 Pierre Bourdieu, *The Logic of Practice of Everyday Life*, trans. Steven Rendal(Berkeley : University of California Press, 1984).

46 James Scott, *Weapons of the Weak : Everyday Forms of Peasant Resistance*(new Haven : Yale University Press, 1985). 또한 Michel de Certeau의 *The Practice of Everyday Life*에서 '몰래 다른 일 하기'에 대한 Certeau의 논의를 보라.

47 Turner, *The Ritual Process*, p. 95.

48 Derrida, *Of Grammatology*.

49 Barthes, *Mythologies*, pp. 62-64.

50 Jacques Lacan, "The Mirror Stage", in *Ecrits*, trans. Alan Sheridan(New York : W. W. Norton, 1977). Anne Norton, *Reflections on Political*

Identity(Baltimore : Johns Hopkins University Press, 1988), pp. 13-14.

51 Derek Parfit, *Reasons and Persons*(Oxford : Oxford University Press, 1984) ; Thomas Schelling, "Ethics, law and the exercise of self-command", in *The Tanner Lectures on Human Values IV*, ed. S. McMurrin(Salt Lake City : University of Utah Press, 1983), pp. 43-79 ; 그리고 Thomas Schelling, *Choice and Consequence*(Cambridge, Mass. : Harvard University Press, 1984) ; The Multiple Self, ed. John Elster(Cambridge : Cambridge University Press, 1986).

52 Plato, *Lysis, Symposium, Gorgias*, trans. W. R. M. Lamb(Cambridge, Mass. : Harvard University Press, 1975), p. 141. 이에 대한 주석 혹은 하나의 개체에서 분할되었다는 설에 대한 부가적 논의로는 Jacques Lacan, *Four Fundamental Concepts of Psycholanalysis*, trans. Alan Sheridan(New York : W. W. Norton, 1978), p. 197 ; Anne Norton, *Reflection on Political Identity*, pp. 11-49.를 보라.

53 Sigmund Freud, *Totem and Taboo*, trans. James Strachey(New York : W. W. Norton, 1950, *Group Psychology and the Analysis of the Ego*, trans. James Strachey(New York : W. W. Norton, 1959). 본질적으로 분열된 자아에 대한 프로이트의 설명은 정신분석 및 정신분석적 이론의 핵심으로 자리 잡았고, 그 결과 Melanie Klein, Carl Jung, Karen Horney, 기타 독창적 이론가의 저작에서 변형된 형태로 등장하게 된다.

54 Butler, *Gender Trouble*.

55 Baudrillard, *Simulations.*

56 Nietzsche, *Ecce Homo, Foucault Live*, trans. John Johnston, ed. Sylvere Lotringer(New York : Semiotexte, 1989).

57 Louis Althusser, "Ideology and the Ideological State Apparatus", in *Lenin and Philosophy and Other Essays*(New York : Monthly Review Press, 1971), pp. 127-68. 또한 *The Psychic Life of Power*(Stanford, Calif. : Stanford University Press, 1997)에 실린 Judith Butler의 알튀세 관련 에세이를 보라.

58 Norton, *Reflections on Political Identity*, pp. 11-14.

59 Jean-Jacques Rousseau, *Emile, or On Education*, trans. Allen Bloom(New York : Basic Books, 1979), p. 40.

60 Jacques Lacan, *Four Fundamental Concepts of Psycho-Analysis*, trans. Alan Scheridan, ed. Jacques-Alain Miller(New York : W. W. Norton, 1978), p. 197. 나는 다음 책에서 이 문제를 더욱 폭넓게 논의했다. *Reflections on Political Identity*, chapter Ⅰ.

61 Dick Hebdige, *Subcultures : the Meaning of Style*(London : Methuen, 1979), *Hiding in the Light*(London : Routledge, 1988).

62 마이클 로건은 악마화의 메커니즘에 대한 유용한 설명을 제공했다. 이에 대해서는 Ronald Reagan, *The Movie and Other Episodes in Political Demonology*(Berkeley : University of California Press, 1987)을 보라. 편집증에 대한 프로이트의 저작도 이러한 관점에는 유용하다.

63 Anne Norton, *Alternative America*(Chicago : University of Chicago Press, 1986), 그리고 *Reflections on Political Identity*.

64 학문 분야에서 이러한 움직임이 크게 빚진 곳은 Michel Foucault, *The Order of Things : An Archeology of the Human Sciences*(New York : Vintage, 1973), *History of Sexuality*(New York : Pantheon, 1978), *Power/Knowledge : Selected Interviews and Other Writings*, ed. Colin Gordon(New York : Pantheon 1977), 기타 등등의 책들이다. Hannah Arendt는 정치론 분야에서 권력에 대한 이러한 이해를 상당히 수정했다. Theda Skocpol의 *States and Social Revolution*(Cambridge : Cambridge University Press, 1979)은 이러한 인식의 변형으로서, 혁명이 국가 제도의 숫자를 늘리고 그 힘을 강화하는 경향이 있다고 주장했다.

65 Freud, *Group Psychology and the Analysis of the Ego*, ed. and trans. James Strachey(New York : W. W. Norton, 1959). 캐럴 페이트먼Carole Pateman 은 *The Sexual Contract*(Stanford : Stanford University Press, 1988)에서 이 신화와 또 다른 계약 신화에 나타난 성의 정치학을 읽어 낸다.

66 이러한 규칙의 형식에 대한 논의들은 대부분 그람시부터 레이먼드 윌리엄스, 스튜어트 홀, 슬라보예 지젝으로 이어지는 헤게모니 관련 문헌에서 발견된다. Antonio Gramsci, *Selections from the Prison Notebooks*, ed. and trans. Quintin Hoare(New York : International Publishers, 1971) ; Raymond Williams, *The Raymond Williams Reader*, ed. John Higgins(London : Blackwell, 2001) ; Judith Butler, Ernesto Laclau, Slavoj Zizek, *Contingency,*

Hegemony, University(London : Verson, 2000).

67 Weber, *The Methodology of the Social Sciences*, p. 13.

68 베일로 얼굴 가리기에 대해 특별히 훌륭한 연구로는, Nilufer Gole의 *The Forbidden Modern*(Ann Arbor : University of Michigan Press, 1996), Elizabeth Warnock Fernea의 *Veiled Revolution*을 들 수 있다.

69 Malek Alloula, *The Colonial Harem*, trans. Myrna Godzich and Wlad Godzich(Minneapolis : University of Minnesota Press, 1986).

70 Anne Norton, *Bloodrites of the Poststrcuturalists*(New York : Routledge, 2002).

71 Albert Memmi, *The Colonizer and the Colonized*, pp. 19-44.

72 Weber, *The Methodology of the Social Sciences*, p. 10.

73 *Compact Edition of the Oxford English Dictionary*, vol. I(London : Oxford University Press, 1984), p. 947. 니체는 *On the Genealogy of Morals*에서 "이제 우리는 전부 어원학자들이다."라고 말했다.

74 Michael Oakeshott, "Historical Experience" in *Experience and Its Modes*(Cambridge : Cambridge University Press, 1995), pp. 86-168.

75 King et al., *Designing Social Inquiry*, p. 9.

76 베버는 유명한 에세이 "The Meaning of Ethical Neutrality"에서 "가치판단에 대한 단정은 최소한에 한정되어야 한다"고 했는데, 그것은 베버가 그 특성을 "지지받지 못할 것"으로 명시한 입장이기도 하다. Weber, *The Methodology of the Social Sciences*.

77 이것은 Micheal Rogin의 뛰어난 영화 읽기에서 입증되었다. *Ronald Reagan : The Movie and Other Episodes in Political Demonology*(Berkeley : University of California Press, 1987).

78 Gayatri Chakravorty Spivak, "Can the Subaltern Speak?" in *The Postcolonial Studies Reader*, ed. Bill Ashcroft, Greth Griffiths, Helen Tiffin(New York : Routledge, 1993), pp. 24-28.

79 클리포드 기어츠Clifford Geertz의 『문화의 해석 *The Interpretation of Cultures*』을 말한다.

80 Immanuel Kant, *Critique of Pure Reason*, trans. Norman Kemp Smith(New York : St. Martin's Press, 1965), section II, 6a, p. 77. 이것에 대한 더욱

확장된 논의는 83번 테제에 있다.

[81] Michel Foucault, *Discipline and Punish*.

[82] T. S. Eliot, "Burnt Norton", in *Four Quartets*(New York : Harcourt Brace, 1943).

[83] Derrida, *Of Grammatology*.

[84] Michael Adas, *Machines as the Measure of Men : Science, Technology, and Ideologies of Western Dominance*(Ithaca : Cornell Unversity Press, 1989). 또한 Sander Gilman, *Difference and Pathology : Stereotypes of Sexuality, Race, and Madness*(Ithaca : Cornell University Press, 1985)를 보라.

[85] Wittgenstein, *Culture and Value*, 16e.

[86] 초창기의 것으로 여전히 영향력 있는 사례로는 Catherine MacKinnon, *Feminism Unmodified*(Cambridge, Mass. : Harvard University Press, 1987). 또한 *Sex and Scientific Inquiry*, ed. Sandra Harding and Jean F. O'Barr(Chicago : University of Chicago Press, 1987)를 보라.

[87] Derrida, *Of Grammatology*.

[88] Robert Bates, Avner Greif, Margaret Levi, Jean-Laurent Rosenthal, Barry Weingast, *Analytic Narratives*(Princeton, N. J. : Princeton University Press, 1998), p. 3.

[89] Butler et al, *Contingency, Hegemony, Universality*, p. 45.

[90] Weber, *Methodology of the Social Science*.

[91] 여기에서 제시된 것보다 더욱 세련된 것은, Gilles Deleuze, *Difference and Repetition*, trans. Paul Patton(New York : columbia University Press, 1994)를 보라.

[92] Paul Feyerabend, *Against Method*(London : Verso, 1988), p. 6.

[93] 반대 견해로는 King et al., *Designing Social Inquiry*, 19. pp. 100-103. Stephen Van Evera, *Guide to Methods for Students of Political Science*(Ithaca : Cornell University Press, 1997), p. 20.

[94] Van Evera, *Guide to Methods*, p. 19.

[95] W. Phillips Shively, *The Craft of Political Research*(Englewood Cliffs, N. J. : Prentice Hall, 1990), p. 56.

[96] Shively, *The Craft of Political Research*, p. 56.

[97] Van Evera, *Guide to Methods*, p. 8.

[98] Van Evera, *Guide to Methods*, 89. 각주 1.

[99] King et al., *Designing Social Inquiry*, p. 9.

[100] Bourdieu, *Distinction* ; Althusser, "Ideology and the Ideological State Apparatus," in *Lenin and Philosophy*.

[101] Michel Foucault, "Truth and Power," in *Power/Knowledge : Selected Interviews and Other Writings 1972-1977*, ed. Colin Gordon(New York : Pantheon, 1980), pp. 131-32.

[102] Ranajit Guha and Gayatri Chakravorty Spivak, *Selected Subaltern Studies*(New York : Oxford University Press, 1988) ; Ashis Nandy, *Traditions, Tyrannies and Utopias*(Delhi : Oxford University Press, 1987) ; Timothy Mitchell, *Colonising Egypt*(Cambridge : Cambridge University Press, 1988). 이 저작들에 덧붙여, 이 과정을 다룬 정치적으로 영향력 있는 설명으로는 Sayyid Quth, *Milestones*(번역본은 *Signposts along the Way*), 그리고 더 널리 유용한 것으로는 *Islam and Social Justice*가 있다.

[103] Foucault, "Truth and Power", in *Power/Knowledge*, p. 131.

[104] Joan Scott, "Experience", in *Feminists Theorize the Political*, ed. Judith Butler and Joan Scott(New York : Routledge, 1992).

[105] Scott, *Domination and the Arts of Resistance*, p. 3.

[106] Kant, *Critique of Pure Reason*, section II, 6a, p. 76.

[107] Kant, *Critique of Pure Reason*, section II, 4. I, p. 74.

[108] Kant, *Critique of Pure Reason*, section II, 6.b, p. 77.

[109] Wittgenstein, *Culture and Value*, 62e.

[110] Wittgenstein, *Culture and Value*, 37e.

[111] Sigmund Freud, *Totem and Taboo*.

[112] Morrow, *Game Theory for Political Scientists*, p. 93.

[113] Hayden White, *Tropics of Discourse* (Baltimore : Johns Hopkins University Press, 1978), p. 66.

114 White, *Tropics of Discourse*, pp. 83-84.

115 Weber, *From Max Weber*, trans. and ed. H. H. Gerth and C. Wright Mills(New York : Oxford University Press, 1946), p. 261.

116 Giorgio Agamben, "Time and History" in *Infancy and History : Essays on the Destruction of Experience*, trans. Liz Heron (New York : Verso, 1993), p. 91.

117 Reinhardt Kosellek, *Futures Past : On the Semantics of Historical Time*, trans. Keith Tribe(Cambridge, Mass : MIT Press, 1985), p. 5. Paul Virlio, *Speed and Politics*, trans. Mark Polizzotti(New York : Semiotexte, 1986).

118 Walter Benjamin, "The Work of Art in the Age of Mechanical Reproduction", in *Illuminations*, trans. Harry Zohn, ed. Hannah Arendt(New York : Schocken Books, 1968), p. 217-52. Gilles Deleuze, *Difference and Repetition* ; Foucault, *Discipline and Punish*.

119 Charles Tilly, "War-making and Stat-making as Organized Cirme" in *Bringing the State Back In*, ed. Peter Evans, Dietrich Rueschmeyer, Theda Skocpol(Cambridge : Cambridge University Press, 1985).

120 John Locke, *Second Treatise*, sec. 18, in *Two Treatises of Government*, ed. Peter Laslett(Cambridge : Cambridge University Press, 1963).

121 Walter Benjamin, "The Work of the Art in the Age of Mechanical Reproduction", in *Illuminations*. 이 글에는 진품성 및 기술 복제와 대중문화의 관계에 대한 중요하고도 영향력 있는 논의가 포함되어 있다. 이것은 정치학과 미학이 만나는 중대한 지점 중 하나이다.

122 이것은 유물은 자기 자신에 대해서만 증언한다는 마이클 오크숏Michael Oakeshott의 인식을 반영한다. *Experience and Its Modes*(Cambridge : Cambridge University Press, 1995).

123 *Rani of Jhansi*(Bombay : Amar Chitra Katha, n. d.).

정치, 문화, 인간을 움직이는
95개 테제

2010년 2월 15일 초판 1쇄 발행
2015년 7월 10일   2쇄 발행

지은이 | 앤 노튼
옮긴이 | 오문석
펴낸이 | 노경인 · 김주영

펴낸곳 | 도서출판 앨피
출판등록 | 2004년 11월 23일 제2011-000087호
주소 | 우)120-842 서울시 영등포구 양평동 2가 37-1 동아프라임밸리 1202-1호
전화 | 02-336-2776   팩스 | 0505-115-0525
전자우편 | lpbook12@naver.com
홈페이지 | www.lpbook.co.kr

ⓒ 앨피

ISBN 978-89-92151-30-6